U0584154

编辑委员会名单

中国地方社会科学院学术精品文库·浙江系列

1. 罗梭江上的V型鱼坝（2012年10月）（正文45页）

a   b

2. 长胡子鱼（丝尾鳠）a和砍刀鱼b（2014年10月）（正文46页）

3. 傣楼外观及框架（2014年8月）
（正文87页）

4. 搭建在院中的神
宫（2014年7月）（正文
102页）

5. 缅寺戒堂旁的神宫（2012年8月）
（正文102页）

6. 新房落成的赕"很"仪式现场
（2014年7月）（正文105页）

7. 新房中的"姆欢"
（2014年5月）（正文109页）

8. 满月中的"姆欢"（2014年5月）（正文109页）

9. 送葬队伍中的"线"与棺木上的"很叫"(2012年9月)（正文116页）

10. 勐神"召达宛"（2014年5月）（正文122页）

11. 勐神"召法昏"（2012年8月）（正文122页）

12. 勐神"召叭荒"栖息的江中大石头（2012年8月）（正文127页）

13. 曼巴汪寨神神宫（2012年8月）（正文128页）

14. 猎神神宫（2012年8月）（正文128页）

15. 傣历新年的赕"转滚呆"仪式（2010年4月）（正文156页）

16. 傣历新年的浴佛活动（2010年4月）（正文156页）

17. 关门节中的"苏玛"仪式（2011年8月）（正文156页）

18. 关门节中在"帕瓦那"（禅修）的持戒老人（2014年8月）（正文166页）

19. 赕玛哈邦仪式中戒堂前的篾箩（2014年8月）（正文170页）

20. 赕玛哈邦仪式中大殿内的部分器物（2014年8月）（正文176页）

中国地方社会科学院学术精品文库·浙江系列

傣楼与佛寺

西双版纳曼景傣人的"家"

Dai House Building and Buddhist Temple:

The "Home" for the Manjing People of Dai Minority in Xishuangbanna

● 徐伟兵 / 著

 社会科学文献出版社

SOCIAL SCIENCES ACADEMIC PRESS (CHINA)

本书由浙江省省级社会科学学术著作
出版资金资助出版

浙江省新型重点专业智库浙江省社会科学院
发展战略和公共政策研究院成果

打造精品　勇攀"一流"

《中国地方社会科学院学术精品文库·浙江系列》序

　　光阴荏苒，浙江省社会科学院与社会科学文献出版社合力打造的《中国地方社会科学院学术精品文库·浙江系列》（以下简称《浙江系列》）已经迈上了新的台阶，可谓洋洋大观。从全省范围看，单一科研机构资助本单位科研人员出版学术专著，持续时间之长、出版体量之大，都是首屈一指的。这既凝聚了我院科研人员的心血智慧，也闪烁着社会科学文献出版社同志们的汗水结晶。回首十年，《浙江系列》为我院形成立足浙江、研究浙江的学科建设特色打造了高端的传播平台，为我院走出一条贴近实际、贴近决策的智库建设之路奠定了坚实的学术基础，成为我院多出成果、快出成果的主要载体。

立足浙江、研究浙江是最大的亮点

　　浙江是文献之邦，名家辈出，大师林立，是中国历史文化版图上的巍巍重镇；浙江又是改革开放的排头兵，很多关系全局的新经验、新问题、新办法都源自浙江。从一定程度上说，在不少文化领域，浙江的高度就代表了全国的高度；在不少问题对策上，浙江的经验最终都升华为全国的经验。因此，立足浙江、研究浙江成为我院智库建设和学科建设的一大亮点。《浙江系列》自策划启动之日起，就把为省委、省政府决策服务和研究浙江历史文化作为重中之重。十年来，《浙江系列》涉猎领域包括经济、哲学、社会、文学、历史、法律、政治七大一级学科，覆盖范围不可谓不广；研究对象上至史前时代，下至 21 世纪，跨度不可谓不大。但立足浙江、研究浙江的主线一以贯之，毫不动摇，为繁荣浙江省哲学社会科学事业积累了丰富的学术储备。

贴近实际、贴近决策是最大的特色

学科建设与智库建设双轮驱动，是地方社会科学院的必由之路，打造区域性的思想库与智囊团，是地方社会科学院理性的自我定位。《浙江系列》诞生十年来，推出了一大批关注浙江现实，积极为省委、省政府决策提供参考的力作，主题涉及民营企业发展、市场经济体系与法制建设、土地征收、党内监督、社会分层、流动人口、妇女儿童保护等重点、热点、难点问题。这些研究坚持求真务实的态度、全面历史的视角、扎实可靠的论证，既有细致入微、客观真实的经验观察，也有基于顶层设计和学科理论框架的理性反思，从而为"短、平、快"的智库报告和决策咨询提供了坚实的理论基础和可靠的科学论证，为建设物质富裕、精神富有的现代化浙江贡献了自己的绵薄之力。

多出成果、出好成果是最大的收获

众所周知，著书立说是学者成熟的标志；出版专著，是学者研究成果的阶段性总结，更是学术研究成果传播、转化的最基本形式。进入20 世纪 90 年代以来，我国出现了学术专著出版极端困难的情况，尤其是基础理论著作出版难、青年科研人员出版难的矛盾特别突出。为了缓解这一矛盾和压力，在中共浙江省委宣传部、浙江省财政厅的关心支持下，我院于 2001 年设立了浙江省省级社会科学院优秀学术专著出版专项资金，从 2004 年开始，《浙江系列》成为使用这一出版资助的主渠道。同时，社会科学文献出版社高度重视、精诚协作，为我院科研人员学术专著出版提供了畅通的渠道、严谨专业的编辑力量、权威高效的书稿评审程序，从而加速了科研成果的出版速度。十年来，我院一半左右科研人员都出版了专著，很多青年科研人员入院两三年就拿出了专著，一批专著获得了省政府奖。可以说，《浙江系列》已经成为浙江省社会科学院多出成果、快出成果的重要载体。

打造精品、勇攀"一流"是最大的愿景

2012 年，省委、省政府为我院确立了建设"一流省级社科院"的总体战略目标。今后，我们将坚持"贴近实际、贴近决策、贴近学术前沿"的科研理念，继续坚持智库建设与学科建设"双轮驱动"，加快实施"科研立院、人才兴院、创新强院、开放办院"的发展战略，努力在 2020 年年底总体上进入国内一流省级社会科学院的行列。

根据新形势、新任务，《浙江系列》要在牢牢把握高标准的学术品质不放松的前提下，进一步优化评审程序，突出学术水准第一的评价标准；进一步把好编校质量关，提高出版印刷质量；进一步改革配套激励措施，鼓励科研人员将最好的代表作放在《浙江系列》出版。希望通过上述努力，能够涌现一批在全国学术界有较大影响力的学术精品力作，把《浙江系列》打造成荟萃精品力作的传世丛书。

是为序。

张伟斌

2013 年 10 月

内容提要

　　西双版纳傣泐村寨是集政治、经济、文化为一体的地域单位，常是学者观察、研究的整体对象。傣泐村民日常生活中的信仰实践，更是人类学学者理解人群组织方式、阐释社会运行机制的主要课题。相对而言，以家庭为单位，对傣泐行为实践及社会组织的研究，鲜有具体而完整的民族志分析。本书在田野调查的基础上，将家庭、村寨的社会组织与傣泐神灵崇拜、佛教信仰实践结合在一起进行分析阐述，提出傣泐在"欢"的观念指导下，主要是通过仪式实践实现人群的结合，在动态中建立社会秩序的同时，完成理想家园的文化建构。

　　列维–斯特劳斯（C. Lévi-Strauss）首提的家屋社会（house-based society）概念，被诸多学者应用在东南亚社会加以阐释和检验。在西双版纳傣泐村寨中，傣楼即是构成傣泐社会的基本单位。通过傣楼内婚姻、继嗣等原则确立居住者的身份，并在拟亲与同龄伙伴关系的建立中，傣楼外的社会成员形成连接。相对于父子关系或母女关系，夫妻关系是傣楼内部最重要的组织原则。傣楼中的家庭成员不强调纵向的单系继嗣，而注重从个体出发的对双边亲属关系的连接；在村寨集体中，以傣泐男子短暂的"出家"为僧，而后还俗建立自己的家庭，并在晚年生活中与傣渤妇女共同以佛寺生活为重心，确立最终的生命意义归属。这与傣渤社会以家屋为单位，实行双边继嗣并偏向父系的特征是吻合的。

通过家神、寨神、勐神的祭祀和南传上座部佛教的信仰实践，傣渤在傣楼、神宫、佛寺的仪式实践中结成紧密的互惠关系。傣楼内部成员的同居共灶，村寨集体的地域神祭祀与频繁的赕佛仪式，在共享/分享行为背后隐藏的是傣渤对“欢”的存在与流动之认识，以及在此基础上对人与祖先关系的处理，强调的是人群在现世生活中的分工协作，并追寻人生圆满的到达。

傣渤的“家”不但是物理空间的存在，也是群体婚姻关系、继嗣关系的组织单元，更是文化意义上傣渤到达精神家园的过渡性居所。家的概念统合了傣渤生活的全部，丰富了我们对人群关系的组织、社会秩序的建立之认识，也加深了我们进一步理解傣渤对自身“存在”的坚定信念和对“家”之不朽的不懈努力。

序　言

2008 年 2 月我离开台湾到厦门大学人类学与民族学系担任教职，对于邀请我指导论文的博士生我有两点要求，首先是博士论文的田野点要选择少数民族的村寨，其次是田野调查的时间必须要持续一年以上。

在国外的人类学系这两个要求是再平常不过的，田野调查被视为新进人类学者的成年礼，就是因为在异文化的洗礼之下很快有"文化休克"（culture shock）的现象，这种现象常被翻译成"文化震惊"，我认为是不精确的。人的心脏及脑部必须得到适当的氧气供应，若出现状况（例如：吸入毒气、溺水、到高海拔的山地等）身体组织的氧气供应不足，就会造成休克。人在熟悉的社群中则要不时得到社会文化元素的供应，才能与其他社群成员适当地互动；人类学学者研究异文化时进入其他民族的社会，短时间内无法获得足够的文化元素与人沟通交流，导致手足无措的慌乱，这就是文化休克。曾经丧失自由的人，会对自由更加珍惜；曾经缺氧的人，对于氧气的重要性会有更实在的体会。同样的道理，曾经在异文化的社会中缺乏文化指引而无所适从的人类学学者，对"文化"这一概念也会较常人有更深入具体的认识，通过这样的田野经验，一个新手才算"剃度受戒"，完成人类学学者的初步训练。

田野调查的时间要在一年以上，不仅因为如此才有足够的时间来"安顿定居、学习新语言、建立投契，并能进入适当的位置可以提出好的问题和取得好的答案"（Bernard，2011：261）；更重要的是"被研究民族的生活方式在一年中不同季节的转换才能被观察到"（Crane & Angrosino，1974：2）。对于在家乡做三五个月（或更短）的调查就写论文取得学位的人类学博士，很难理解和体会田野调查的这两点精髓。

伟兵在 2011 年入学后，与我讨论博士学位论文的研究主题时同意完全遵照我的要求。首先他选择的田野点是延续其硕士论文的研究到西双版纳的傣泐村寨，毫无问题是针对异民族的田野调查。其次他表明不仅要达到人类学起码的一年田野工作要求，甚至能尽量延伸，直到完全习得当地的语言并获得满意的资料为止。但是后来事态的演变迫使他必须有所改变，无法完全如他所愿地做调查。

伟兵在 2012 年 8 月满怀热忱地出发前往西双版纳，但是仅仅三个月家人就通知他父亲罹患重症的噩耗，身为独子的他只得立刻停止田野调查工作，回乡照顾重病垂危的父亲。在年余的辛苦后，父亲还是医药枉效撒手尘凡。这个家庭变故中断并压缩了他的田野调查时间，但是伟兵在尽完人子之责后，在 2014 年 4 月再度返回西双版纳，坚持完成田野调查，当然时间已经由原本计划的一年以上减少到十个月。从这一次调查所获，再加上他先前在同一田野点三个月累积的资料，伟兵终于在 2015 年完成题目为《西双版纳傣人的"家"与信仰实践》的博士学位论文，并顺利通过答辩取得学位。

从伟兵的研究中我们能了解西双版纳傣泐的宗教除了南传上座部

佛教的元素外，还掺杂融合以祖先崇拜为基底的传统民间宗教元素，因此每个傣泐村寨都是佛寺与寨神宫、勐神宫并存，佛教的佛爷、僧人与传统宗教的执事人员波章、波莫合作或各自负责某些祭奠仪式。除宗教理论及宗教社会组织的叙述外，伟兵对于傣泐的宗教实践——仪式——也有详细的描述，并在仪式的叙述中穿插傣泐社会关系的介绍，例如拟亲的拴线仪式中涉及了干亲、教父母及同龄群的老庚；新居落成礼中也重点陈述了傣泐的双边继嗣与婚后的居处法则；关门节的赕宛星则是透过整个村寨的分组协作，仪式才能推动进行；赕玛哈邦则是个人亲族群体、邻居寨人、持戒老人、波章、僧侣等的组织动员与合作。论文的重点是将傣人的家庭、寺庙与村寨的组织结构与傣人的宗教信仰与实践相结合，并提出傣人在"欢"的观念（人类、动物或极为特别的植物所具有的一种生命力）引导之下，透过仪式实践完成群体关系的联结，在建立社会秩序的同时也完成来世理想家园的建构。

总之，伟兵根据在西双版纳的田野调查，完成了一本十分优异的博士学位论文，现在他将论文修改润饰后出版成书，忝为指导教授当然乐见其成，爰赘数语为之序。

何翠萍

目　录

图表目录

第一章
导论

第一节　研究缘起

　　2008 年 1~2 月我跟随硕士指导教授金少萍及其他团队成员一同在西双版纳勐腊县勐仑镇曼景①进行短期的田野调查，并在当年 4 月、6 月及 9 月，又独自先后四次前往，进行三个月的田野调查。根据这几次调查所得，2009 年我以曼景的僧侣群体为对象撰写硕士学位论文，通过观察、记录僧侣群体的日常生活与行为实践，阐明僧侣群体的社会化过程，是村民与社区精英共同作用的结果；僧侣群体在村寨内部的出家—还俗过程及结果，亦对傣泐社会产生作用②。

　　之后我回到浙江参加工作，但难以割舍的是与村民的情谊，在每年 4 月的傣历新年或一二月或七八月的寒暑假我都会回到寨子小住几日，与熟悉的僧侣及村民保持自然地交往。2011 年 9 月我继续博士生阶段的学习后，几经考虑仍然选择曼景作为进一步调查研究的田野

---

① 曼景是本书田野点的化名，出于隐私保护，书中有的地名和人名以假名呈现。
② 徐伟兵：《众生与我：西双版纳傣寨僧侣的日常生活》，云南大学硕士学位论文，2009，指导教授：金少萍。

点。虽然博士生导师余光弘教授明确提醒我，在接续原先的研究问题前，一定要有更为充分的准备与思考，但是面对当时寨中僧侣群体出现的数量波动和整个村寨的急剧变化，我按捺不住地匆忙前往。2012年8月20日至11月20日以及2014年4月10日至10月28日，我进行了两次为期295天的连续调查，其间因为家父患病住院，不得不中断调查，也因此压缩了田野调查时间。

在我2008年第一次独自前往曼景时，在村主任的引荐下租住在岩光家中，那时因为对僧侣的寺院①生活充满好奇和兴奋，在得到寺院住持（俗称"大佛爷"，详见第六章第一节）的允许后我一度住在寺院中，我当时并不知曼景的老人一直在暗中观察我的言行，在三个月的田野调查接近尾声时，我竟幸运地成为寨中一位老年妇女的义子。我的义母在认我为义子时她的丈夫已经去世十多年，她与次子和儿媳，以及孙辈子女共居在一栋傣楼内。20世纪50年代之前的曼景仍是土司贵族与平民相区别的社会，我义母的父亲是曼景的贵族亲属，因而有经商的便利，并积聚了相当的财富；我义母的母亲则是邻近寨子曼炸的平民，因其人貌美而被相中嫁入曼景。我义母丈夫的父亲是邻近寨子曼打鸠的贵族，上门与曼景土司之女结为连理，并成为曼景土司的贴身"幕僚"。1956年刚完成"民主改革"，18岁的义母被推荐送往思茅（现普洱市思茅区）卫校学习，此后作为"赤脚医生"在勐仑地区的各个村寨行医济世；作为医务工作者的杰出代表曾前往北京、上海等地参观学习；她不但能书写傣文与中文，还能非常流利的使用汉语交谈；其间她拒绝很多次留在州府景洪工作的机会，终其一生都生活在本寨。她与同为本寨的

① 村民称佛教寺院为缅寺。我曾听见一位老人向在该村做调查的人员解释"缅寺"时说："汉族是爸爸，缅甸是妈妈"，弄得初来乍到的对方一头雾水。其实老人的主要意思是说佛寺及佛教信仰是从缅甸传来的，这与《泐史》中概括的景洪宣慰使司当时以"天朝为父，缅朝为母"的历史处境相吻合。

丈夫先后生育四个子女，晚年除了在寨中的私人诊所为村人诊疗开药，所有的生活重心以礼佛、修行为主，父母留下的金银财物以及所得的收入几乎全部用于布施缅寺和僧侣，她和丈夫是六七位义子的教父母。在曼景她是非常受人敬重的"摩雅"（医生）和佛教徒。我义母的生平大致表明了土司时代傣泐贵族阶层跨村落的通婚规则，以傣楼为单位的村寨社会组织，以及老年群体晚年的宗教生活。

在正式认我为义子的当天，虽然没有其他人参与，但是她为此特意准备一桌饭菜并为我"拴线"（详见第三章第三节），此后我便与她及她的家庭成员同居共食。村人每每问起我是何人时，她总是非常开心地回答："鲁宰浙江"（浙江的儿子）。我在曼景之后间断性的短暂停留中，都深深地受惠于义母给予的无微不至的生活便利和为人处世的教诲。村寨的老人群体也爱屋及乌，视我为她的义子而对我关爱有加，每次在缅寺礼佛的休息时间，对于我愚钝且无休止的疑问，他们都给予包容和耐心的解答。每一次我的离开，他们都会前来为我"拴线"祝福，表现出曼景老人最为温情、积极的一面——与人为善、乐观平和。在我于2012年前往曼景之前，我的义母已于前一年的10月去世，我之所以在2012年急于赶回寨子，很重要的私人原因是要参加子女为她举办的周年祭（也就是傣语所称的赕"萨拉"仪式，详见第六章第二节）。此后我的大姐（她是我义母亲生的长女，因为在她之前我义母曾收养过一位同寨的女孩，所以在同辈亲友中她排行第二，只是日常生活中我仍以大姐相称）以她同样的善良，盛情邀请我寄宿在她新建的傣楼中。我便与这位"义姐"及其家人同居共食，平日他们与我义母的其他子女以兄弟之名称我，像家人一样的关照我；义姐也经常就我的某个疑问带我去访问寨中老人，参加寨中婚丧嫁娶的仪式，在主要的节庆去缅寺祭祖、礼佛；当然她除了会监督我的学习外，也会因我某些冒犯傣泐习俗的行为提出严厉的批评。这段时间，我更多地参与村民诸如割胶、种菜、抓鱼、采集笋子等日常劳作之中，观察村民家庭生活中的争吵与和解，群体性的聚会和人情往来，他们关注和谈论的话题。我的义姐也鼓励我去建立自己的伙伴群体，在她看来我已经不是一个初入曼景的外来者，而是懂得相关傣泐礼仪的新居民。事实上我最大的朋友群体就是僧侣和还俗的僧侣。也可能是因为这个原因，我与寨中女性之间的交往并不深入，虽然可以通过聚会的闲聊、仪式的参与直接或间接地了解她们的言行，但与我对男性村民的了解相比还是有很大的差距。无论如何，在日复一日的生活中我努力试着像村民一样的思考和行动，我强烈地感受到那种无知者无畏的鲁莽逐渐被一套看不见的规则所规范，我也深深地为村民日常生活中的行为尤其是赕佛仪式所吸引和困惑，并对村民处于特定的自然、社会环境中建立生活意义的努力感到振奋。

这些或长或短的集中观察过程，主要以曼景为重点，也在邻近村寨做一些仪式的记录和拍摄，包括一年中诸如泼水节、关门节和开门节等固定节日的宗教仪式、新房落成典礼、婴儿满月、婚礼、葬礼等，尽可能地观察了解相关仪式的操作过程及参与其中的村民群体及其行为。调查中还对某些重要的仪式主持人及村民公认的某些重要人物进行访谈，并基于实际情况对某些家庭成员绘制系谱。大多时间我都以寺院为中心，我傣语的学习与村寨历史传说的获得也多仰赖大佛爷和寺院的实际负责人"波章"（详见第六章第一节），以及前来礼佛的男性老人的帮助。他们就某些关键问题的解答为我提供许多有益的线索和启发。

曼景从我第一次对其展开调查至今所发生的变化是巨大且全面的。寺院的僧侣人数曾一度主要因为国民教育的推行而锐减，以老人为代表的村民不得不一方面前往中缅边境的村寨寻找、雇请小和尚前来曼景寺院；另一方面也逐步改建寺院僧舍等基础设施、动员号召村民重建寺院大殿，以改善和满足僧侣的生活条件，吸引傣族男孩入寺学习。与此同时，伴随整体生计方式由平坝的稻作农耕转向山地的橡胶种植，以及农田的被征用，村民的日常劳作时间不仅发生变化，也因此获得直接的经济收入。虽然老年人对宗教信仰仍保持着一如既往的热诚；中年人则急于拆掉木制傣楼，改建成钢筋混凝土的小洋楼；年轻人却热衷于几乎每日频繁的聚会饮酒，或到镇上和州府尝试各种新鲜的娱乐活动。曼景村民的日常生活与闲暇时光变得多样与活跃，对于当下的生活态度以及未来的展望，不同年龄的人似乎有着不同的态度与看法。

在调查过程中，当我或深或浅地被卷入当地生活中后，我对村民及村寨的理解已不再是早先的兴奋和激动，更多的是一种不安和困扰。回想我早先对僧侣群体的观察研究，触及的是傣泐社会文化变迁过程的片段，最近十个月的田野调查，曼景傣泐的宗教实践仍是我关注的主要范围和探讨主题，我更加留意傣泐日常生活中的大小仪式，尤其是频繁的佛教仪式。

傣泐为人熟悉的南传上座部佛教信仰[①]之实践与傣泐社会的各个层面有着千丝万缕的关联。以社会后果来看，这几乎组织起整个傣泐人群的日常生活。传统上傣泐男子在七八岁时必须经历长短不一的一次"出家"，因而相较于女性，傣泐男子在村寨内部处于一种更为明显的"流动"状态之中。何以出现这样的设定和安排？从历史上看，这是南传佛教传入后自上而下地对傣泐社会旧有结构的一种调适和改造。反映在信仰上便是南传上座部佛教与勐神、寨神、家神[②]信仰的并存。长久以来以稻作农耕为主要生计的傣泐，有明确的祖先崇拜，

---

① 现在学界已很少使用"小乘佛教"来指称傣族地区的佛教信仰，而代之以根据佛教传播时的路线称其为南传佛教，或根据佛教经典使用的文字称其为巴利语系佛教。

② 勐神、寨神和家神，巴利语分别称为"丢不拉勐"、"丢不拉曼"和"丢不拉很"。

尤其是当我们细致考察傣楼中由近亲祖先转换而来的"家神"的存在，以及由远祖转换而来的"寨神"与"勐神"等地域神的观念时，这为我们理解傣泐社会提供另一个角度和分析的起点。值得注意的是，勐神等神灵崇拜也并非单纯的"本土信仰"概念可以涵盖，其仪式操作中至今仍有着浓郁的异质文化影子。从另一方面而言，在各种纷繁的宗教仪式活动中，曼景村民所抱有的主要动机和遵循的人群组织规则是什么？在行动中所体现出的观念又是什么？在观念和行动之下，又如何客观上造就一个社会的基本面貌？

　　傣泐社会并不强调对祖先做纵向上的追溯，反而倾向于在横向上编织出一张大型的人际关系网络。而当佛陀信仰被纳入傣泐村寨之中，傣泐个体与群体在横向网络中的结合方式对于村寨共同体的维护，便显得十分突出。纵横交织的傣泐之"家"，便成为傣泐社会结构中的重要节点、组织群体和象征符号。具体到曼景社会，综观其婚姻家庭、亲属制度、性别角色、年龄组织、信仰实践等各个层面，傣泐男子的"出家"首先是一种暂时的结构性"分离"。就个体而言，傣泐男女的一生都在家庭与寺院的往返中完成身份的切换。因而物化为傣楼的"家"倒像是一个临时的居所，一个到达理想之"家"的中间状态。一座傣楼所代表的一个家庭组织应该包括哪些人？男女两性如何从傣楼出发遵照某种文化规则而进行人群互动？傣楼中的生者和逝者该如何相处？傣楼的居住空间中，以及傣泐聚落中蕴含着什么样的组织"力量"？作为傣泐村寨中的一员又是如何在傣楼之外与他人形成联结，并扩大这种联系？佛教信仰是否意味着被统摄进一种更大的"家"的概念范畴内进行实践，并产生、维持一种社会状态，最终表达出一种人的自我超越性？简言之，探究傣泐之"家"在社会组织、观念指导、生活意义上的重要意涵，并以此理解个人、群体、社会三者之间的关系是本书力图阐明的一个问题。

必须承认在面对 1200 余人的曼景，要对其完整、系统而精确的把握，并非一朝一夕可以完成。当一个相对保守且封闭的村寨在内外力量的推动下，人的观念随之不断更新的同时，村寨内部的人群互动亦表现出不同的变化，由此对村社的整体运行带来更多的挑战。诸如祭祀勐神或寨神的仪式虽然逐渐简化，但其仍然是非常重要的集体仪式，有的村寨甚至将其作为一种文化展演，吸引外来者观看。老年人与青年人之间的价值观发生相当的冲突，但在一年的重大节庆中，子女对父母、晚辈对长者的礼节性拜访和探望也自发地奉行。傣泐社会中长久以来施行的文化规则与价值追求似乎并未就此发生根本性的变化。进而言之，傣泐重视当下却又试图超越当下的精神追求，仍然是其令人动容的一面。祀奉祖先，敬重长者，是为傣人社会所强调的，对于村民而言，这种"超越性"是基于对生命力不灭的坚信，并与佛教信仰糅合而成的"生死"观念下的自我突破。

本书即试图理解曼景傣泐在面对其身处的环境是如何依其文化逻辑，通过社会规则的创设、运用和调适，建立社会秩序并形成共同的价值规范。在此基础上，我们也才能更好地理解傣泐个体和群体之行动实践是如何营造出一种日常生活的意义，也才能为今后推进到更为深沉的研究做好进一步的准备。

第二节 文献回顾

基于上述考虑，以下搜集参考的文献主要是关于西双版纳傣泐的信仰研究和少量的婚姻家庭研究，因某些早期文献的重要性，还包括今天德宏傣族景颇族自治州的傣族研究文献。这主要包括 20 世纪 30

年代以来民国时期前辈学者所做的边疆调查研究、20 世纪 50 代以民族识别为主要目的的社会历史大调查材料汇编，以及 80 年代之后出现的大量专著和研究论文。

较早对西双版纳傣泐做出详细研究的前辈学者，如陶云逵依据 1936 年在车里（今西双版纳州府景洪）调查所得的材料，于 1942 年撰写《车里摆夷之生命环》①。该文以傣泐一生的生活为经，社会各方面为纬，翔实地记录当时傣泐社会诸如政治制度、婚姻家庭、生活习俗等各个方面的内容。其资料主要以傣泐社会的上层贵族为观察对象所得，虽然并未做出社会学的阐释，但为我们保留了一份细致宝贵的民族志报告。20 世纪 30 年代，在西双版纳工作、生活的李拂一也发表过一系列著作，尤其是他对傣文史籍《泐史》②及《车里宣慰世系考订稿》③所做的翻译和考证。这两部记载自公元 1180 年到民国年间西双版纳最高土司首领宣慰使的家族史和传承情况之史料，虽有一些争议，但为我们了解西双版纳自元末施行土司制度以来的政治制度及上层家庭婚姻关系提供了方便，特别是有关土司阶层与中原和缅甸王朝之间的交往情况。1938 年姚荷生在参与由云南省政府组织的普洱、思茅等地区的民族风俗调查中，沿途记下一路的风光，并对西双版纳境内景洪等地的所见所闻做了有趣的记录，例如傣族的饮食衣饰、婚姻家庭、宗教信仰、风俗习惯等，虽不是研究型报告，但还是为我们了解 80 多年前的西双版纳保留了一些可供参考的素材④。

江应樑以 1937 年和 1938 年两次对滇西傣族（今德宏傣族景颇族自治州）的实地调查为基础，于 1939 年完成《滇西摆夷之现实生

---

① 陶云逵：《车里摆夷之生命环：陶云逵历史人类学文选》，杨清媚编，三联书店，2017。
② 李拂一：《泐史（重订本）》，台北复仁书屋，1983。
③ 李拂一：《车里宣慰世系考订稿（重订本）》，台北复仁书屋，1983。
④ 姚荷生：《水摆夷风土记》，云南人民出版社，2003。

活》的论文撰写①。全书详述滇西傣族的族源、地理区域、土司制度、家庭生活、社会组织、语言文字、宗教信仰等情况，尤其是在家庭生活这一章中，通过个人与家庭、生命与死亡等勾勒出傣族社会发展的线索，为不同地区傣族社会的比较研究提供了翔实的民族志材料。

1940~1945 年的"魁阁"时期②，以陶云逵、许烺光、田汝康等为主要代表的十多名"魁阁"成员，对云南的少数民族历史现状和风俗情况进行广泛的调查研究。其中田汝康在 1940 年对滇西地区的傣族展开实地调查，并以傣族社会的宗教仪式"摆"为研究对象撰写了《芒市边民的摆》③，通过摆的分类和对比、群体的实践，以及个体的心理过程描述，提出宗教仪式摆的功能在于通过财物的消耗来消除社会等级的差异，实现社会整体的平衡；摆这样的宗教仪式不但组织整个傣族社会，并使得所有人都被纳入一种"社龄结构"中，完善了个人的人格。作者也在明确社庙与奘房（寺庙）作为傣族两个信仰中心的同时，将它们归入宗教与巫术不同性质的对立，但对于两种信仰的内在逻辑并没有给出进一步的解释。田汝康先生出色的研究对之后傣族社会的宗教研究产生很大的影响。

20 世纪 50 年代开始，中央民族事务委员会派出的云南民族识别调查组对包括傣族在内的几个民族进行识别调查，以此为基础在 1983~1988 年陆续出版一批调查材料，涉及西双版纳各村寨的历史传

① 江应樑：《滇西摆夷之现实生活》，江晓林笺注，德宏民族出版社，2003。
② 1939 年，吴文藻代表燕京大学在云南大学建立云南大学—燕京大学社会学实地调查工作站。1940 年为躲避日本飞机轰炸，工作站迁往昆明附近的呈贡，在一个叫魁星阁的三层小楼办公。至 1945 年间，许多前辈学者在此工作，调查、撰写了系列著作，学界因此称之为"魁阁"时期。详见王建民等《中国民族学史》（上卷），云南教育出版社，1998，第 217 页。
③ 田汝康：《芒市边民的摆》，云南人民出版社，2008。

说、宗教信仰、土司制度、婚丧礼仪、饮食服饰等，是有关傣族社会历史文化的珍贵历史资料，但受 20 世纪 50 年代意识形态的影响，这批材料收集时主要关注的是傣族村寨的土地制度与阶级划分，其最新的版本为 2009 年出版的修订和补正版，包括《西双版纳傣族社会综合调查》两册、《傣族社会历史调查》（西双版纳之一到之十）共十册①。随后大量的著作也相继出版（以下这些著作在文末的参考文献中都有罗列，此处不再一一注明），如江应樑的《傣族史》，曹成章的《傣族社会研究》《傣族农奴制和宗教婚姻》《傣族村社文化研究》，张公瑾的《傣族文化》，朱德普的《泐史研究》，高立士的《西双版纳傣族的历史与文化》，刘岩的《南传佛教与傣族文化》，等等，这些专著大多以傣族整体的历史与社会文化作为书写对象，有利于我们对傣族社会的历史与文化变迁的基本框架做出整体把握。

最近几年针对傣族社会某一层面的社会文化变迁，学者以不同的理论视角对其进行研究和阐释。如郭家骥的《西双版纳傣族的稻作文化》、谭乐山的《南传上座部佛教与傣族村社经济——对中国西双版纳的比较研究》、龚锐的《圣俗之间：西双版纳傣族赕佛世俗化的人类学研究》、艾罕炳的《西双版纳傣族赕文化》、沈海梅的《中间地带——西南中国的社会性别、族性与认同》、章立明的《结构与行动——西双版纳傣泐家庭婚姻的社会性别分析》等。其中谭乐山将西双版纳傣族的佛教信仰置于东南亚南传佛教社会中进行比较研究，详细论述佛教意识形态对西双版纳村民的实际指导、个体的信仰实践动机及其经济结果，提出傣泐的宗教实践并无碍于经济的发展，傣泐社会的经济变迁更多地取决于政策改变、商品经济的渗透等外在因素。

---

① 《民族问题五种丛书》云南省编辑委员会：《西双版纳傣族社会综合调查（一）》《西双版纳傣族社会综合调查（二）》；《傣族社会历史调查（西双版纳之一）》~《傣族社会历史调查（西双版纳之十）》，民族出版社，2009。

村民赎佛的动机不仅是对功德获得的追求，也是对声望的追求以此快速提升个体在社会中的地位。谭乐山以其比较的视野和精炼的材料组织，出色地为我们呈现出 20 世纪 80 年代以来傣族村社的佛教仪式实践及其社会意义。沈海梅与章立明以社会性别为理论工具，分别在宏观的视野下和微观的社会组织中，探求不同性别的傣泐群体对于社会建构的主体意义，虽然宗教信仰并非是两本专著的主题，但她们的研究无疑是一种不同视角下的呈现，启发我们在考察村寨人群的行动中，对于不同性别行为意义之思考。

同时各类期刊也发表了大量的研究论文。这些论文的研究主题涵盖傣族的族源、社会形态、语言文字、文学艺术、生态经济、文化变迁等。在 1956 年民主改革前，西双版纳傣泐社会被认为是由氏族社会发展而来的农村公社。随着 50 年代土司制度的废除，代表着傣泐社会形态的改弦易辙，西双版纳随后被持续不断地纳入新中国事业的版图之中，对西双版纳社会的考察与理解也在不同的诉求中不断得以深入，上述研究主题的展开似乎也说明这一变化过程。在这些研究之中，当然也不乏人类学的调查研究，其中较引人注目的是傣泐的宗教信仰研究。正如前辈学者所认识到的，神灵崇拜与南传上座部佛教信仰构成傣泐社会信仰的主体。以朱德普为代表的学者对傣泐社会的神灵崇拜研究最为集中，通过实地的调查访谈，朱德普详细地记录了傣族社会的勐神、寨神信仰及仪式举办[1]，阐述"勐"作为地域组织的历史含义，以及傣泐祖先崇拜中所内含的族群历史关系[2]，并对某些基本

---

[1]　朱德普：《勐腊的勐心和勐神概述》，载《云南师范大学学报》（哲学社会科学版）1994 年第 4 期；《西双版纳勐海勐神祭祀礼仪求证》，载《云南师范大学学报》（哲学社会科学版）1995 年第 1 期；《勐养建勐传说和勐神崇拜考察》，载《宗教学研究》1995 年第 3 期。

[2]　朱德普：《临沧地区傣族勐神崇拜及其内涵探析》，载《云南师范大学学报》（哲学社会科学版）1996 年第 2 期。

词汇的意涵做出界定与分析①，廓清祖先崇拜与自然崇拜的不同属性②，并分析探究神灵崇拜的特征与社会意义③。虽然这些论文很少涉及傣族村寨中以家庭为单位的神灵崇拜对象，但是对于我们了解傣族的观念世界提供了十分宝贵的田野资料。就傣泐的信仰观念而言，何方认为在傣语词汇中，"魂""鬼""神"有着语言学上严格的语音对应，并表现出一种演变的过程④，这对于我们理解傣泐村寨的本土信仰和佛教信仰的观念结合提供启发。对傣泐本土信仰的研究一度十分密集，但在之后的傣泐信仰研究中逐渐被冷落和忽视，事实上傣泐的神灵崇拜研究对于我们把握傣泐的宇宙观及其社会文化变迁仍然是不可或缺的一部分。

与傣族神灵崇拜密切相关的是南传上座部佛教的引入及其实践。两种信仰的共存所呈现出的社会内部整合，一直为学者所关注和探讨，例如郑筱筠对南传佛教的组织制度与傣泐社会的组织制度之间互相依托的关系之阐述⑤，以及赵世林关于傣泐社会形态的演化过程与佛教的传播在内在机制上的关联之梳理⑥。与此相关的是，基于以村寨为单位的缅寺，其僧侣一般都是本寨村民，其日常供养皆由全村村民所赕的财物提供，相关学者从寺院经济的角度，就赕佛的经济意义

---

① 朱德普：《傣语"神"、"衣"等同试释》，载《中南民族学院学报》1994 年第 6 期；《傣语"祭龙"、"祭竜"之辨析》，载《云南民族学院学报》1991 年第 2 期。

② 朱德普：《傣族原始土地崇拜和古代汉族社神比较》，载《中央民族学院学报》1992 年第 2 期。

③ 朱德普：《傣族神灵崇拜浅说》，载《中南民族学院学报》（哲学社会科学版）1996 年第 3 期。

④ 何方：《傣族"魂、鬼、神"观念的起源——兼说壮侗族民族的原始宗教》，载《世界宗教研究》1999 年第 1 期。

⑤ 郑筱筠：《历史上中国南传上座部佛教的组织制度与社会组织制度之互动——以云南西双版纳傣族地区为例》，载《世界宗教研究》2007 年第 4 期。

⑥ 赵世林：《社会形态演化与傣族佛教文化传承》，载《中央民族大学学报》（哲学社会科学版）2002 年第 5 期。

和运行机制进行陈述①。如郑筱筠通过对南传佛教寺院经济的现状分析，归纳说明寺院经济在社会管理中的资源配置和发展模式；罗莉对南传佛教寺院的经济制度进行历时性的梳理；张振伟以田野个案表明赕佛行为是南传佛教寺院经济的运行基础，对平衡傣泐社会的经济结构及提供身份认同有着积极的作用等。此外龚锐通过田野调查的个案分析，对赕佛消费体系进行"神圣"与"世俗"的象征意义阐释，认为西双版纳傣泐佛教信仰中的赕佛仪式呈现出世俗化的倾向②，但并未就此进行深入的分析以提供对傣泐社会文化的整体性理解。

有的学者也关注南传佛教信仰中的实践主体。例如对傣泐社会中男子出家为僧的事实，学者据此阐明寺院之于傣泐社会的社会化意义③；有的学者通过南传佛教的教义与村民实践的分析，认为傣泐妇女的赕佛行为，不仅因其作为供养者受到社会尊崇，也是妇女对傣泐社会男尊女卑的性别制度之反抗④，虽然结论有待商榷，但对于我们理解傣泐社会中妇女的宗教实践，其女性主义的视角是有所助益的。有的学者也注意到南传佛教的经典，例如张公瑾、姚珏等对《维先达腊》本生经的语言、语义学上的研究⑤，这对于我们理解傣泐的佛教

① 郑筱筠：《当代南传佛教寺院经济现状及其管理探析》，载《世界宗教文化》2014 年第 1 期；罗莉：《南传佛教寺院经济略论》，载《西南民族大学学报》（人文社科版）2007 年第 3 期；张振伟：《南传佛教寺院经济运行及其对傣族社会的影响——以景真总佛寺为例》，载《文化遗产》2011 年第 4 期。

② 龚锐：《神圣与世俗的交融——西双版纳傣族赕佛消费体系的象征人类学考察》，载《思想战线》2003 年第 6 期。

③ 马世雯：《学校教育与佛寺教育关系的调查与思考》，载《民族教育研究》1993 年第 4 期；吴清之：《论云南傣族奘房教育与回族经堂教育的异同》，载《中南民族大学学报》（人文社会科学版）2005 年第 6 期；韩忠太：《缅寺与傣族男性的传统社会化》，载《云南民族大学学报》（哲学社会科学版）2007 年第 5 期。

④ 章立明：《西双版纳南传上座部佛教的社会性别分析》，载《佛学研究》，2003。

⑤ 张公瑾：《傣文"维先达罗本生经"中的巴利语借词——以"十愿经"第一节为例》，载《民族语文》2003 年第 4 期；姚珏：《傣族本生经研究——以西双版纳勐龙为中心》，载《世界宗教研究》2006 年第 3 期。

仪式有很大的启发。还有更为具体的，对于信奉南传佛教的不同地区持戒群体的比较研究，如张振伟认为持戒行为的本质是相同的，但因政治、经济、历史等不同因素却产生形式上的差异①，以此阐述宗教群体与社会的关系。在对同样信奉南传佛教的阿昌族之持戒群体的研究中，田素庆运用人类学的阈限理论，认为持戒行为是阿昌族社会的老年礼，并且老年群体与青年群体实现完整的衔接有着重要的社会意义②。总之，有关傣泐社会与南传佛教信仰之间的研究，其涉及的范围极为广泛，这里仅列举其中的极少部分。这些以佛教信仰为主题的研究，大多侧重于其在社会文化传承、经济、组织、教育等方面的功能意义分析，而忽视在整体社会结构下傣泐的行为实践意义。这促使我们进一步对村寨的人群组织单位、行为实践进行整体的把握。

值得注意的是已有对傣楼和家庭不同侧重点的研究。有关傣楼的研究主要涉及傣泐某些重要的观念，而家庭则侧重于社会结构上的组织单元。需要说明的是，观念之于组织（行动），如同人格之于身体，这是互为表里的关系。有关傣楼与家庭的研究文献梳理，是为了便于我们对傣泐"家"的认识，这也是本书非常重要的讨论对象。

首先傣楼作为供家庭成员居住的物质建筑，有其固定可见的物理空间和不易发现的文化观念。前人对傣楼的民居文化③、傣泐聚落的结构④，以及建筑科学等方面的研究⑤较侧重于对建筑本身的空间研

---

① 张振伟：《南传上座部佛教地区老人持戒仪式分析》，载《西南边疆民族研究》2010 年第8 辑。
② 田素庆：《阿昌族"上奘"的田野调查及研究》，载《宗教学研究》2012 年第 3 期。
③ 云南省设计院《云南民居》编写组：《云南民居》，中国建筑工业出版社，1986。
④ 张宏伟：《西双版纳傣泐聚落的结构研究》，云南工业大学出版社，1991。
⑤ 高立士：《西双版纳傣楼竹楼文化》，载《云南社会科学》1998 年第 2 期；张宏伟：《西双版纳傣族村寨形态中的方位体系》，载《云南工学院学报》1992 年第 3 期；杨庆：《西双版纳傣族传统聚落规划思想的文化渊源》，载《思想战线》2000 年第 4 期；胡海洪：《西双版纳傣族传统民居更新设计浅析》，载《河北工程大学学报》（自然科学版）2007 年第 2 期。

究，而甚少对于蕴含其中的人之观念进行探索。对于傣楼空间的构筑、形成与安排，隐含的傣泐认知、组织与实践的逻辑与意义，高芸在《中国云南的傣族民居》一书中①对此进行有益的探索，通过详细的记述傣族干栏式建筑的结构安排、朝向方位、空间布局，对傣族建房仪式中的时间概念、傣楼空间结构中的灵魂观念做出相关阐述。虽然作者关注的是建筑的物理结构与技术营造，以及不同建筑形式间的影响与变化，而未能从社会空间的整体性营造来探究人群的结合，以及寻找其内在的文化逻辑，但作者还是有意识的朝这个方向提供若干线索，呈现建筑空间的许多变化细节，并启发我们对于傣泐"家"的组织观念、文化意涵的思考与理解。

特顿（A. Turton）在泰国北部的村落研究中发现泰人房屋的方位、高度及内部深度决定其空间秩序，而房屋的空间也对家中成员的年龄、性别、继嗣规则等做出不同的分类；同时国家借助相关的仪式举办，将国王安放在泰人家屋中类似家长占有的位置上进行祭拜②，从而实现意识形态对家屋空间的占领和改造。该研究个案在相当层面上表明泰人观念所表现的丰富空间层次，以及不同层次的空间利用与改造对泰人生活世界所具有的深刻政治意涵。

上述高芸对傣楼的研究和特顿对泰人房屋的个案分析启发我们对傣楼与家的思考。西双版纳傣泐村寨的傣泐之"家"——傣楼——以一致的形式、方位与高度，分布在河畔的平地之上，勐神神宫位于村寨的中间，聚落外围矗立的是寺院和佛塔，这些建筑景观共同构成一个基本的村落空间。人的观念中包含土地崇拜（寨心或勐心）、祖先崇拜（家神、寨神或勐神）与佛陀的信仰，这些观念的出现与并存在

---

① 高芸：《中国云南的傣族民居》，北京大学出版社，2003。

② Turton, A.: Architectural and Political Space in Thailand, in *Nature Symbols in Southeast Asian*, G. B. Milner, ed., 1978, London: SOAS.

时间上不但有先后，并且在同一村社空间中营造出今日傣泐村寨的社会氛围。这提醒我们有必要对傣泐的"家"在结构、功能、象征等方面所具有的内涵进行详细的辨析，傣楼与佛寺、勐神神宫所形成的村寨共同体之间不但有着紧密的内在文化逻辑，象征着不同观念的结合与平衡，也是傣泐观念中对美好家园的一种信仰与追求。傣楼不但在物理形制和结构造型上反映人与自然世界之间的关系，其内外部的空间布局也包含个人之间、个人与群体之间的社会关系，诸如男性与女性的空间区辨、傣楼（家庭）与聚落（群体）的关系等。更为重要的是，所有这些关系的背后拥有不同的观念来源，并且结合不同的方式与途径，通过人的活动与实践，这些因观念造就的空间被运用和转换，例如人与自然的关系、人与祖先的互动、人与宗教信仰的实践等，都涉及傣泐"欢"的基本观念。

作为社会结构中的组织单位，傣泐的家与婚姻、亲属制度等有着密切的关联。学者曾对傣族亲属称谓①，以及婚后的居住模式②进行密集的研究，大致上认为 20 世纪 50 年代前的傣族村寨处于领主社会，有着浓厚的氏族血缘观念，氏族内部遵行的是贵族与平民的等级婚；在亲属称谓上则表现为在核心家庭内部，亲属称谓是说明式的，在核心家庭以外，则是类别式的，父方亲属与母方亲属表现为相当的对称

① 高立士：《傣族的命名》，载《中央民族学院学报》1980 年第 1 期；马曜：《从命名法看西双版纳和周代封建领主社会等级制度》，载《思想战线》1988 年第 4 期；周庆生：《傣语亲属称谓变体》，载《民族语文》1994 年第 4 期；周冠生：《傣族等级社会与等级亲属称谓》，载《贵州民族研究》1997 年第 2 期；张积家、杨晨、崔占玲：《傣族亲属词的概念结构》，载《华南师范大学学报》（社会科学版）2010 年第 6 期；保明所：《语言接触与傣族亲属称谓的演变》，载《怀化学院学报》2011 年第 12 期。
② 张元庆：《傣族的从妻居和抢婚》，载《中央民族大学学报》（哲学社会科学版）1986 年第 1 期；彭迪：《傣族婚姻家庭习惯法刍议》，载《中南民族学院学报》（哲学社会科学版）1994 年第 5 期；章立明：《从妻居并非母权制的遗孑——西双版纳傣泐从妻居再研究》，载《思想战线》2004 年第 5 期；郭山、吕昭河：《傣族传统文化与生育行为现代化——以西双版纳傣泐为例》，载《思想战线》2007 年第 6 期。刀承华：《云南德宏傣族婚姻习俗的变迁》，载《广西民族研究》2012 年第 2 期。

性，与傣泐婚后灵活的居住方式有密切关系。

始于摩尔根（L. H. Morgan）的亲属关系研究形成两个视角，一是从整个社会来看待亲属关系群是如何形成的；二是将个人连接进亲属关系的网状组织中[1]。反映在亲属称谓的表述视角上：一是以外婚制单系继嗣群为本位的亲属合并原则（群间称谓）；二是以核心家庭为本位的亲属区分原则（个体间称谓）[2]。在摩尔根类别式与说明式的亲属制度分类中，前一个视角是类别式亲属制度的存在基础，多存在于部落社会，重在合并基础上的区分；后一个视角则重在以核心家庭为基础的区分上之合并，这也是默多克（G. P. Murdock）对亲属制度六分法（奥马哈式、克罗式、易洛魁式、夏威夷式、爱斯基摩式、苏丹式）的基础。

人类学有关亲属制度与社会群体（组织）的理论建构有相当深厚的理论渊源与发展脉络。高怡萍即曾针对人类学者对于"社会"这一研究对象的定义与反省，对亲属与社会群体的理论脉络进行精当地梳理，探讨亲属研究在人类学的发展与转变[3]。作者认为人类学亲属研究曾经历过几个重要的转向：从早期依照不同社会性质对土著社会进行分类，发展至以结构功能论与结构论的理论去寻找土著社会生活中基本的结构单位；之后因为亲属理论遭遇土著社会纷繁的亲属现象而难以解释的困境，到主张以"社会性"的动态观念而非之前西方的"社会"概念来理解被研究社群。

对亲属关系的分析形成两种主要模型：一是继嗣理论。该理论是拉德克利夫-布朗（A. R. Radcliffe-Brown）、埃文斯-普里查德

---

① Robin Fox：《亲属与婚姻》，石磊译、刘斌雄校订，台北黎明文化事业公司，1979，第6~10页。
② 张岩：《社会组织与亲属制度研究》，载《社会学研究》2008年第1期。
③ 高怡萍：《亲属与社会群体的建构》，载《广西民族学院学报》（哲学社会科学版）2000年第1期。

（E. E. Evans-Pritchard）、福忒斯（M. Fortes）及弗思（R. Firth）等结构功能派，以非洲民族志材料所建构出的分析模型。其追溯自里弗斯（W. H. R. Rivers）的继嗣（descent）概念强调透过单一的线性来追溯亲属关系。福忒斯特别强调只有单系组成的社群才可以被称为继嗣群体（descent group）或世系群（lineage）。这一理论在中国最有影响的运用是弗里德曼（M. Freedman）对中国广东、福建华南社会的研究，他根据历史文献和这两地的田野报告勾勒出两省汉人宗族的基本特征，提出构成汉人传统社会的基层单位是地域化宗族①。对弗里德曼的研究，麻国庆将汉人社会中 "分家" 机制的运行与宗族进行有机联系②，深入了该项研究。

另一亲属关系的分析模型是联姻理论，它是由列维-施特劳斯（C. Lévi-Strauss）、利奇（E. R. Leach）等结构论派以婚姻交换原则为主所建构的。该理论强调社会秩序的建立是通过社群之间的交换关系，这与继嗣理论强调的通过社群内部运作而建立的社会秩序主张是不同的。利奇在上缅甸克钦村落的研究表明，克钦社会不仅存在数个父系继嗣群，同时社会成员都类分为两个大的世系群，两个世系群在给妻与讨妻上承担各自不同的权利与义务，这种亲属关系与克钦人的山官制结合在一起，将克钦山区连接成区域群体③。

但是继嗣理论与联姻理论对于诸如新几内亚高地、美拉尼西亚、东南亚等地的社群无法进行充分的解释，这些社会中的个人无论在婚姻、财产、居住地的选择和社群成员等各方面有着高度弹性，个人通过参与各种社会活动，在与他人的持续互动中共同创造出某种社会性

---

① Freedman Mauric, *Chinese Lineage and Society*: *Fukien and Kwangtung*, The Althlone, Press of the University of London, 1966.

② 麻国庆：《家与中国社会结构》，文物出版社，1999。

③ E. R. Leach：*Political systems of Highland Burma*: *a study of Kachin social structure*, Boston：Beacon Press, 1965.

而无法以预定的结构来描述。针对此种社群特质，列维-斯特劳斯糅合继嗣理论与联姻理论，首次提出"家屋社会"（house-based society）模型，并试图将其纳入亲属研究的框架之中。

列维-斯特劳斯通过对北美夸扣特尔人（Kwakiutl）的研究，并对照欧洲封建时期的贵族家庭，将同时重视父方与母方双边亲属关系的社会称为家屋社会。并将"家屋"定义为"一个拥有由物质的或是非物质的财产所构成的 corporatebody，它的名字、实物与名衔经由真实的或想象中的'线'或'世系'传承下来，而造成自己的不朽。只要这个绵延的世系能以亲属或婚姻关系的语言，更常见的是两者都用的语言表现出来，这个世系就有了合法性"①。家屋社会是一个以亲属关系为基础的向"复杂"社会过渡的形式，是一种处于转变中的、介于亲属基础与阶序基础之间的混合社会形态②，表现为"一体群"（corporate group）③ 的社会组织类型，是该社会的结构单元。简言之，家屋集合继嗣、婚姻、财产、居所等数种关系，主要的通过嗣系、联姻或二者并用的方式进行亲属的认定与组织，表现出一种高度的灵活性。

正如高怡萍所理解的，家屋社会的模型适用范畴很广：它既适用于介于血族社会与单系继嗣群体之间，也适用于基本结构与复杂结构之间；但是将其局限于亲属研究的范围，使得家屋社会模式无法成为严谨的分析模型，对于土著社会与家屋象征之间的复杂关系也无法提

---

① Lévi-Strauss, C.: *The Way of the Mask*, Seattle: University of Washington Press, 1983, p. 194.

② Lévi-Strauss, C.: *Anthropology and Myth*: *Lectures* 1951 - 1982, Oxford: Blackwell, 1987, P. 151.

③ "corporate group"常译为"法人群体"，曾受聘于厦门大学的台湾学者余光弘教授将其译为"一体群"，这更符合中文语境的表达与理解，本文故而借用。相关讨论参见余光弘《田野资料的运用与注释：再论雅美族之父系世系群》，载《台湾史田野研究通讯》1992年第24期。

供有效分析。但这并不否定列维-斯特劳斯提出的家屋社会概念对于理解东南亚社会所具有的重要启示意义。

卡斯滕（J. Carsten）对马来西亚兰卡威岛（Langkawi）的村寨研究便为我们提供了很好的民族志范例①。兰卡威岛的居民包括岛屿土著和从大陆移民而来的马来人，以及与马来半岛接壤处的泰国人。这些生活在兰卡威岛的居民，以家屋为单位组织成一个村社共同体。以"灶台"为象征，家屋成员聚集在一起，家屋内的成员同居共食。夫妻关系是家屋内的核心组织原则，共同饮食创造共享的血液，兄弟姐妹关系优于父子关系，是亲属概念的中心，代表亲属关系道德的核心价值，整个村社的人群由此合并。作者认为家屋不仅是兰卡威社会的家庭单位，也是在整个村社合并过程中的点，象征着更广泛的社区共同体。卡斯滕的村寨民族志告诉我们，兰卡威社会的亲属关系并不是将世系作为一个结构化的原则，而是社会组织的动态过程；以家屋为中心，通过"灶台"与女性的象征性结合，在喂养、结婚、养育、交换的过程中，将整个马来人社区整合为一个共同体。这部民族志对于本书理解曼景的傣泐社会提供很大的启发，即在傣泐的家屋社会中，个人是如何在不同层面上对人群进行区分与合并，以及象征性观念对于家屋内部成员和村寨成员关系建立的重要意义。在下文的亲属称谓及拟亲行为中，以及对傣泐认干亲等仪式中，笔者将作出具体的阐述。

卡斯滕等在 1995 年出版的论文集《关于家屋——列维-斯特劳斯和对列维-斯特劳斯的超越》中②，家屋社会的概念得到进一步运用和发挥。参与讨论的人类学家以各自民族志材料为依据，聚焦在家屋的

---

① Carsten, J.: *The Heat of the Hearth: The Process of Kinship in a Malay Fishing Community*, Oxford: Clarendon Press, 1997.

② Carsten, J. & Hugh-Jones, S., eds.: *About the House: Lévi-Strauss and Beyond.* Cambridge University Press, 1995.

建筑、社会及象征意义的关联上，突破列维-斯特劳斯给家屋社会所做的定义，提出诸如阶层的存在、联姻和世系的组织原则、物质性财产的传承等并不是家屋社会的必然特征。这些人类学者强调的是将家屋视为一种社会组织的中心制度和富有弹性的且呈现为动态的社会单位；他们也都强调家屋是有生命孕育力特质的物体，突出"生命力"的象征性意义，并凸显人的行动。

总之，家屋社会的概念所蕴含的以土著观点及行动为优先的思考方式，是对摩尔根以来继嗣理论与联姻理论的一个转向和超越。家屋社会概念下的社会群体建构同样适用于曼景村寨。但本书的重点并不是对亲属制度的理论探讨，而是期望借助于该理论所具备的弹性对曼景傣泐的社会文化有进一步的理解。

第三节　研究思路与框架

曼景村寨不但位属东南亚地理区域，还处于南传上座部佛教的文化圈。在一个家屋社会中，傣泐村民的佛教信仰实践如何一同参与社会的建构是本研究所关注的。将傣泐村寨中的仪式实践、群体组织与观念认识进行关联，先对本研究所提的傣泐之家做出一个基本的界定：傣泐的"家"不但是物理空间的实在，也是群体间婚姻关系、继嗣原则的组织单元，更是价值意义上临时的、通过傣泐自身努力后到达更加美好家园之过渡性居所。"家"的概念统合傣泐生活的全部，是傣泐社会共享的价值取向。

本研究是在已有研究基础上，结合田野调查所得，以傣泐信仰实践为主要考察对象，分析傣泐之间互动的缘由、形式和过程，探讨傣泐是如何在傣楼、勐神/寨神神宫、寺院三者间建立关联，实践"家"

的理念建构。相较于静态的社会结构分析，本研究主要通过对仪式实践的描述，理解傣人某些观念性的存在，对于人群组织和社会秩序建立的意义。换言之，本研究试图理解在傣泐社会变迁中，某些不易改变的核心观念之意义，这个核心观念就是傣泐对生命力"欢"的认识，以及"欢"的人格化"批"的崇拜。

本研究所指的社会变迁是最近三十年来，傣泐生计方式发生重大转变时，村民如何进行文化调适和应对的社会文化变迁，而并不涉及社会结构的变迁。但是本文接受利奇（E. R. Leach）对社会结构是"连接系统各组成部分的组织原则"① 的界定。傣泐社会的组织原则与以列维-施特劳斯所提的"家屋社会"是吻合的，诸如傣楼内部的婚姻关系、继嗣原则等，其显著的表现是以"同居共灶"作为区分核心亲属与其他社会成员的"界限"。更为重要的是，傣泐社会还将大量的仪式活动之信仰实践作为整合人群、建立社会秩序、形成村寨共同体的手段。

本研究所指的仪式活动，主要是指傣泐的祖先崇拜和佛教信仰，将其视为个体在群体与社会中的关系呈现，但更倾向于理解信仰实践背后的核心理念，更进一步而言，强调的是人对价值观念和精神世界的建构。在理解个人、群体与社会三者之间的关系时，人也是生物性、社会性与精神性的统一，故对于所谓的信仰实践，本研究承认人所具有的潜在的宗教情绪之前提。

本研究的第二章是研究背景的交代与材料铺垫，对西双版纳傣泐所处的地理区位、政治制度、宗教信仰做一历时性概述，将曼景置于此历史背景中，对其土地利用方式的转变，以及人群所处的环境及其

---

① E. R. Leach: *Political Systems of Highland Burma: a Study of Kachin Social Structure*, Boston: Beacon Press, 1965, PP. 5–18.

日常生活做一总的交代。第三章对曼景傣泐的家庭、亲属称谓及命名做出分析，阐述傣泐的家庭成员与居住模式之间的关系，即傣楼内的家庭成员是以夫妻关系为核心，同居共灶者成为核心亲属；继而通过对亲属称谓与命名制的分析和讨论，进一步确认在以村社为集体单位的日常生活中，傣泐的亲属关系重在横向的拟亲、同龄群体的组织与连接。第四章则以曼景村寨的傣楼为聚焦点，认为傣楼内涵自然力与祖先崇拜两种观念的来源，并通过新居落成仪式，阐明傣泐的家神与家庭成员间的关系，并对傣泐的"生命力"观念进行一个总体的交代。第五章通过梳理傣泐的勐神、寨神信仰，界定"欢"是不灭且流动的生命力，"批"是人格化的"欢"之实体，进一步阐明"欢"和"批"的观念是傣泐的文化逻辑所在，有着极为重要的社会意义。第六章主要通过两个仪式的描述，首先阐述缅寺是如何可以成为"家"的延伸和过渡，并被整合进村社大家庭之中；对后一个佛教仪式的阐述，则试图从个人的生命史来理解人的行为实践与傣泐社会的关系。第七章综合上述分析，认为傣泐在"欢"的观念指导下，通过不同的仪式和频繁的赕佛实践，使整个社会建立互惠关系并形成一套秩序，个人和群体以此努力"到达"理想之中的精神家园。

第二章
西双版纳曼景的地理环境与社会文化背景

怀特（R. White）在对 1650～1815 年北美大湖区的印第安人与欧洲开拓者关系史的研究中，曾开创性地发展出"中间地带"（the middle ground）概念，提出中间地带是"地处不同的文化、不同的人群之间的地带，也指帝国与国家之外的村落世界之间的地带"①，并强调文化碰撞中的双方都以行动者身份创造出新的互动方式和区域历史。在此视角下，纪若诚（C. P. Giersch）认为傣族所处的地区是中国西南的新月地带，是云南土著与清帝国及汉人移民发生接触与碰撞的多样性族群地区，处于不同文化之间的夹缝地带②。傣族主要聚居于中国云南省的西部与南部，与缅甸和老挝接壤。位于云南南部的西双版纳傣族，12 世纪在该地区建立"勐泐王国"，在与中国中原王朝与缅甸两者之间的平衡和互动中，成为中原汉人文化与南传上座部佛教文化的交融地带。本章将在西双版纳历史形成的曼—勐两级社会制度

① White, Richard: *The Middle Ground*: *Indians*, *Empires*, *and Republics in the Great Lakes Region*, 1650-1815. Cambridge University Press, 2010.

② Giersch, C. Pattson: "A Motley Throng": Social Change on Southwest China's Early Modern Frontier, 1700-1880, in *The Journal of Asian Studies*. Vol. 60. No. 1, 2001. 纪若诚：《"混杂的人群"：中国西南近代早期边疆的社会变迁（1700-1880）》，沈海梅译，载陆韧主编《现代西方学术视野中的中国西南边疆史》，云南大学出版社，第 138～177 页。

之背景下，对本研究调查点曼景的地理区位、历史文化及人群活动做一具体描述。

第一节　西双版纳傣泐概况

发源于中国青藏高原的怒江、澜沧江，自北而南奔腾蜿蜒在高山峡谷之中，江河的平缓地带是大小不等的平坝。生活在平坝中的傣族，跨境而居，分布很广，支系与人口众多。中国境内的傣族主要聚居在云南省西部的德宏傣族景颇族自治州和南部的西双版纳傣族自治州，并分散在保山市的腾冲、龙陵，临沧市的沧源、耿马，玉溪市的元江、新平，普洱市的景东、景谷、思茅、孟连、澜沧、西盟、江城，红河州的元阳、河口、金平等县境，傣族生活的地区大都与缅甸、老挝接壤，与泰国、越南近邻。

澜沧江的下游贯穿西双版纳，并将其境分为东、西两半，东边为江内，西边为江外。江水经过紧靠江外的州府景洪后，又流经勐罕（橄榄坝）和勐腊县关累镇后进入老挝，再经柬埔寨和越南汇入南海。西双版纳土地面积近 2 万平方公里，国境线长 966 公里；属于亚热带气候，保留着中国境内最大的热带雨林，全年分为多雾季节（5~8月①）、雨季（9~12月）、干季（1~4月）。六百多个傣族村寨就分布在西双版纳大江内外的三十多个大小不等的坝区内②。

中国境内现有傣族人口 1261311 人。西双版纳州的傣族 316151人，占全州人口的 27.89%③。"傣"是本民族的自称，在汉文史籍中

---

① 本文所述时间除特别说明外，均以阳历为准。

② 高立士：《傣族淳朴的自然生态观》，载《思想战线》1998 年第 2 期。

③ 总人口数据来源于国家统计局网站 2010 年全国第六次人口普查。国家民委网站显示的是 2000 年的数据，为 115.9 万人。西双版纳傣族人口数据来自于西双版纳州统计局网站 2010 年普查数据。

对傣族先民有许多不同的称呼，汉晋为"滇越""濮""僚"，唐宋时为"黑齿""雕题""金齿""白衣""茫蛮"等，元明清时为"百夷""摆夷"等。唐代樊绰的《云南志》（又称《蛮书》）卷四对西双版纳傣族的记载为"茫蛮部落，并是开南杂种也。茫是其君之号，呼茫诏。从永昌城南，先过唐封，以至凤蓝苴。以次茫天连，以次茫吐薅。又有大赕、茫昌、茫盛恐、茫鲊、茫施，皆其类也。楼居，无城郭。或漆齿。皆衣青布裤，藤蔑缠腰，红缯布缠髻，出其余垂后为饰。妇人批五色娑罗笼。孔雀巢人家树上。象大如水牛。俗养象以耕田，仍烧其粪"①。12 世纪时傣族首领叭真统一当地各族，建立"景龙金殿国"（"勐泐王国"），奉后理国（1096~1253）为主②，居住在此境内的傣族开始自称为傣泐（Tai Lue）。元至元十一年（1274），"景龙金殿国"属云南三十七路、五府中的彻里路；1279 年元代设立车里军民总管府，始行土司之制。明洪武十五年（1382）置车里军民府，任命 8 世（第 9 任）傣族首领刀坎为知府，两年后改置车里军民宣慰使司，以刀坎为宣慰使。宣慰使为中央王朝委任的汉制最高土司职位，傣语名为 Chao Pien Ling③（现今常译写为"召片领"，直译为"广大土地的主人"）。1404 年，对车里土司的管理施行"夷汉采用，流土共治"的策略，加强中央王朝对西双版纳的控制与管理④；明隆庆三年（1569），第 21 任车里宣慰使刀应猛归顺缅甸，接受缅王委任，并迎娶缅甸公主嬢呵钪。自此以后车里同时接受中缅双方的委任，确立"天朝为父，缅朝为母"的双重身份⑤。清代推行"裂土众建"

① （唐）樊绰撰《云南志补注》，向达原校，木芹补注，云南人民出版社，1995，第 64 页。
② 李拂一：《泐史》，台北复仁书屋，1983，第 1 页。
③ 陶云逵：《车里摆夷之生命环：陶云逵历史人类学文选》，杨清媚编，三联书店，2017，第 195 页。
④ 刘强：《西双版纳傣族政治形态研究》，中国社会科学出版社，2011，第 45 页。
⑤ 李拂一：《泐史》，台北复仁书屋，1983，第 26 页。

的方法，增设各级土司，分散宣慰使的权力；雍正七年（1729），行"改土归流"之策，西双版纳以澜沧江为界被分为东、西两地，江东地区进行改流，设置普洱府；江西之地仍由车里宣慰使司统属，归普洱府管辖①。此后历经民国一直延续到1949年中华人民共和国成立，并在1956年"民主改革"时，以29世（第39任）车里宣慰使刀世勋世袭职位的撤销为标志，西双版纳的土司制度方才宣告结束②。

自称为傣泐的西双版纳傣族，有本民族的语言和文字。其语言属于汉藏语系壮侗语族壮傣语支，突出特点是采用倒装语序。傣泐文的创制与南传上座部佛教的传播有密切关系，在佛教经典中巴利文占有相当多的内容③。据《多拉维梯》记载，西双版纳傣泐文始用于傣历639年（1277）④，明代四夷馆便将傣泐文设为其中一馆⑤。20世纪50年代在对傣泐文原有的41个字母（详见第三章第二节）进行增减之后，中央政府于1955年开始推广使用新傣文，原有的文字称为老傣文，1983年后新老傣文同时交替使用。与此相关的是，傣泐有本民族的历法，傣语称为"萨哈拉乍"（俗称"小历"），是一种阴阳历⑥，即年为太阳年，以太阳运行的位置确定元旦，所以傣历以4月为首；月是阴历月，以月亮盈亏的一个周期为一个月。平年十二个月，单月三十天，双月二十九天⑦。

佛教传入西双版纳地区的时间，学界持有不同的看法。有学者认

① 江应樑：《傣族史》，四川民族出版社，1984，第370页。
② 李拂一：《车里宣慰世系考订稿（重订本）》，台北复仁书屋，1983，第109页。
③ 姚珏：《对云南西双版纳现存傣族南传上座部佛教巴利语文献特殊价值暨研究方法的几点认识》，载《宗教学研究》2006年第4期。
④ 张公瑾：《傣族文化研究》，云南民族出版社，1998。
⑤ 江应樑：《傣族史》，四川民族出版社，1984，第348~349页。
⑥ 江应樑：《傣族史》，四川民族出版社，1984，第353页。
⑦ 在傣泐村社的日常生活中，傣历的推算一般都由缅寺的大佛爷和波章掌握，根据月亮的盈亏，每月分为上十五天，下十五天，仪式的开展一般都在月盈时的上十五天内。

为南传上座部佛教于公元 5 世纪传至缅甸，并在 7 世纪左右传入与缅甸接壤的西双版纳傣族地区。直到 12 世纪佛教在西双版纳的影响才逐渐确立，并在 15 世纪之后得以广泛的发展[1]。南传佛教在传播发展中逐渐嵌入傣泐社会政治、经济、文化习俗的方方面面，成为傣泐信仰的重要组成部分。几乎在每个傣泐村社中都矗立一座佛寺，傣语称为"瓦"，傣泐在向外人介绍时均以缅寺名之。和大多数农耕社会一样，定居在坝区的傣族对土地丰产的诉求是其重要的价值观念之一，稻作农耕的生计方式为傣泐的定居和佛教的确立客观上创造了条件。佛教在传播的过程中，与傣泐社会的神灵崇拜多有冲突及调和。许多傣泐村寨至今还保留寨心、勐心的标志，以及建有与寨心、勐心不同信仰范畴的寨神、勐神之神宫，并进行祭祀。因此，佛教信仰与傣泐的神灵崇拜同时成为傣泐日常生活中重要的信仰实践。

第二节　土地、人口与等级制度

澜沧江支流众多，纵横交错，充沛的水源为西双版纳境内大小坝区的水利灌溉提供优异的自然条件。西双版纳山地占总面积的 95%之多，世居着基诺族、哈尼族、布朗族等山地民族；山间平坝的面积 970 余平方公里，在高温多雨、干湿季分明的气候条件下，配以不断修建的人工引水沟渠，傣泐先民在世代经营下，将其变成一片片的沃土良田，计有良田 90000 多公顷[2]。虽然气候条件可以满足农作物一年数熟，但傣泐耕作以足供所食即止，故前人记其"五谷惟树稻，余皆少种，自蛮莫以外，一岁两获，冬种春收，夏作秋成"；"凡田地近人

---

① 杨学政、韩军学、李荣昆：《云南境内的世界三大宗教——地域宗教比较研究》，云南人民出版社，1993，第 55~58 页。

② 郭家骥：《西双版纳傣族的稻作文化研究》，云南大学出版社，1998，第 24 页。

烟者，十垦其二三，去村寨稍远者，则迥然皆旷土"①。近代以来，傣泐一年只种植一季水稻，傣历8月中旬（6月）开始犁田、撒秧，8月底插秧，1月初收获，整个耕作时间持续半年之久。傣泐认为地之所产还将用于祭祀、礼佛之用，一切人畜粪便被视为不洁之物，不应使用。在收割时留下很高的稻秆在田里任其腐败，并与此间长成的杂草一起为来年的耕作制造相当的自然肥。在旁人看来，这种耕作方式效率低下、极为粗放，但在地广人稀的坝区中，也能满足傣泐的日常所需，为傣泐提供基本的食物保障。

　　直至20世纪60年代，在勐腊坝区的水稻品种以高秆、大穗、大粒型本地糯谷为主，种植面积在90%以上②，"十二版纳居民，均以稻米为主要食粮，原居之摆夷族，以糯米为主食"③。傣泐传统所食之稻米，是否如前人所言即为糯米，或则能否归属为籼稻或粳稻两个亚洲栽培稻的亚种，目前尚无定论④，以现代科学经验而论，曼景傣人日常所食的稻米因其所含直链淀粉极低，而以支链淀粉为主，故糯性十足⑤。家庭主妇依据家人一日所需，在清晨将稻谷舂去谷壳（现在大多由寨子中的碾米坊加工或从市场直接购得），置于竹甑蒸熟，第一份献给前来化缘的小和尚后其余的便留存在器皿之中。在气候炎热的坝区中，便于随吃随取，不必费心烹饪。山间、河流中获取的野菜和

① （明）朱孟震：《西南夷风土记》，商务印书馆，1936，第3~6页。
② 云南省勐腊县志编辑委员会：《勐腊县志》，云南人民出版社，1994，第160页。
③ 李佛一：《十二版纳志》，正中书局，1945，第94页。
④ 中国著名农业科学家丁颖将中国栽培稻分为籼、粳两个亚种，并在其下分为早、晚、水、陆、粘、糯几个类型。日本农学家渡部忠世在20世纪60年代的考察中发现，从印度阿萨姆东部到老挝、泰国北部及东部、缅甸掸邦、中国云南及广西等地的人都以糯米为主食，提出了"糯稻栽培圈"，倾向于糯稻是中国最初栽培的稻谷，并最先传入日本。（参见丁颖《中国栽培稻种的起源及其演变》，载《农业学报》，1957；渡部忠世著《亚洲栽培稻的起源和传播》，徐朝龙译，《农业考古》1986年第2期。）
⑤ 在傣语中稻米被称为"毫"，傣人日常所食中糯性十足的被称为"毫糯"，其他糯性不足的称为"毫安"（在向外人介绍时也以"饭米"来指称）。

鱼类，或自家菜园种植的蔬菜（有的加工成酸腌菜），烹饪后作为配饭的菜。稻米酿制的白酒①或者制成的米干、粑粑②等食物以充辅食或宴席之用。虽然食用糯性不足的"饭米"，在数量上如今已呈普遍之势，但仍不改糯性十足的米粒所煮之饭在饮食中的主食地位，尤其在老年人的日常饮食之中，以及在重大节庆、人生礼仪、新房落成和婚丧仪式中。

坝区的稻作农耕是傣泐长久以来形成的重要生计方式。在对土地的不断开发利用中，人群依附于土地之上协作分工，并逐渐形成大小不一的村落共同体。在傣语中，那些散落在坝区江畔的自然村寨被称为"曼"，大小不等的自然村寨是以血缘为纽带的家族群体，村寨之间保持着松散的联系。随着人口的繁衍，生产生活空间的扩大，对外部资源的争夺，以及内部公共事务的增多，血缘群体逐步扩散成地缘的结合，并进而形成阶层分化的具有行政组织的地域群体"勐"，勐的本质是邦或国的雏形。公元10世纪前后，为抗击南部吉蔑人所建立的真腊国，今西双版纳境内的傣族各部落与泰国、老挝、越南等一些泰、老部落联盟组成一个强大的部落联盟"庸那迦国"③。1180年"景龙金殿国"的建立则标志着傣泐社会形成了较为成熟的、统一的政权。

即使在被逐步纳入中央王朝的土司制度过程中，西双版纳的整个政治组织仍是架构在勐-曼的基础之上的。每一个勐的大小由七八

① 傣语称酒为"醪"，单指以蒸馏法自酿的粮食酒，稻米、玉米等是酿造的主要原料，俗称"辣酒"。市场购得的啤酒则被称为"醪啤"，是年轻人所喜爱的酒。
② 米干在西双版纳颇为普遍，市场多有出售。一般是将稻米研磨成浆，然后取一勺的量倒入圆形蒸屉中蒸熟，再取出切成细细的长条，配上各种佐料和汤汁即可。一般傣泐家庭则在甑子上蒙以棉布，借助蒸汽蒸熟铺成巴掌大小的米浆后，再晾晒在草排上，食时以油炸或火烤，俗称"粑粑"。
③ 江应樑：《傣族史》，四川民族出版社，1984，第174页。

个曼至三四十个曼组成，每个曼的家户自七八家到一二百家不等，全勐的人口从数百至数千不等①。最高首领车里宣慰使依据血缘亲疏的宗法制度，将其属地分封给至亲子弟或近亲与远亲，由他们世袭为"召勐"（各勐的土司），以此建立纵向的外官等级系统。至亲子弟充任外官系统中的高级首领（大土司），管辖由宣慰使近亲和远亲充任的一至五个不等之低级首领（小土司）。同时设立由总管和副总管以及大小三级官员组成的内官系统，前两者及一、二级官员分别由宣慰使的至亲及贵族充任，第三级官员则由平民充任。内官为行政职务，非世袭，无封地，但有多寡不等的谷种为薪俸。各勐派驻在宣慰使司所在地的代表或委托某位内官充任的代表，与内官系统中的一、二级官员合组为议事庭。议事庭中的官员都是宣慰使的至亲、贵族，例如内官中总理一切政务的总管即由宣慰使之弟或叔充任。至亲官员本身就有自己封地，在议事庭中交错充任要职，使得各勐之间形成横向的联系。宣慰使下属的各勐土司也复制这一套内外官系统对本勐进行统治，外官分为大叭、叭、鲊、鲜四级，内官则由大叭、叭两级组成，内外官中的大叭和叭合组为议事庭（详见图2-1）②。值得注意的是，专司祭祀勐神的"巫官"（傣语称为"波莫"）虽不属于正式官员，独立于内外官系统之外，但可世袭并拥有薪俸田。

通过对勐的调整与合并，西双版纳地区形成宣慰使司（召片领）—勐（召勐）—陇（大叭）—火西（叭）—曼（叭、鲊、鲜）的五级行政组织。山区的其他族群，其首领称为金伞大叭，与召勐同级。陇与火西是介于勐与曼之间的行政机构，七八个等级相同但地界

---

① 陶云逵：《车里摆夷之生命环：陶云逵历史人类学文选》，杨清媚编，三联书店，2017，第196页。

② 陶云逵：《车里摆夷之生命环：陶云逵历史人类学文选》，第197~198页。

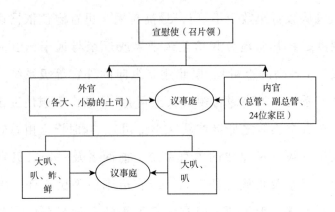

图 2-1　车里宣慰使司内外官组织图

并不相连的曼组成火西，几个火西又组成陇。土司贵族阶层以此达到
征派租税、贡赋与劳役之目的。"西双版纳"（"西双"即十二，"版"
即千，"纳"为田）的划分，始于傣历 934 年（明隆庆六年，1572
年），第 21 任宣慰使刀应勐为了给缅甸籍的妻子准备回乡省亲的礼品，
便将其统领之区域划分为十二个单位，据此命各勐土司收集礼物，以
送呈缅王①。但在行政职务中，并无充任版纳一级的官员职位。土司
制度的建立和完善至少说明超越各地方区域的政治联盟已经建立，建
于其上的基本政治框架是勐、曼两级，勐是最为关键和清晰的地域组
织，曼与曼之间的关系分合则充满灵活多变的操作空间。这与某些学
者对东南亚其他社会的社会结构及社会组织做出的判断有着相似之
处，即结构松散的社会系统②。西双版纳社会的人也分成孟、翁、召
庄、傣勐、滚很召五大等级。王室成员属于最高等级孟，王室的亲属
则归为翁，两者属于统治阶级的土司贵族；召庄是离贵族血缘很远的

① 李拂一编译《泐史》，台北复仁书屋，1983，第 28 页。
② Embree, John F.: Thailand: A loosely Structured Social System, in *American Anthropologist*,
51, 1950.

子孙后代，除享有免除缴纳赋税和服劳役的特权外，与平民阶层无异。傣勐意为土著或本地人，因其为勐内最早的居住者，是平民中地位最高者；最低一级则是滚很召，直译为主人家的人，还包括沦为战犯、罪犯之类组成的其他等级人员。

　　整个土司制度的经济基础立足于各个曼之中的土地上。村社的土地名义上归属"召片领"所有，并被分成作为官员俸禄的"薪俸田"和作为村民个人缴纳租税和贡赋而使用的农田，大小土司以此攫取土地的实物赋税。村社内部的土地按户使用，并实行"黑召"制度，即各户平民轮流对召勐、全寨提供时间上长短不一的劳役①。从这个意义上而言，控制人口也就控制了土地。正如某些学者认为的，东南亚大陆的傣民族其政治权力的基础是"人口，而非财富；是劳动，而非土地；是子民，而非疆土"②。傣渤的一生分为三个时期：15 岁至婚前，分得成年人份地的 1/4，承担成年人 1/4~1/2 的赋税负担；婚后至 50 岁为正式负担时期，分一份地，出一份负担；50 岁之后的村民则由子女继承负担，倘若此时有点私田或兼营手工业，则仍要承担 1/2 份地的负担，只有生活贫困、没有子女者可彻底免除负担③。从表面上看土地不能买卖和分割出村社，依然保留在村社之中，原先的村社组织也得以保留下来，但就土地的使用性质而言，已然发生质变，即土地的所有权被掌握在各级领主的手中，耕种土地的农民要为此承担赋税与徭役，只拥有使用权。

　　从元代开始，特别是明代以来，中原王朝在西双版纳设立的土司制度日渐完备，但并未触及土地制度。直至清初施行"改土归流"，

---

① 曹成章：《傣族社会研究》，云南人民出版社，1988，第 156~157 页。
② Moreman, M.: *Agricultural Change and Peasant Choice in a Thai Village*, Berkeley: University of California Press, 1968.
③ 马曜、缪鸾和：《西双版纳份地制与西周井田制比较研究》，云南人民出版社，2001，第 72~73 页。

试图对其进行直接控制，但几经反复并不算成功。在相当程度上，西双版纳政治组织的等级架构之间是相当灵活的，主要原因是土地的占有和使用仍保留在勐一级，而并未被少数人所集中占有和买卖。但就其实质而言，在这片广袤的土地上人口才是最重要的资源，对人口控制的重要性远胜于对土地的占有，而人却是不易为土地束缚的流动者，或许佛教信仰的传播在经由土司贵族自上而下的确立，人与土地的关系才有更进一步的关联。村寨是西双版纳旧有政治制度中的基本单位，作为组织制度的末梢，一直保持相对的稳定。

自 20 世纪 60 年代开始，尤其是 80 年代以来橡胶种植面积逐步扩大，山地雨林被改造成为茫茫胶林，傣渤的生产活动也从平坝农田向寨子外的山林空间拓展。最近十多年来，种植稻谷的农田也大多承包给外地商人，用以种植香蕉或培育苗圃，部分农田被征为商业用地或做他用，傣渤由此获得的土地租金和一次性补偿金远超农业种植和割胶的实际收入。村社原先自给自足的生计方式因此逐步转变，以便与更为广阔的市场经济相联系。

对于傣渤而言，土地利用方式的转变，不但使原来的生活时空发生转变，在认知上亦产生深刻的变化。例如半年为期的稻作农耕转变为长达八个月的割胶劳作，但每日的闲暇时间反而变得更长；橡胶价格的阴晴不定，在心情起伏涨落的同时，傣渤更为关注市场动态。日常所食趋向于一日三餐的固定，聚会活动更为频繁，在节庆和大型的仪式宴会中稻米仍是主食，但酒的消耗日益增大。在信仰实践上，对勐神、寨神的祭祀趋于简单，村寨内的赕佛仪式以及村寨之间区域性的赕塔行为仍然频繁有序，寺院中的僧侣人数也出现起伏波动。这些表层的变化，是傣渤作为行动者在一定观念指导下，对外部环境刺激的反应，这种反应不但是双向的，还是全面的。尤其在人群的组织与

互动及其背后的观念变化都显得微妙。总体而言，村寨虽然不再有土
司贵族与平民的等级划分，但其所表现出的曼-勐组织下的相对独立
和完整状态，仍然是本文研究的立足点。虽然每个村寨因其所处的地
理位置或历史情况的不同而表现出某种差异，但正如上文所陈述的，
曼景的个案对于我们理解傣泐的日常生活及其社会文化变迁，仍具有
一定的研究意义。

第三节　曼景的日常生活与人群互动

曼景所在的勐仑是位于罗梭江下游的山间盆地，地处西双版纳州
府景洪东南。2017 年昆（明）曼（谷）改造为高速公路后，景洪与
勐仑两地间的里程缩减至 40 余公里。和西双版纳很多坝区一样，这里
群山环抱，密林参天，境内平均海拔 900 米，雨量充沛，干湿季明显，
境内的主要河流是澜沧江的支流罗梭江（南班）与南仑①。勐仑镇总
面积 355 平方公里，坝区面积 32 平方公里，耕地面积 1215 公顷。20
世纪 50 年代扩建的人工沟渠保证了直至 80 年代之前水稻种植仍居主
要地位。之后橡胶种植逐年扩大，村寨周围的森林被大面积的胶林替
代，胶林面积达到 8080 公顷。此外尚有热带水果 490 公顷，其他经济
林地约 47 公顷②。全镇人口 15507 人，除居住在坝区的傣族、汉族外，
还有山地民族哈尼族③。

勐仑常被称为小勐仑，概因与位处景洪西部，坝区面积 200 平方
公里的勐遮坝子相比，确实不大。在傣语中勐仑的"仑"意为柔软，

① "南"在傣语中是水的意思。傣语在构词上采用类名加专名的形式，比如，但凡与水相关
都以"南"开头。在口语表达时加上"江"或"河"，其实已是语义重复。
② http://www.ynszxc.gov.cn/S1/S1057/S1084/S1086/"云南数字乡村"网。
③ 西双版纳境内还有被傣族和汉族称为阿克人的少数民族，目前归属为哈尼族。

传说佛陀巡游到南仑（河），在一块石头上休息时感叹此处的石头好柔软，此地因而得名。在西双版纳境内，很多地方的得名都与传说中佛陀巡游时留下的足迹或事迹有关。某些地方因为是传说中佛陀的"圣迹"，而成为傣泐朝圣的目的地。这或许是佛教传入后对地方的另一种解读。比如州府"景洪"（景即城，洪即黎明）的得名是传说佛陀巡游至此正是黎明时分，故而得名。但在更早的傣族传说"叭阿拉武的故事"中①，傣族首领叭阿拉武在狩猎时，追逐金鹿到达景洪所在的坝区时天色已亮，这个坝区遂得名景洪。但是"景"在傣语中又是"城"的意思，可见这也是后来人群集中繁盛后出现集市才有"景"的命名。事实上单就"景"这个字的发音与意思，有学者认为与汉语中"城"的发音与意思是一致的②。如今西双版纳很多地方都有"城子"的地名，可能即直接译自于"景"，即指勐这个区域内的中心村寨，一般都是土司所居之处。勐仑的地名很可能是源于该地的南仑（河）。在勐仑坝区内有一村寨为曼仑，系因该村位于南仑（河）而得名。根据勐仑傣泐的说法，曼仑在该区域内建寨最早，如此看来在地名上，至少表明几种历史的情景，一是根据自然形态的命名，二是根据社会组织或人物的命名，三是源于宗教观念的命名。这在某种程度上反映了人们对历史的记忆，是不同时期各有侧重的观念融合。

在相关材料中述及勐仑的开发始于傣历 419 年（1057），当时召片领的大臣召纳扁带领部分家属和其他村寨的傣族，从景洪迁移到勐仑建寨。第一个寨子名叫曼扁（以召纳扁的名字命名，后改为曼边），

---

① 曹成章：《傣族村社文化研究》，中央民族大学出版社，2006，第 527 页。
② 何平：《关于叭真及其与坤真、坤壮和陶真关系的重新解读》，载《世界民族》2010 年第 2 期。

几年后分出第二个寨子曼峨，最后才将形成的整个坝区称为勐仑①。但似乎这个说法并不准确，《泐史》中记载的"景龙金殿国"第一任召片领是在1180年，只能说明勐仑坝区与景洪土司系统发生的联系是比较晚的时候。在其他的史料中则提及，勐仑是第15任召片领三宝历代的第四个儿子召昂的食邑②。在明隆庆年间（1567~1572），召片领认为勐仑土地肥沃，便派召孟捧马③到勐仑任土司，引起原土司召雅④的不满，之后召孟捧马与召雅之姊结婚，遂当上土司，原土司成为"二土司"。至此勐仑的召勐与最高统治者召片领才建立确切的姻亲关系⑤，其后勐仑与勐罕（橄榄坝）、景洪划为同一个版纳。清雍正七年（1729），勐仑召勐随清军征战有功，被授予召叭竜土便委之职⑥。1921年召捧翁承袭父职⑦，死后其子召摩诃翁（汉名为刀维忠）承袭。1934年因召摩诃翁无嗣，其弟召孟比（刀新民）承袭，至1956年病逝。从上述的历史片段中大致可以了解勐仑地区早先有其头领，之后通过联姻关系，勐仑被进一步纳入召片领的管辖之中，但是因其坝区并不算大，长期以来勐仑土司的政治地位较勐海、勐遮等地的土司而言并不显赫。

民国时勐仑隶属于普思沿边行政总局第五区的分区；建县时为镇

---

① 中国人民政治协商会议勐腊县委员会编《勐腊文史资料（第四辑）》，2011，第195页。
② 三宝历代在位时间为明天顺二年（1458）至弘治十年（1497），详见朱德普《泐史研究》，云南人民出版社，1993，第158页。
③ 召孟捧马，召是主人的意思，孟是土司贵族等级的表示，一般只有召片领的血亲才能使用，捧马是名字。傣泐"有名无姓"，这点之后还会补充。
④ 按陶云逵的说法，"召雅"是外官系统中小土司的职官名称。
⑤ 《民族问题五种丛书》云南省编辑委员会编《傣族社会历史调查（西双版纳之二）》，民族出版社，2009，第40页。
⑥ 土便委是清初增设的土官职衔，按职衔大小依次排列为宣慰使、土都司、土守备、土千户、土百户、土千总、土把总、土便委，皆为世袭，其下尚有土目、土弁等职。清政府意图以此分散召片领的权力，防止土司割据。
⑦ 云南省勐腊县志编纂委员会：《勐腊县志》，云南人民出版社，1994，第585页。

越县（现在的勐腊县）第四区；1953 年为版纳易武①的办事处；1958
年勐仑为易武县政府驻地；1969 年改称公社；1984 复为区；1988 年
又改为镇，隶属勐腊县②，现辖有城子、曼边、勐醒、大卡 4 个村委
会，37 个自然村和 42 个村民小组。在现行行政区划中，城子村委会
由城子一、二、三、四组以及曼哈伞、曼安、曼梭醒、曼赛、曼南醒、
曼峨、曼勒、曼掌、曼仑 13 个村民小组组成。村民口中的城子，指的
是城子现在的四个村民小组，是城子村委会的所在地，也是历史上勐
仑坝区土司的所在地，傣语称为景勐仑（勐仑城）。同时为了对这个
地区有更深的印象，有必要对曼景周边的自然村落再做一简单介绍
（参见表 2-1）。

表 2-1　曼景周边寨子名称及释义③

寨子名称	释意	备注
曼景	傣语为"景勐仑"。源于四个寨子的演变组合。	城子村委会
曼哈伞	"哈"为水流很急，"伞"为黄竹，即水流湍急的黄竹村。系迁自墨江的哈尼族寨子。	
曼安	"安"为鞍子，昔时为勐仑土司制作牛鞍、马鞍的傣渤寨子。	
曼梭醒	"梭"为河口，"醒"为南醒河，是位于南醒河河口的傣渤寨子。	
曼赛	"赛"为沙子，是罗梭江边的傣渤寨子。	
曼南醒	是位于南醒河边的傣渤寨子。	
曼峨	"峨"为芦苇，傣渤寨子。	
曼勒	"勒"为闪光，傣渤寨子。	
曼掌	"掌"为大象，昔时为土司驯养大象的傣渤寨子。	
曼仑	"仑"为柔软，位于南仑河边的傣渤寨子。	

---

① 1953 年 1 月，西双版纳傣族自治区正式成立，5 月将辖区重新划分为 12 个版纳及两个民
　族自治区、1 个区和 1 个生产文化站。7 月成立版纳易武人民政府。1957 年 12 月经国务
　院批准，将 12 版纳合并为 5 个县级版纳：版纳景洪、版纳勐海、版纳勐遮、版纳易武、
　版纳勐腊。1958 年 2 月撤销版纳，建易武、勐腊两县。1959 年 7 月，将 5 个版纳合改为
　景洪县、勐海县、勐腊县。《勐腊县志》，第 5~7 页。
② 《勐腊县志》，第 51 页。
③ 征鹏：《勐仑》，成都科技大学出版社，1994，第 33~42 页。

续表

寨子名称	释意	备注
曼炸	"炸"为做饭、做家务，昔时为土司做饭、做家务的傣渑寨子。	
曼边	"边"为做杂役，昔时为土司盖马厩的傣渑寨子。	
曼打鸠	"打"为渡口，"鸠"为急流，是居住在罗梭江激流渡口上的傣渑寨子。	
曼纳堵	"纳"为田，"堵"为量谷的斗，傣渑寨子。	
曼纳伞	"纳"为田，"伞"为告别，据说这个寨子原为曼景傣渑，后被迫离开自己的田地重建寨子。	
么等	"么等"为放礼炮，昔时逢年过节时为土司鸣放礼炮的哈尼族寨子。	

　　通过这些地名的释义大致可以了解勐仑坝区各族群长期以来的互动，因为战争或者其他原因，群体发生迁移、融合，但傣渑大多定居在沿江平坝的土地之上从事稻谷耕种，与其他族群一起逐渐以土司所在的曼景为中心，形成相对完整的区域政治等级。据1954～1955年的调查，勐仑全区共有20个寨子，541户，2771人。分属"召庄""傣勐""滚很召"三个身份等级。原仅有几户召庄居住的曼景此后演变为由曼巴汪、曼雅菲、曼乃红、曼冒宰组成。[①]（见表2-2）。在1956年民主改革前曼景一度是勐仑坝区的政治、经济、文化中心。2014年统计曼景全寨283户，1275人，除哈尼族与汉族各5人外，其余都是傣渑。

表2-2　勐仑寨子名称及户数、人口

1954～1955年调查		2014年调查
身份等级	所属寨子、户数、人口	
召庄	仅有几户，住在曼景。系召勐的官亲，可承袭召勐。	
傣勐	曼仑、曼俄、曼勒、曼炸、曼打鸠、曼边、曼汉角、曼巴汪，共285户，1454人。	一组（曼巴汪），67户，307人。

① 《民族问题五种丛书》云南省编辑委员会编《傣族社会历史调查（西双版纳之二）》，民族出版社，2009，第89页。

续表

1954~1955 年调查		2014 年调查
身份等级	所属寨子、户数、人口	
滚很召 共 256 户， 1292 人。	领固	曼安、曼掌、曼纳伞、曼纳堵、曼卓、曼雅菲，共 124 户，670 人。	二组（曼雅菲）， 69 户，329 人。
	冒宰	曼乃红、曼冒宰、曼摆乃，共 89 户，442 人。	三组（曼乃红）， 86 户，364 人。 四组（曼冒宰）， 61 户，275 人。
	洪海	曼赛，11 户，48 人，其祖系宣慰使派来勐仑抓鱼的，没有田地。	
	波塔	曼梭醒、曼锐，32 户，177 人，专职守护、维修白塔，耕种“纳塔”（塔田）。	

  根据 2008 年的统计和对曼景老人的访谈，上述内容有几点需要说明：一是 20 世纪 50 年代调查记录的一些寨子如曼汉角、曼卓、曼摆乃、曼锐都已不复旧称。二是曼巴汪、曼雅菲、曼乃红、曼冒宰成为现今曼景的一组、二组、三组、四组，也已不复旧称。三是如今傣泐虽已不再做身份等级的划分，但其观念仍有保存。作为“召勐”分支较远的后裔，召庄的人数并不多；“傣勐”作为勐内建寨最早的土著，占有一定的比例。需要补充的是，传统上傣泐实行等级内婚，土司贵族阶层在各勐间通婚，平民间也以等级对应，时至今日曼仑、曼俄、曼勒、曼炸、曼打鸠、曼边都是曼景的优先通婚对象。“滚很召”因其身份地位、占有土地的多寡、负担劳役种类以及出现时间的不同而有所区别。其中“领固”所占比例最大，跟随“召”较早，最先分出建寨，一般担任召勐的警卫。“冒宰”主要担任召勐家内的劳役。据 2009 年对寨中老人的访谈得知：历史上曼巴汪主要承担土司及贵族的农田耕种；曼雅菲负责保卫土司，每晚由两人执勤；曼乃红负责给土

司修建房子、围设栅栏，并管理寺庙；曼冒宰负责征收粮食并管理治安。此访谈结果与各寨早先的身份等级划分基本吻合。从整体看，组成曼景的四个寨子中除曼巴汪建寨最早，其余都是后续不断整合进曼景的。以召勐（土司）居住的曼景为中心，人群被划分为不同的身份等级，为召勐提供服务，承担赋税、徭役。

曼景位于罗梭江（南班）与南仑（河，下游称南哈河）交汇的平地上（参见图 2-2），土地面积 3.17 平方公里，海拔 540 米，年平均气温 21.5℃，年降水量 1400 毫米。耕地 194 公顷（田 172 公顷，地 22 公顷），林地 204 公顷，其中经济果林 7 公顷①。南仑（河）的下游南哈（河）从寨子北边流过，汇入东边的罗梭江，罗梭江在此 360 度回转所形成的葫芦岛是中科院热带植物园所在地，与曼景隔江而望。双江汇合的东北边，即南哈（河）的尾段是曼景的老寨门所在。南哈（河）以北，以及寨子的西边都是大片的农田，与曼峨及曼仑两寨的农田连成一片。这些平整的土地，都有完善的灌溉系统来保证稻谷的收成。除寨子北面（寨子原先的出入口）有 100 多亩农田在 2011 年前被征用建成度假酒店外，其余土地全部租给外地商人种植香蕉。寨子的南边背靠白象山（傣语称为拱掌泼）和香发公主山（傣语称为拱婻捧烘），最近二十多年以来，除这两座"神山"山腰以上的森林得以保留外，周边的山林已全部种植橡胶树。2005 年通车的昆（明）—曼（谷）公路从寨子南边东西贯穿，除少量住户仍居住在南边的山坳之中（俗称"九家寨" 2017 年昆曼公路改造为高速时，"九家寨"也迁至新寨）外，其余二三十户村民迁往西南边山脚下的平坝中，组建为新寨（傣语称为"曼迈"）。新寨背后的山路一直延伸下去，就是聚居着哈尼族及其支系阿克人的么等寨子、大卡寨子以及阿克小寨。

---

① http://www.ynszxc.gov.cn/S1/S1057/S1084/S1086/ "云南数字乡村"网。

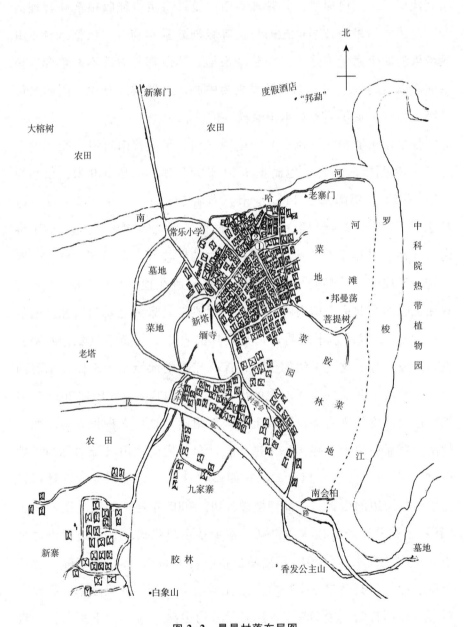

图 2-2 曼景村落布局图

注：①、②为勐神神宫，其所处的位置为曼景的中心广场

寨子东边紧沿罗梭江，因每年雨季河水暴涨时夹杂大量泥沙，因而大多种植的是蔬菜、泡果（柚子[①]），还有以做柴薪之用的黑心树（铁刀木），地势稍高处无一例外种植橡胶树。在寨子东南边，罗梭江拐弯向东流向曼安寨子，水流洄游之处形成一个湾塘，并冲击形成一片上百亩的土地。山坳中的箐沟在雨季时带来丰沛的雨量，旱季时也保有稳定且清澈的水源，一路汇入罗梭江，傣语将这条河称为"南会帕"。因靠近水源，却又容易受江水涨落冲击，在有着大型灌溉系统的农田被承包出去后，这片土地逐渐被村民自行开垦利用，除泡果园和橡胶林，勤于劳作的傣泐，尤其是中老年妇女在这里精耕细作，将其改造成菜园，根据时节种植甜菜（守宫木的嫩叶）、茄子、豇豆、白菜等。在靠近箐沟水源的地方则播种一些水稻，在稻米可以随时从市场购得的今天，这些糯性稻米收成主要用于祭祀仪式之用。箐沟深处也是傣泐砍伐竹子、采集竹笋、寻找野菜、收集菌子、割取猪草的地方，只是因为橡胶树的种植使得这些资源渐趋匮乏，水流也逐渐减少。同时但凡寨子中有婚丧嫁娶之事，除寨子北面的双江汇合处，也在此湾塘附近宰牛。

传统上傣泐寨子周边的森林几乎不许砍伐，这些森林是自然之"欢"和祖先之"欢"[②]的栖息地。在傣语中森林称为"竜"[③]，因为系不同"欢"的所在，一般被分为"竜色"（"色"是神的意思，直译为神林）和"竜披"（"披"是鬼的意思，直译为鬼林）。前者一般是寨神和

---

① 文中指涉的动植物尽量查出学名，无法查出者会指明待查。另外对于一些有趣的命名缘由，也会适当解释。例如泡果的傣语音译是"麻啵"或"麻噢"，麻是水果的类称，啵和噢是拟声词。这缘于傣人以竹竿挑落柚子时，水果落地的"啵"声和人因此发出的"噢"声。"泡果"多见于官方五六十年代的统计报表中，故其叫法可能与此有关。

② "欢"与"批"/"披"的讨论详见第五章。

③ 朱德普：《傣语"祭龙"、"祭竜"之辨析》，载《云南民族学院学报》1991 年第 2 期。

勐神所在之处，后者则是死者之"欢"的所在处。更明确地说，在傣语中，"竜披"所在之处一般被称呼为"巴魁"（类似墓地），还可以称为"巴扎"，但最正式委婉的称呼是"巴勐垄叫"。有时也称作"坟山"或"竜山"，这是汉语与傣语的混杂称呼。傣泐火葬的习俗虽没有明确记载，但不垒坟土、不立墓碑的习俗似乎古已有之。

顺着上文提及的湾塘，向东通往曼安的山路中途形成岔路，其中一个方向居住着曼哈伞的哈尼族，不但种植水稻和橡胶，也在坡地上种植凤梨。靠近罗梭江一侧保留的一座山林，则是曼景三个公共墓地之一，这个墓地专用以火葬因溺水而死者。据老人说，昔时发现溺毙之人后，其家属以双手掬水沿着河流的上游往前走，直至手中水尽而就地火葬逝者，后来才将逝者归于此山林之中火葬。除此之外全寨逝者都集中在寨子西北侧的山林中火葬；此处乔木高低错落、灌木驳杂其间，枝蔓遍布，如今分设成东、南两个通道进出。按傣泐的观念分类，命丧于外者属于横死，不能进入本寨地界，只能停尸在村寨界外的某处，而且送入山林火葬时则另属一区，与正常死亡者做严格区分。本寨内死亡的成员因其身份和死亡原因的不同，在不同的区域火葬。在家中死亡且为自然死亡者，尤其是年满 60 岁以上长年礼佛的死者属于善死；夭折的孩童、病死在家中的少年，也算善死，只是因为他们尚无后代，还不算完整的"人"，死后不能成为家中之"披"。由外寨上门到本寨的男女，倘若在他/她去世时，未育有子女且亲生父母健在，则葬于其出生时所在寨子的山林之中。因溺水、车祸、在家自杀的都归为横死者。总之墓地传统上被细分为四个区域，即横死者、善死者、未成年者以及土司贵族。如今这种区分已经简化为横死者火葬进入南边的区域，善死者则火葬进入东边的区域。这种分类似乎表明傣泐观念中对人有无子嗣以及死亡地点特别看重，前者意味对完整之

人的看法，后者意味对共同地域的强调。第三个墓地在临近缅寺西边
的山包下，只用以接纳在缅寺中去世的僧侣，在村民的记忆中，20世
纪80年代以来只有一位在缅寺中去世的僧侣安葬于此，这座墓地所在
的山包在2012年被辟为村寨的公共停车场，村民为此修建了一座小神
宫以作标识。

在老人们的记忆中，上述第二个墓地早先位于村寨南边，即现今
村委会的位置，也就是缅寺的南侧。在曼景的传说中，很早以前村寨
之间因为资源的争夺而经常发生争斗，其他寨子的人无力抵抗骁勇的
曼景傣泐，遂设计破坏其"风水"①，哄骗曼景傣泐将墓地迁移至今
址。此后又因为寨子入口处的改变，该墓地位于新的寨子入口处，且
位处南哈（河）上游，近旁又是学校，其位置并不妥当，但因为各种
现实原因，搬迁的想法一直未能实现。这个传说的真假虽已不可辨，
但该墓地位置的变化，反映出寨子规模不断扩大的历史，以及土地价
值抬升后公共用地紧张的现实。墓地所处的位置涉及傣泐传统的方位
观念，与寨子整体布局密切关联，作为一个地域共同体，人群聚集的
整体性一直被强调，而整体性的背后则与傣泐"欢"与"批"/
"披"的观念有着紧密的关联性。

稻作农耕是傣泐传统上最主要和最擅长的生计方式。完善的水利
灌溉，顺应时令的农作安排，定期的祭祀祖先和休息调养，这一切都
在村落周边的平坝之内完成。而奔流的大江与潺潺的溪流则为傣泐提
供丰富的水产资源，男子或在江宽水深的罗梭江浅滩处搭建大型的V
型鱼坝（见文前彩图1）捕捉各种鱼类，或留置小型鱼笙在溪浅水清
的南哈（河）中静候"红尾巴鱼"（红尾副鳅）的到来。稍大一点的
罗非鱼、鲤鱼或者长达一米、重达几十斤的面瓜鱼（巨魾）和长胡子

---

① 善于与外界打交道的村人，常借助自身理解的汉人概念向外人解释本族群文化。

鱼（丝尾鳠）则以垂钓获得，也可以通过撒网或放"地笼"捕获溪流中的各种小鱼。当地的小型鱼类中以"砍刀鱼"①最为出名，这种鱼身长寸许，在每年9月成群上游，产卵之后又顺流而下，傣泐以鱼坝捕获后则就近在江边以炭火现烤，不施任何作料和盐巴，其味道类同海中之秋刀鱼（见文前彩图2）。雨季时江流变得混浊，傣泐男子就在岸边的水流回旋处以大型的三角网捕捞②。男人还会去湾塘或田坝中放置鱼筌③捕捉黄鳝。傣泐女性则主要在江中捞取青苔④，拣拾螺蛳，在旱季水清时去石头下翻找水蜈蚣（水夹子）或者在水塘边寻找蜻蜓的虫卵。妇女使用的小型三角网，便于在浅滩处推动搜刮。傣泐常被称为水一样的民族，实在恰当不过。临水而居不单是靠水吃水，并且在常年高温炎热的河谷坝区中，傣泐一日数浴，特别是傍晚时分，寨中男女不分老幼，皆在临岸的溪流中沐浴⑤或者"方便"⑥。溪流之中

---

① "砍刀鱼"的傣语音译为"巴啪啦和"，直译为（像）汉族大砍刀一样的鱼，其学名暂时未能查到。

② 在市场上还未出售机制渔网之前，这些渔网大多使用蔺草编制。

③ 此种鱼筌是以竹篾编制而成的圆柱形容器，顶端和中部各有一口，顶端口沿的大小刚好插入竹管，竹管内放置蚯蚓，并开一细长口以吸引黄鳝。被吸引的黄鳝从筌的中部口子钻入后，因为筌口内置的倒刺而无法逃脱。每次捕捉时，这种筌一次放入几十、上百条，静待黄鳝入"瓮"。

④ 每年3月份，大量附着在河床石头上的青苔被捞取后经过不断捶打漂洗，铺设在草排上晾晒，在此过程中撒上干辣椒末或生姜末，食时以油炸之，或用以包裹米饭同食，其味妙不可言。

⑤ 在江中洗浴时，一般而言男性在上游，女性在下游。在傣泐的观念中，女性的"月经"是被视为污秽的。在一次家庭聚会中曾听闻一位妻子半开玩笑地埋怨说哪怕突然下起大雨，她的丈夫也不肯去把晾在外面的"筒裙"收回来。她的丈夫就回答说那是脏的，这位妻子反击说那你们男人为什么还要和脏的女人一起睡觉。这位丈夫不再接话只是傻笑。这个插曲反映出傣泐对于两性的生理认知，但在社会关系上，男女两性是一种区分与协作的关系，而非刻意、决然的对立或歧视。

⑥ 传统的傣楼中不设洗手间，寨中也没有公共厕所，村民"方便"之事一般就在寨子周边的树林或江中解决。僧侣也在佛寺外围的坡地树林中就近解决。20世纪50年代，政府部门虽然在寨中建造过公共厕所，但最终还是被废弃了。值得注意的是，虽然如今的寺庙已建造了供僧侣洗浴、"方便"的场所，但常住缅寺的持戒老人还是在大殿外的树林中围设简易的"方便"场地。

实为傣泐日常聚集、交流情感和信息的公共场所之一，这场景令人想起古罗马的大浴场、现代都市中的茶馆酒肆。

傣泐男女一样能够在山野之中各取所需。昔日建房以及日常生活中制作器具的竹子和木料，都从山上就近砍伐。打猎捕兽、寻找蜂窝、采集竹虫、放养耕牛都离不开山林。妇女会结伴前去采集竹笋、菌子，一年之中可食的竹笋种类不下十种，这些采集的笋子或甜、或苦、或无味，有的烤熟后蘸水（傣语称蘸水为"南咪"，其种类亦花样百出）而食，有的需泡在溪流之中数日后再加工食用，有的则腌制在土罐、竹筒之中任其发酸后食用。年轻的傣泐男女也会不时地在江边林中野炊聚餐，饮酒唱歌，他们日常的活动并不以劳作为苦，反而能在与自然的相处中和人群交际中，寻找乐趣和建立友谊；合作与分享是傣泐显著的生活态度。

笔者和课题组成员在2008年第一次进入曼景时，曾经请几位傣泐村民对其生活的环境画一个示意图，显示出有趣的差异，但村寨内部缅寺与勐神所处的位置都标注得十分显眼（参见图2-3）。曼景虽没有可见的围墙将寨子围绕起来，但村寨的空间界限则非常清晰的印记在傣泐的脑海中。在寨子西北方的南哈（河）上游，即昆曼公路拐入勐仑坝区之处有一棵大榕树，系勐仑传说中赫赫有名的"战神"之"欢"的栖息场所，昔时祭祀该神时由波莫主祭。在寨子东北方的南哈（河）北岸——现在的度假酒店——以一棵高大的木棉树为标志，是勐仑坝区的"邦勐"所在地，土司时代此处是全勐宰牛集会、庆祝节日的重要场所。二十多年前出入曼景的通道位于寨子东北处，靠近南哈（河）的尾端，因为寨子与北面的大片农田隔着南哈（河），所以之前很长时间寨中人通过搭建的木桥进出村寨。在干季大多时间可以涉河而过，如果雨季河水暴涨，甚至冲垮木桥，村人则很少外出和

远行，此时也正是佛教"雨安居"时期，礼佛做赕是村人主要的日常
活动。

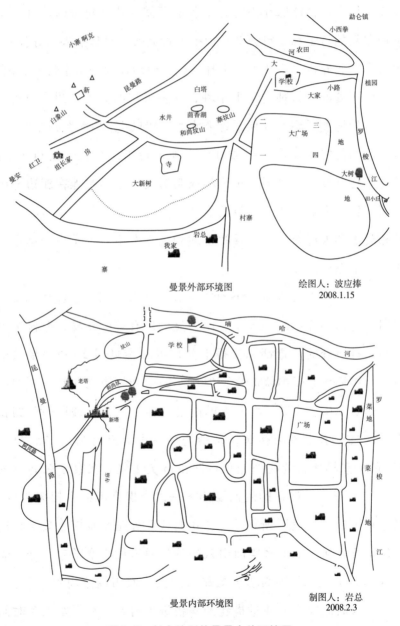

曼景外部环境图   绘图人：波应捧
2008.1.15

曼景内部环境图   制图人：岩总
2008.2.3

图 2-3   村人绘制的曼景内外环境图

　　从老寨门进入寨子后往南不远，便是曼景中心广场，广场西侧为昔日土司的官邸。20 世纪 50 年代以前，广场不但是寨子的中心，也是整个勐仑坝区物品的集散交易中心。居住于山地的哈尼族或阿克人背着芭蕉叶、野生菌、捕获的小鸟等前来寨中换取傣人自产的土布或者稻谷。如今广场的大部分已由村老年协会出资将其改造成临时交易场地，供老人出售自产的日常果蔬。广场的北侧和东侧各竖立着一座勐神神宫①，最近七八年来两座神宫几经重建，变得愈发高大醒目。

　　以勐神神宫为中心，往西南便通往缅寺所处的山脚下。2013 年重建的缅寺金碧辉煌，登临其上，村寨一览无余。缅寺的西南方向，是一口供村民饮用的大水井，水质清洌甘甜②，常年保持一样的水位，虽然如今家家户户已经通上自来水，但每年傣历新年的浴佛、平日仪式中的"滴水"③、男童升和尚前的沐浴，都要从大水井取水。大水井西边另一山包上耸立的佛塔，无人知晓其建立的年代，老人宣称最早是曼峨的村民发现此塔，因此村民称其为"塔庄峨"（塔庄是高耸的佛塔之意）④，为区分缅寺大殿旁建造的新塔⑤，村民一般都以老塔称

----

① 勐神神宫傣语称为"贺丢不拉勐"，贺是房屋（神宫），丢不拉勐是勐神。
② 水井中养有几尾红色小鱼，以监测井水有无被恶意投毒或发生水质变化。
③ 滴水，傣语称为"扬喃"，是傣泐佛教信仰仪式中必备的程序，可能类似于汉传佛教中的"回向"。缅寺住持指出，佛陀修行时曾招致妖魔的谋害，土地女神喃陀拉尼现身后挽起长发，发出大水，淹灭妖魔，以此护卫佛陀的修行。在西双版纳村寨中的每座缅寺中，土地女神的护法形象就供奉在佛陀塑像的两旁。傣泐认为，傣历新年、关门节和开门节等在寺庙举行的集体祈福仪式中，参与者在仪式行将结束之时，将装于壶中的清水滴在面前的盆中（土地之中），意在请土地女神为信徒的布施所累计的功德做详细的记载。
④ 勐仑坝区中，位于曼梭醒的塔也无法知晓何时所建，据说最早是由缅甸人发现。在村民的表述中，它们都是被"发现"的，非人工建造，有十足的灵性。例如曼景此塔在"文革"中就经受住了炸药的考验而屹立不倒；曼梭醒的塔则以能满足信众求子嗣的愿望而著称。此外，笔者还曾听闻，俩姐妹因为误会发生争吵，其中一方情急之下以曼梭醒塔赌咒以示清白，非常令人意外的是，另一方隔日即突然患病，病愈后双方冰释前嫌，握手言和。
⑤ 新塔的全名是"帕塔哉雅拉乍倘"，直译为"（勐仑）地区最高级别的保佑众生的佛陀之塔"。

之，每年4月全勐仑坝区的信众都会前往朝拜。老塔往南就是因建造公路而搬迁重组的新寨。从勐神神宫所处的位置往东到达罗梭江边，有一处称为"邦曼荡"，当寨内村民因触犯村规，比如缔结婚姻前女方有孕或未满一年而生育者，就得在此宰牛谢罪。往南直至昆曼公路，就是最近几十年来陆续建成的、分布稀疏的傣楼。

曼景内外空间的布局，整体上表明曼景作为坝区土司驻地的历史地位。以河流的流向为依据，寨中傣楼屋脊几乎是一致的与罗梭江平行，呈南北走向。虽然今日村寨的傣楼几乎已换为钢筋混凝土建筑，但仍保留传统的方位和样式。处于西南边缘小山坡上的缅寺从来都不是寨子的中心位置，因为昆曼公路的贯通，以及傣楼的增多，现在却成为整个村寨的活动中心。缅寺南侧平缓之处修建了篮球场和舞台，成为中青年村民运动和休闲娱乐的场所。在调查中，经过反复询问得知，寨子中心广场东侧勐神神宫所在的位置，是曼景"寨心"的最早所在，原先还植有高大的榕树以示标记。之后勐神神宫取代了寨心的位置，成为曼景中心最显眼的标识。村民对勐神神宫有很深的敬畏，很少在其周边嬉闹。居住在邻近勐神神宫村民家中如有人去世，其灵柩也不会从神宫正面通过，而须绕道前往墓地。村寨内部的傣楼即以原先的寨心，即现在的神宫为中心，朝四边扩散开去。傣楼之间没有明确的围墙，早些时候只是以竹篱笆来圈养家禽，后来变成以高不过半米的矮墙作为傣楼之间的分界，主要是靠近道路的住户才建矮墙，相邻傣楼间的人大多从门口、窗口即可对视交谈。寨子内长久形成的道路，即便是通往江边菜园的小道，都不许更改或堵塞，傣泐认为这不单是人行走的道路，也是祖先之"欢"要经过的道路，也就是说祖先并未因此而远去，他们大多还是生活在此空间中，不过是换了一种形式。在寨子外围靠近江边有几棵高大的菩提树，是介于村寨和外围的临界点，为傣历新年老人滴水祈福之处。有时鳏居老人，偶有中年男子会在这附近搭建草庐或竹木傣楼独居，虽然此类情况很少，但对于他们的行为，村人并不以为异，只是那搭建的草庐或傣楼不举行新房落成仪式，一律不作为寨子的内部组成部分。

以上描述的是曼景傣泐以村寨为中心的生活空间。居于此空间的傣泐，一年四季的劳作生息皆有规律可循，其信仰仪式也依次在此空间内外实践（参见表2-3）。在平坝、河流与山林的整体生态系统中，坝区农耕是曼景傣泐所依赖的取食系统中心，傣泐与食物的关系主要建立在有效的灌溉系统之上。在稻谷生产之外，河流、山林是村寨的外围空间，傣泐从中获取的一切水产山珍、河鲜野味都以"拿"来表示。村寨物质文明的进步是以坝区的开垦为主要线索的，时至今日村民开辟村寨周边诸如罗梭江边的小片平地，都以"砍坝"表示，意即铲除杂草、就近引水、将其改造为耕地。直至橡胶种植在地方政府的引导和鼓励下，傣泐才逐渐将山林纳入其生产活动的领域之中。

表 2-3　曼景的生产活动与节庆

月份		主要农事活动	重要节庆、仪式	气候
傣历	公历			
六月	4月	整修水渠，犁地备耕；找泡笋	新年（泼水节） 赕滚呆、堆沙、赕老塔	
七月	5月	稻谷育种，种植玉米、花生等；割胶；找泡笋、甜笋		多雾
八月	6月	秧田催芽、撒秧、寄秧；割胶	赕鲁叫	

续表

月份		主要农事活动	重要节庆、仪式	气候
傣历	公历			
九月	7 月	移秧、放水、菜园除草；割胶	雨安居（关门节）赕滚呆、赕宛星、赕坦、赕萨拉、赕玛哈邦、赕毫苏玛龙	雨季
十月	8 月	栽秧，管理水源，菜园除草；割胶		
十一月	9 月	继续管理稻田的水源、除草，收取玉米、花生等；割胶		
十二月	10 月	准备收割稻谷；割胶		
一月	11 月	收割、打谷、搬运储存；割胶	开门节（傣历一月中旬）；祭祀勐神（傣历二月中旬）；赕滚呆、赕新塔、赕曼哈过塔、赕曼梭醒塔、赕曼打鸠塔、恋爱、婚嫁、盖房	干季
二月	12 月	准备盖房，老年妇女织布；割胶；鱼类产卵期		
三月	1 月	备料盖房，砍柴；割胶；鱼类产卵期		
四月	2 月	平整菜园、种植四季豆等；捞青苔；找苦笋		
五月	3 月	打理菜园、卖菜；捞青苔；找苦笋		多雾

20 世纪 80 年代以来，橡胶种植的经济价值日益显著，但与 80 年代之前建立的当地国营橡胶农场或山地族群后起的种植面积相比，曼景寨子砍伐山林后所种植的胶林面积实在有限。最近几年国际胶价市场波动所带来的不稳定性，使曼景村民也并未获得长时间的高额收益。与此相比，农田出租和土地被征用所获得的收益却更为稳定和直接，但由此引起的价值观念冲突与人际关系之变化也是显著的。土地的多寡比橡胶种植更能影响寨子内人与人之间收入的差距，理论上寨子内的基本农田以传统办法每隔几年进行重新调整，按户分配，不得买卖和抵押出让给外人。但在政府主导下的征地行为发生后，土地成为价值不菲的可变现物。村寨中勤于耕作的老人，因其额外开垦出的菜园等获得的补偿金，却成为诱发家庭内部矛盾的一个因素。例如，

寨中一位村民几年前将一小块菜地无偿让给亲戚建房，后者因为存款
不多一直未能建成新房，结果土地价值暴涨后，这位村民便心生懊悔
要求取回菜地，双方为此发生激烈争吵；但寨中几乎所有人都认为该
村民的行为是"财迷心窍"，送出去的东西无论如何是不应该要回来
的。在传统村社生活中，集体土地归村寨所有，并由家族共享，而私
人开垦的菜地果园虽也不准买卖，但开垦者拥有使用权。上文曾提及
居住在曼哈伞（当地人称"红卫"队，系"人民公社"时期留下的称
呼）的哈尼族迁自于墨江，他们所居住和耕种的土地本属曼景集体所
有，约占曼景在此的1/3土地。这片土地在几十年后的今天成了被曼
景默许而由曼哈伞事实占有的土地。最近五六年来，这片土地被大面
积征用以建造职业高校的教学楼和宿舍，曼哈伞获得数额不小的一次
性补偿金，但是傣渌并不为此去争辩那部分原属于他们村寨集体所有
土地，原因在于，当年几户哈尼族迁来之时即向曼景老人表达了暂居
此地的愿望，并得到曼景老人的允诺。此后哈尼族在此生息，此地也
被曼景默认为归其使用。在地广人稀的年代这片土地属于村人观念中
村寨外围的山野，况且早先寨中耆老已允诺给予对方，傣渌因此并未
在这片土地中投入基本的如水利设施建设，传统的土地集体观念，服
从老人的社会威望，以及对于诺言的信守，都表明在村社生活中，即
使出现或大或小的土地利益纠纷也难以违背上述观念。

　　总之土地是傣渌赖以生存的基本保障，傣渌村社的信仰实践及人
群组织莫不由此提供物质保障。对土地之情感，例如丰产的诉求是从
事稻作农耕民族的朴实观念，立寨先立寨心的传统，是傣渌对土地情
感的明确表达；流传在傣族民间的"雅欢毫"传说①，是土地的丰产

---

① "雅欢毫"直译为"谷魂奶奶"，根据民间传说和实地访谈，"谷魂奶奶"是为傣族带来
　稻谷这一重要食物的女性神灵。

与女性孕育生命和保障繁衍的隐喻。与此同时，村寨人群的组织及其行为观念随着情况的变化而变化。令人印象深刻的是，曼景傣渺一旦获得补偿金或积攒足够的财物，第一件事情便是盖新的傣楼。最近五年来，寨中开始大面积拆除木制傣楼而代之以钢筋混凝土的砖瓦房。在外人感叹这些旧式木楼的消失之时，傣渺虽然也有同感，但他们仍然在心里进行暗自的较劲，期望早日也能建成新房。代表着傣渺家庭组织的傣楼，其意义不容小觑，下文先从曼景傣渺的家庭做详细的阐述。

第三章
曼景傣泐的家庭、亲属称谓与命名

　　列维-斯特劳斯（C. Lévi-Strauss）将社群的婚姻交换区分为基本制度和复杂制度。基本制度可分为女性的直接交换和间接交换。而由若干单系继嗣群构成的婚姻联盟，通婚关系只能发生于这些群体之间，即构成复杂制度。而以"一体群"为单位的傣泐家屋社会，其婚姻并非基于女性的交换，而是以傣楼为单位的同时存在的男子娶妻与女子招赘。共居在一个屋顶之下，同用一个火塘，构成一个家庭单位，家庭内的群体成员采用双边继嗣，并倾向于父系一边。每一位傣泐个体从出生的那一刻起，就归属于父方或母方的家族之中。婚后的傣泐男女不论居住在夫方的傣楼中，还是妻方的傣楼中，都只是一种灵活的选择。双方并不因为婚姻关系而固定为其中一方配偶所属家族的成员。在亲属关系上，除自然血亲、姻亲外，拟亲（fictive kinship）也是傣泐社会中重要的组织关系。傣泐对三代以外去世的亲属不做明确的记忆，反映在傣泐的命名制上，实行的是亲从子名，即父母的名字随着他们第一个孩子的出生命名而相应改变自己的名字，祖父母也一样为此改变自己的名字。本章即对傣泐的婚姻、家庭、继嗣等规则进行阐述，以此说明傣楼内外人群的区分与合并。

第一节　傣泐的家庭类型与居住方式

"很"（家庭成员居住的傣楼）是傣泐对家庭的称呼，不论最近几年来傣楼内部的居住空间如何变化，居住其内者一般包括一对夫妇及其未婚子女，以及夫或妻的父母。也就是说，傣楼内的家庭成员由夫妻之间的姻亲关系和父母与子女之间，以及兄弟姐妹之间的血亲关系组成，这是傣泐社会最为普遍的家庭类型，即主干家庭，其成员一般在五六人。近年来由一对具有婚姻关系的夫妇及其子女组成的夫妻家庭，即核心家庭的数量虽然有所增加，但并不多见。主干家庭的成员共居在一个屋顶之下，并同用一个火塘，是傣泐眼中的老房子，构成一个家户单位。家户组织内的成员共同耕作土地，但土地作为村社的集体财产不能分割也无法移动，它不属于任何一个家庭或个人所有。传统上一个家庭中除了所拥有的稻谷、耕牛及日常用品外[①]，竹木傣楼算是继承者能得到的最大家产。兄弟姐妹对家产的继承拥有平等的权利，在曼景大多以长子女为优先继承者。继承傣楼这一主要财产并居留在老房子中的子/女除了要赡养父母外，还要同时承担祭祀祖先的义务。当然从老房子分离出去的成员会因此得到相当物质的补偿，条件允许时，在父母和兄弟姐妹的帮助下另建新房。各家户组织之间有着千丝万缕的关系，最重要的一点是作为村社成员，他们要承担因耕种集体土地所担负的责任，比如共同祭祀寨神和勐神。

傣泐家庭组织的类型与男女婚后居住方式的动态发展有着重要的关联。杨元庆将傣泐家庭分成三类："定居在妻方，继承妻之父母房产和另建房立家的，都称为妻居家庭；定居在夫方，继承夫之父母房

---

① 江应樑：《傣族史》，四川民族出版社，1984，第510页。

产和另外建房立家的，都称为夫居家庭；在同一个家庭内，同时存在有女的招赘、男子娶妻的，称为'双居'家庭"①。据此他认为傣泐社会存在着类似母系家庭、父系家庭和双边家庭的社会演进过程。妻居、夫居、双居的分类其实描述的是新婚夫妇居住的变化过程，而非居住结果，而且傣泐婚后居住模式的灵活性诚然是个事实，但是否就"符合"某种社会演化的推论则并无十足的依据和争论的必要，况且双边家庭一定偏向一系的事实在此也被忽略。章立明则将傣泐家庭分为核心、直系、单亲和空巢四种家庭类型，并定义傣泐直系家庭就是"由一对祖辈夫妻、他们亲生或收养的已婚子（女）辈夫妻及其未成年的孙辈所组成的人口众多（六人以上）的大家庭"②。这种依据家庭人口来划分和定义傣泐的家庭类型，并没有指出家庭组织的核心原则，以及未能整体把握傣泐社会成员组织的动态过程。简单而言，家庭组织不但是以缔结婚姻的亲属关系划分，也是家庭成员对成员资格、财产和名号以及社会阶层的继承及相对责任和义务的承担，而这些原则的确立都是根据现实的需要发展出来的，最明显的就是夫妻婚后居住方式的过渡。

曼景傣泐一栋傣楼中一般只允许有两对、分别代表一代的夫妻居住，即父（母）辈与子（女）辈夫妻。生育多个子女的父母，除一个子（女）可以留在老傣楼中，其余的子女必须离开他或她的出生之家，选择与妻方家庭或夫方家庭共居，有条件的则另建新居。寨中老人说，以前傣泐结婚，男方必须前往女方家中居住三年以上，才能根据实际情况做出后续的居住选择。有的傣泐男子可能一辈子就与妻方家庭居住在一起，而现在的情况则是，很多新婚夫妻在妻家住上一个

① 杨元庆：《略论傣族三种家庭的并存》，载《民族研究》1985年第3期。
② 章立明：《结构与行动——西双版纳傣泐家庭婚姻的社会性别分析》，人民出版社，2011，第64~65页。

月后，便去夫家居住。如此看来，妻居、夫居和双居三种家庭类型分类表明的是傣泐居住方式的暂时性，并且这种选择主要的还是基于劳动力的现实需要来确定居住地。在访谈中就子女婚后的居住选择问题，一位中年村干部说："以前老祖宗的时候，因为很贫穷，盖一个房子是很不容易的，但是人多了么，又不能总是挤在一个房子里生活，那样肯定不合适的，打比［比如］他家有两个女儿，我家有两个儿子，或者双方都有一儿一女，那就交换［结婚］在［居住］嘛，一起干劳动，等有能力了再盖新呢［的］房子。"这番话虽说是这位村干部依据自己的感受，对最近几十年来傣泐居住方式变化的解释，但却道出了其中的一点可能，即在难以获知的历史进程中，傣泐婚后选择的居住模式也许反映的是两个群体之间的合作，以及由此建立的通婚原则。

在傣语中傣泐有"哈滚"和"比侬"的指称，"哈滚"类似于"家族"，指的是同一男性/女性祖先所生的四代以内的子孙，禁止内部通婚；"比侬"类似于"亲戚"，指的是所有具备因血亲、姻亲以及拟亲关系形成的亲属。早先村寨人群的结合互动中，基本是在几个"哈滚"之间以婚姻关系方式展开。这也是至今在很多村寨中，建造在"寨神"神宫附近的傣楼一般都被公认为村寨最早的定居者，居住其内的年长者也是共同远祖——"寨神"——的祭祀者。这座傣楼就是能追溯到的最老傣楼之一，寨中后起的傣楼大多与这座老傣楼有着或远或近的关系。

母方或父方的"哈滚"成员通过婚姻关系结合在一起，在没有能力建造新傣楼时，便选择与其中一方的家族成员居住；在有能力或必须另建新居时，新婚夫妇便能得到各自家族成员的支持，获得耕地和宅基地，另立新居。因而，从"哈滚"的层面来看，重要的是如何与其他"哈滚"通过建立婚姻关系形成有力的联盟与合并，并逐渐的结成村寨共同体以平衡或对抗其他的地域群体。在此过程中，家族中辈分最高的老人受到尊重，并有可能成为村寨的领导者。同时因为耕种同一片土地，维护共同的村寨利益，村社成员的身份非常重要。离开村社上门或出嫁到别的寨子，他/她将不能带走任何不动产；由外寨新加入的成员虽然有所区分，例如上文提及的他/她死后若没有子嗣，则仍葬于其出生的寨子；但通过祭祀同一寨神或勐神，以及通过与同龄群体建立关系而获得村寨成员身份。

在曼景的一次婚配个案中，出生地为曼景的傣泐男子通过网络通信结识了景洪的一位傣泐姑娘，双方家长皆表达出担忧和反对。对于任何一方来说，远距离的婚配意味着双方子女承担各自家庭的责任和义务会成为困扰的问题，年轻夫妇未来的生活将主要依靠其中一方的亲属。但年轻的恋人为此提出抗议，尤其是这位傣泐男子强烈反抗，最终他与心仪的女子得以结合，随后便去景洪与妻子及其家人同住。在傣历新年、关门节和开门节笔者都能见到他与其父母，一起出现在曼景的缅寺祭祖。因为他的哥哥已经上门定居在外寨的妻子家中，而他作为父母傣楼的继承人即便选择前往距离较远的景洪与妻子居住，也不得不在重要节庆时返回祭祖。问起他在景洪是否住得习惯、过得愉快，他只是笑而不语，看得出来现实的婚姻生活与甜蜜的爱情想象之间似乎存在着差距；脱离曼景的出生之家，不但令父母心生忧愁，也使得他旧有的社会关系就此脱节。他曾是曼景缅寺的二佛爷，因为不愿再晋升，还俗后结婚前往景洪与妻同住，这意味着不但他个人的潜在资源化为乌有，还要重新学习适应与妻方家庭成员相处。在婚礼举行的那天，寨中老人以及他父母双方家族中的长者陪同他一起前往景洪与女方家进行协商，谈妥男方上门的具体年限，并签订协议，协议内容仅三句，双方自愿结婚，婚后因男方变心而导致婚姻破裂要赔偿女方人民币一万元，反之女方赔偿一万元。并在之后仪式性的将新娘迎回男方的父母家后，女方派出的老人代表与男方家再做一次口头协商，男方重申男女双方必须承担男方父母的赡养责任，其给出的理由即是男方要在其父母百年后接替祭祀家神的责任。当然依据传统，男女双方所在的村社土地及财产是保留不动的，土地仍属村社所有，而傣楼则属继承者所有。

在传统的傣泐社会中，结婚、离婚与再婚是相对自由的，也并不遭受周边人的歧视。一般青春期后的傣泐男女便进入择偶的阶段，出家为僧的男子也大多在十七八岁时选择还俗，与同龄女子之间展开自由交往，对象一般以本寨成员优先，也可与周边的傣泐寨子女子交往。傣历新年（泼水节）、开门节等重大节日的"赶摆"（集会），为青年男女创造交往的机会，而今交通、网络信息的发达使这种交往变得更为便利和扩大。傣泐男女婚前性行为受到强烈规训，未婚有孕或婚后不足一年生育都将受到不小的惩罚。夫妻的婚后有独立的经济收入，并在建房等重大事务上得到各自家族的支持，尤其是同在一个村寨的亲属。因而代表各自家族的男女在婚后依据客观情况选择不同的家庭居住，大多是出于现实的需要。在村寨层面上而言，几乎所有的村寨成员都有着或远或近的亲属关系。

但是家族组织并没有成为父系或母系的单系继嗣群体，而是个体同时并重于双边的亲属。也就是说，傣泐个体从出生的那一刻起，就自动归属于他的家族群体，但并不以单系为继嗣原则。作为分析单元，家族、家庭或家户概念都不能很好地包含傣泐以傣楼为象征的群体组织。家屋概念则集合了婚姻、继嗣、居所等数种关系。图3-1的例子能说明一些继嗣与居住的问题，图中黑色的符号仅表示傣楼传承的情况。该例的老年夫妻共养育四名子女（两子两女），除次子留下与父母居住外，其他子女都离开老傣楼各自居住。长女（1）与长子（2）因很早就在县城工作便首先脱离老傣楼，次女（3）嫁给本寨的男子，与夫方家庭共同生活了很多年后自立新居。次子（4）迎娶本寨的女子后便与父母同住，继承父母的傣楼，夫妻俩的女儿嫁给思茅的汉人，一般而言这傣楼就由他们的儿子继承。而第一代老年夫妇的傣楼则继承自妻的父母，她是父母的独生女，其丈夫是同寨的傣泐男子。但是在外工作多年的长女与长子又在各自退休后带着各自的家人回到寨子。虽然他们的"回归"源自不同的现实需求，但他们都强调这是他们父母老傣楼的所在地，是他们家族身份的保留地，事实上他们在老傣楼暂居一阵后在另立新居时也得到了弟妹和村民的欢迎与帮助。

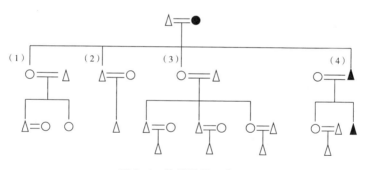

图 3-1　傣楼继承示意图

和上述所举例子类似，曼景傣泐的老傣楼一般都由儿子继承，无子的家屋则选择一位女儿作为继承者。继承傣楼的儿子中，理想的是以长子为优先，但实际情况中幼子继承的个案并不少见。除了傣楼这最大的财产外，其余财产以折现的方式采取子女均分，家屋的名号也由子女共同获得，例如上述案例中，工作在外的两位子女对于母亲属于土司时代的贵族亲属之身份地位，他们不但铭记在心，还为自己的子女取名"刀"姓。在对家屋的祭祀责任上，留在老傣楼的子/女负责对傣楼中的"家神"进行祭祀，而对分出老傣楼的成员并不做要求。特别值得注意的是，不论是居住在老傣楼内还是"上门"或出嫁后居住在其他地方的子女都可自行前往缅寺祭祖，而对于村寨中最早定居的祖先是必须集体祭祀的，这就是上文提及的寨神。

需要补充的是，昔时新婚后的夫妇若要建盖一座新的傣楼要分三步完成：先要暂居在称为"独"的仅供夫妻起居所用的小屋中，其大多以竹木搭建；一年后可以建盖称为"很囡"（小房子）的房屋，其大小不能大于父母所居的老房子；几年之后，他们才能建造称为"很竜"（大房子）的傣楼，楼梯可以到达9级①。房屋建造的大小表现出一种逐步变化的过程，亦是新家庭确立的象征。每一个试图自立的核心家庭在此之后方能获得一种真正意义上的独立：拥有新生命的傣楼和重新确立的家神。家屋的组织原则和组织方式在佛教传入之后，产生了一种结构性的变化，即男子出家为僧的制度设计；缅寺因此被纳入社会结构的建构中来，在信仰上则出现寨神与佛陀的并置。

若从个人本位出发，傣泐通过父方或母方双边追溯自我的亲属，反映在亲属称谓上，有些问题需要进一步厘清。

第二节　亲属称谓与命名规则

亲属称谓与亲属关系、社会群体结构有密切联系。通过之前的论述可知，傣泐社会是以双边亲属关系为基础的，由"一体群"家屋为基本单元的社会。傣泐对三代以上的亲属鲜有记忆。表现在亲属称谓

---

① 参见章立明《结构与行动——西双版纳傣泐家庭婚姻的社会性别分析》，人民出版社，2011，第69页。

的使用上，其范围一般都在三代左右，第四代的亲属称谓只做性别和代际的划分。在族群内婚和寨内婚占绝大多数的村社内，傣泐更重视现世横向的血亲或姻亲关系。曼景傣泐的亲属称谓见表 3-1①。

表 3-1　曼景傣泐亲属称谓

1. 直系血亲和姻亲亲属称谓

亲属关系	傣语称谓音标及音译	傣文称谓	汉语称谓	备注
父之父	[pɔ³³pu³⁵] / [thau¹³pu³⁵] / [ʔi⁵⁵pu³⁵] / [pu³⁵] 波布/陶布/依布/布	ᨷᩳ᩵ᨷᩪ᩵ ᨳ᩶ᩣ᩠ᩅᨷᩪ᩵ ᨷᩪ᩵	祖父	
父之母	[mɛ³³ja:³³] / [thau¹³ja:³³] / [ʔi⁵⁵ja:³³] / [ja:³³] 咩雅/陶雅/依雅/雅	ᨾᩯ᩵ᨿᩣ ᨳᩮᩢᩣᨿᩣ ᩋᩦ᩵ᨿ᩵ᩣ ᨿ᩵ᩣ	祖母	
父	[pɔ³³] / [ʔi⁵⁵pɔ³³] 波/依波	ᨷᩳ᩵ ᩋᩦ᩵ᨷᩳ᩵	父亲	
母	[mɛ³³] / [ʔi⁵⁵mɛ³³] 咩/依咩	ᨾᩯ᩵ ᩋᩦ᩵ᨾᩯ᩵	母亲	
子	[luk⁴¹tsa:i⁴¹] 鲁宰	ᩃᩪᨠᨩᩣ᩠ᨿ	儿子	
子之妻	[luk⁴¹pai¹¹] 鲁摆	ᩃᩪᨠᨷᩲ᩶	儿媳	[pai¹¹] 媳妇通称摆
子之子	[la:n⁵⁵tsa:i⁴¹] 郎宰	ᩉᩖᩣ᩠ᨶᨩᩣ᩠ᨿ	孙男	[la:n⁵⁵] 侄孙均为郎
子之女	[la:n⁵⁵jiŋ⁴¹] 郎应	ᩉᩖᩣ᩠ᨶᨿᩥ᩠ᨦ	孙女	
女	[luk⁴¹jiŋ⁴¹] 鲁应	ᩃᩪᨠᨿᩥ᩠ᨦ	女儿	

① 傣语称谓的发音由曼景缅寺住持都捧、曼底佛寺住持都罕炳二位完成，注音由云南民族大学岩温罕老师代为完成，傣文称谓则由都捧住持拼写，他们还对日常的称谓用法提出了自己的建议。特此致谢。

1. 直系血亲和姻亲亲属称谓

亲属关系	傣语称谓音标及音译	傣文称谓	汉语称谓	备注
女之夫	[luk⁴¹xəi⁵⁵] 鲁嘿	လုကၡၞဲ	女婿	[xəi⁵⁵] 婿通称嘿
女之子	[laːn⁵⁵tsaːi⁴¹] 郎宰	လၢၼႁၢႆ	外孙	
女之女	[laːn⁵⁵jiŋ⁴¹] 郎应	လၢၼယိင်	外孙女	

2. 旁系血亲和姻亲亲属称谓（父系）

亲属关系	傣语称谓音标及音译	傣文称谓	汉语称谓	
兄	[pi³³tsaːi⁴¹] / [ʔaːi¹³] / [ʔaːi¹³pi³³] 比宰/艾/艾比	ပီၸၢႆ ဢၢႆ ဢၢႆပီ	哥哥	与妻子的兄同样称呼
兄之妻	[pi³³pai¹¹] 比摆	ပီ�ပၢႆ	嫂嫂	
弟	[nɔŋ¹¹tsaːi⁴¹] 侬宰	ၼွင်ၸၢႆ	弟弟	与妻子的弟同样称呼
弟之妻	[nɔŋ¹¹pai⁴¹] 侬摆	ၼွင်ပၢႆ	弟媳	
兄弟之子	[laːn⁵⁵tsaːi⁴¹] 郎宰	လၢၼႁၢႆ	侄子	与妻子的 兄弟之子 女同称
兄弟之女	[laːn⁵⁵jiŋ⁴¹] 郎应	လၢၼယိင်、	侄女	
姐	[pi³³] / [ʔi³⁵] / [ʔi⁵⁵pi³³] 比应/依/依比	ပီယိင် ဢိ ဢိပီ	姐姐	与妻子的姐同样称呼
姐之夫	[pi³³xəi⁵⁵] 比嘿	ပီၡၞဲ	姐夫	
妹	[nɔŋ¹¹jiŋ⁴¹] 侬应	ၼွင်ယိင်	妹妹	与妻子的妹同样称呼

续表

2. 旁系血亲和姻亲亲属称谓（父系）

亲属关系	傣语称谓音标及音译	傣文称谓	汉语称谓	
妹之夫	[nɔŋ¹¹xəi⁵⁵] 侬嘿	နွင်ရှဲ	妹夫	
姐妹之子	[laːn⁵⁵tsaːi⁴¹] 郎宰	လၢၼ်ၸၢႆး	外甥	与妻子的兄弟之子女同称
姐妹之女	[laːn⁵⁵jiŋ⁴¹] 郎应	လၢၼ်ယိင်	外甥女	
父之兄	[pɔ³³loŋ⁵⁵] 波竜	ပေႃလူင် လုင်းပေႃ	伯父	[loŋ⁵⁵pɔ³³] 景洪地区 称为竜波
父之兄之妻	[mɛ³³loŋ⁵⁵] 咩竜	မႄႈလူင် လုင်းမႄႈ	伯母	[loŋ⁵⁵mɛ³³] 景洪地区 称为竜咩
父之弟	[pɔ³³ʔau⁵⁵] / [ʔau⁵⁵] 波凹/凹	ပေႃဢၢဝ် ဢၢဝ်	叔叔	
父之弟之妻	[ʔau⁵⁵pai¹¹] 凹摆	ဢၢဝ်ပၢႆ	叔母	
父之兄弟之子	[pi³³tsaːi⁴¹] / [ʔaːi¹³] / [ʔaːi¹³pi³³] 比宰/艾/艾比	ပီႈၸၢႆး ဢၢႆႈ ဢၢႆႈပီႈ	堂兄	与母之兄弟之子同称
	[nɔŋ¹¹tsaːi⁴¹] 侬宰	ၼွင်ႉၸၢႆး	堂弟	
父之兄弟之女	[pi³³] / [ʔi³⁵] / [ʔi⁵⁵pi³³] 比应/依/依比	ပီႈယိင် ဢီႈ ဢီႈပီႈ	堂姐	与母之兄弟之女同称
	[nɔŋ¹¹jiŋ⁴¹] 侬应	ၼွင်ႉယိင်	堂妹	

2. 旁系血亲和姻亲亲属称谓（父系）

亲属关系	傣语称谓音标及音译	傣文称谓	汉语称谓	
父之姐	$[me^{33}loŋ^{55}]$ 咩竜	ဎၕ၂ုၖ	大姑母	
父之姐之夫	$[pɔ^{33}loŋ^{55}]$ 波竜	ၵ၂ုၖ	大姑父	
父之妹	$[ʔi^{35}ʔaː^{55}]$ / $[ʔaː^{55}]$ 依阿/阿	ၓၢၥ ၥ	小姑母	
父之妹之夫	$[ʔaː^{55}xəi^{55}]$ 阿嘿	ၥၮၵ	小姑父	
父之姐妹之子	$[pi^{33}tsaːi^{41}]$ / $[ʔaːi^{13}]$ / $[ʔaːi^{13}pi^{33}]$ 比宰/艾/艾比	ၸၵၧ ဢၧ ဢၧၸ	表兄	与母之姐妹之子同称
	$[nɔŋ^{11}tsaːi^{41}]$ 依宰	ၼၵၧ	表弟	
父之姐妹之女	$[pi^{33}]$ / $[ʔi^{35}]$ / $[ʔi^{55}pi^{33}]$ 比应/依/依比	ၸၩ ၕ ၕၸ	表姐	与母之姐妹之女同称
	$[nɔŋ^{11}jiŋ^{41}]$ 依应	ၼၩ	表妹	

3. 旁系血亲和姻亲亲属称谓（母系）

亲属关系	傣语称谓音标及音译	傣文称谓	汉语称谓	备注
母之兄	$[pɔ^{33}loŋ^{55}]$ 波竜	ၵ၂ုၖ	大舅父	
母之兄之妻	$[me^{33}loŋ^{55}]$ 咩竜	ဎၕ၂ုၖ	大舅母	
母之弟	$[ʔaːi^{13}naː^{11}]$ / $[naː^{11}]$ 艾拿/拿	ဢၸၼ ၼ	小舅父	
母之弟之妻	$[ʔi^{55}naː^{11}pai^{11}]$ / $[naː^{11}pai^{11}]$ 依拿摆/拿摆	ၕၼၵ ၼၵ	小舅母	

3. 旁系血亲和姻亲亲属称谓（母系）

亲属关系	傣语称谓音标及音译	傣文称谓	汉语称谓	备注
母之姐	$[mɛ^{33}loŋ^{55}]$ / $[mɛ^{33}paː^{13}]$ 咩竜/咩把	ေမ့လ္ုၚ	大姨母	
母之姐之夫	$[pɔ^{33}loŋ^{55}]$ 波竜	ပ္ုလ္ုၚ	大姨父	
母之妹	$[ʔi^{55}naː^{11}]$ 依拿	ဥ္နင	小姨母	
母之妹之夫	$[naː^{11}xəi^{55}]$ 拿嘿	နင္ခ္ဲ	小姨父	
母之父	$[pɔ^{33}thau^{13}]$ / $[thau^{13}pɔ^{33}]$ / $[thau^{13}tsaːi^{41}]$ 波陶/陶波/陶宰	ပ္ုထဝ္ ထဝ္ပ္ု ထဝ္သင္	外祖父	
母之母	$[mɛ^{33}ʔu^{13}]$ / $[thau^{13}mɛ^{33}]$ / $[thau^{13}jiŋ^{41}]$ 咩务/陶咩/陶应	ေမ့ဥ္ုၚ ထဝ္ေမ့ ထဝ္ယ္ိင	外祖母	

　　傣渢亲属称谓表现出几个明显的特征（见图3-2）。首先，傣渢平民的亲属称谓有类别式的特点，未婚的平辈人之间以"比"和"依"作为区分年龄的大小，例如胞兄、堂兄、表兄均称为"比宰"（3），胞弟、堂弟、表弟均称为"依宰"（3），胞姐、堂姐、表姐均称为"比应"（4），胞妹、堂妹、表妹均为"依应"（4）。代际区隔则主要强调三代人的关系。第一代和第二代之间以"鲁"表示，如称儿子为"鲁宰"，儿媳为"鲁摆"，称女儿为"鲁应"，女婿为"鲁嘿"。第一代和第三代之间则以"郎"表示，如称孙子、侄儿、外甥、外孙均为"郎宰"（3）；孙女、侄女、外甥女、外孙女均为"郎应"（4）。第一代称第四代以"林"表示，但是极少使用。因而"比依"是傣渢平辈

大小的区分，"鲁郎"则是上下的代际区隔，在日常生活中，长辈大多以此来称呼晚辈。

其次，傣泐的亲属称谓与爱斯基摩型又有些相似。最明显的特征是强调核心家庭成员，除父母、子女、兄弟、姐妹、夫妻的专名外，父方与母方亲属并无明显区别，直系或旁系的分支也不严格区分。父母双方的兄弟姐妹及其配偶都有大小之分，例如伯父、大姑父、大舅父、大姨父均称"波竜"（5），伯母、大姑、大舅母、大姨均称"咩竜"（6）；三代之外允许形成新的婚姻。

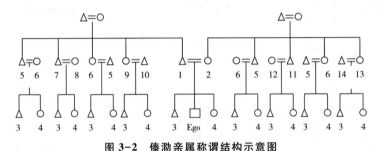

图 3-2　傣泐亲属称谓结构示意图

1. 父　2. 母　7. Ego 父之弟　8. Ego 父之弟之妻　9. Ego 父之妹　10. Ego 父之妹之夫　11. Ego 母之弟　12. Ego 母之弟之妻　13. Ego 母之妹　14. Ego 母之妹之夫

传统上傣泐平均每户人口在三代、5 人左右，以核心家庭为农业生产单位，分到相等的份地、出相应的负担，并定期不定期的调整分配土地，因而男女都是重要的劳动力，核心家庭成员受到格外的重视；与土司贵族重在强调父系宗法制不同，平民因为实行双边继嗣制度，且采取灵活的婚后居住模式，因而其父母双方的亲属都有所区分，强调的是夫妻双方出生之家的人际关系。有的学者根据傣泐对亲属词的分类研究表明①：傣泐对核心家庭非常重视，尤其反映在傣泐对婚前

① 张积家、杨晨、崔占玲：《傣族亲属词的概念结构》，载《华南师范大学学报》（社会科学版）2010 年第 6 期。

与婚后核心家庭成员的分类；而且婚姻关系在傣泐的亲属关系中具有相当重要的作用，这仍然与傣泐婚后的居住方式有着莫大的关系，因为婚后居住方式的变化，意味着不同家庭成员之间关系的重新建立与情感维系；相对而言因为傣泐对婚前婚后亲属关系亲密程度的分类，对性别和辈分的意识较为淡薄。这与傣泐平民没有姓氏、不重宗法的观念有很大关系；同时傣泐对亲属间共同生活非常重视，岳父、岳母、养父、养母等也被归类为婚后的核心家庭成员中。

上述研究表明傣泐社会中的亲属关系是个非常宽泛的概念。狭义的亲属关系指的是父母与子女的关联，以及在此基础上构成的关系网络；广义的亲属则是包括婚姻、世系相关的整个社会领域。通常亲属关系有着普遍的重要性，以个人（自我）或结成一对的配偶为基点来确立双边的关系，与其他人形成相对的关系，诸如个人被定义为子或侄只与某特定人相关。而世系只在某些社会被认可，以（男性或女性）祖先为参照点连接亲属，形成父系的、母系的和同源的（cognatic）三种人群组合规则①，在某种意义上个体的身份是绝对的、特定的②。在傣泐社会中，家庭亲属成员作为社会网络中的节点，其主要目的是一对配偶对土地与财产的继承、子女的养育，以及对傣楼中年长夫妇的赡养和对他们过世后的祭祀，但傣泐并不因此强调世系的绵延和稳固，反而看重的是现世的横向关系。不止于此，三代之后或五代之外的直系或旁系血亲和姻亲，各种朋友或同龄人都被网罗进来，一种互惠或分享的行为在村社之中弥散。

与傣泐亲属关系有密切关联的是傣泐社会的命名方式。在土司制度下，傣泐社会分为贵族与平民两大阶层，土司贵族内部分为四个等

---

① Holy, Ladislav: *Anthropological Perspectives on Kinship*, London, Pluto Press, 1996, P. 42.
② Keesing, Roger M.: *Kin Groups and Social Structure*, New York, Holt, Rinehart and Winston, 台北: Lung Tien Press, 1977, PP. 21-24.

级：（1）凡是"召片领"的血亲后代，不分男女，都归为"孟"级（"孟"的意思是头上的"天庭骨"，意味至高无上的人①），男性在名前冠以"召孟"，女性则冠以"召婻"或亦直接冠以"孟"。孟级身份取决于母系，即凡是娶孟级之女为妻，其妻所生之子女皆为孟级②。（2）召片领的远亲，诸如宣慰使司的高级内官、小勐的"召勐"等则为"翁"级。"翁"级的命名法则大致有三：一是"自土司本人及其同父之弟兄及同祖父之叔伯兄弟起首，向下九代以外则变为平民，这些平民如欲与土司攀亲，贡呈联亲礼，则于其名后赐一'翁'字"，但不得称"召"；二是土司纳平民之女为妾，"其妾之父兄为平民，但赐一'翁'字于其父兄名字之后，妾之子称'召'"；三是平民入赘土司家，可称为"召"，"但自本人起三代后即为平民，惟于名字之后加一'翁'字"③。（3）诸如"翁"级的远亲子孙、小勐"召勐"分支较远的"召庄"等为第三级。（4）叭、鲊、鲜等各级村社头人为第四等级。前述两个等级的贵族阶层在名字的使用上有特殊的表示，土司贵族或以职官名称，或以出家还俗后的名字行世，而很少使用本人的小名或在小名前冠以"岩"或"依"；职官名称与行世的名字中都带有表示身份等级的字，诸如"召""孟"，以及"翁"等。例如上文提及的，最早有明确记载的到勐仑担任土司的召孟捧马，以及民国时召捧翁、召摩诃翁父子、召孟比三位土司的名字，都确切地反映了

---

① 傣泐常以人体的部位象征某事物的地位，对"头"的理解含有最高、最尊贵的意思，因而是不容侵犯的。例如傣泐习俗中极为忌讳触碰小和尚的头。更为有趣的是，在日常饮食中傣泐很少食用鱼头，我的义姐在每次吃鱼时总是让我吃掉鱼头，她说："你是汉人，可以吃，傣族不可以吃，吃头的良心不好。"有一次中饭吃鱼时我留下鱼头，他们果然在餐后将鱼头丢弃。傣泐也会以某人会"吃头"形容此人有贪小便宜，侵占他人利益的行为。
② 《民族问题五种丛书》云南省编辑委员会：《傣族社会历史调查（西双版纳之二）》，民族出版社，2009，第40页。
③ 陶云逵：《车里摆夷之生命环》，载《边疆研究论丛1945~1948》，金陵大学中国文化研究所，1949年编印，第8页。

土司贵族内部以及与召片领之间的亲疏关系。同时贵族男子亦短期出家，有特别的佛教名字，"摩诃"（或称为"麻哈"）即是孟级贵族还俗时所加的字。贵族男女已婚并育有子女后，并不如同平民一般在名字前冠以"波""咩"。总之，反映在土司贵族名字上的宗法制度才是重心所在，通过对血缘亲疏的区分与强调，以确立对土地资源的占有和对权力的掌握与延续。

就傣泐个体的命名形式而言，语言材料在名字中有着固定的各种组合关系①。傣泐有名无姓，在姓名的结构上采用"男/女+名"的方式。即男子的名前冠以"ᩋᩣ᩠ᨿ"（[ʔaːi¹³]，一般写成岩或艾），女子名前冠以"ᨾᩥ"（⌊ʔi³⁵⌋）或"ᩋᩥ"（⌊i⌋），（一般写成依或玉）。例如，寨子中某位叫岩燕（ᩋᩣ᩠ᨿᨶ�）的男子，他是家中第一个出生的男孩；倘若是个女孩，则有可能命名为依燕（ᨾᩥᨶok）。"岩"与"依"是做男女性别称呼区分之用的，而在基本的分类称谓中，傣泐则以"[tsaːi⁴¹]（宰）"和"[jiŋ⁴¹]（应）"来区分人类两性。这种类似于"类名+专名"的构词方法在傣泐的日常语言中时有体现②，因而在傣泐的名字中，"专名"才是属于傣泐个人的符号指称。其具体的方法是由大佛爷或"波章"结合一个人的出生年月、排行大小、父母意愿、外貌特征以及自然事件等在老傣文的41个字母（参见表3-2）③中寻找对应的字母拼写出某一个字来。这41个字母自上而下分成七行，分别代表周日到周六的七天。第一个出生的孩子，其名字必然以第一行的字母为拼写首位。例如，"岩燕"的"燕"即以ᩋ[ʔ]与

① 纳日碧力戈：《姓名论》，社会科学文献出版社，1997，第52页。
② 诸如寨名上的曼安（鞍子寨）、曼迈（新寨），稻米中的"毫糯"（糯米）、"毫安"（粳米）等，都将类名摆在前面，专名放在后面以作解释。
③ 傣文字母的书写及发音由曼景缅寺的都捧住持完成，注音则来自曼景寨子依金的帮忙，她毕业于云南民族大学。特此致谢。

ᥕᥱᥴ [εn] 拼写为“ᥖᥰᥴᥩᥳ”[Ɂεn]。第二位出生的孩子一般依据出生日期，从其他六排中选取字母作为名字拼写首位。假如一对夫妇所生的第二个孩子是女孩，纵使她已经有一个哥哥，但她作为第一个女孩也可以在第一排的字母中选取拼写的首位字母。因而男女之别与长幼之分是命名中的首要原则。

表 3-2　傣文 41 字母及国际音标

ᥐ [Ɂ]	ᥐᥣ [Ɂ:]	ᥤ [i]	ᥤᥳ [i:]	ᥟ [u]	ᥟᥴ [u:]	ᥥ [e]	ᥩᥣ [o]
ᥖ [k]	ᥘ [kh]	ᥐ [k]	ᥒ [kh]	ᥑ [ŋ]			
ᥛ [ts]	ᥘ [s]	ᥔ [ts]	ᥖ [s]	ᥚ [j]			
ᥝ [t]	ᥣ [th]	ᥤ [d]	ᥚ [th]	ᥘ [n]			
ᥕ [t]	ᥜ [th]	ᥝ [d]	ᥔ [th]	ᥞ [n]			
ᥜ [b]	ᥚ [ph]	ᥙ [p]	ᥛ [ph]	ᥜ [m]			
ᥕ [j]	ᥟ [r]	ᥘ [l]	ᥝ [v]	ᥔ [s]	ᥞ [h]	ᥘ [l]	ᥩᥳ [aŋ]

当然在这种拼写原则下，拼写出的名字因其本身含义的好坏，可选择的数量是有限的，例如第一个出生的孩子名字中，大多都含有应、燕、旺、温等字①，但在傣泐社会中这并不容易导致混淆，名字尚有其他因素如以父母出生地以做补充区分。例如“岩罕远”这个名字就包含了他父母中的某一方来自“勐远”这个地方。将一个人父母的出生地或自己的出生地附在名字上强调的是一种地域上的区别。当然这主要视具体情况和使用语境而言。对于一个外来者，倘若要为之命名，则完全是出于方便交流的考虑。比如笔者初入寨子时，多数村民并不知如何称呼我，若要提及我时都称我为“和细达”，“和”是汉人的意思，“细”是数字四的发音，“达”是眼睛的意思，连起来就是“四只眼的汉人”（因笔者平时戴眼镜）。这当然不是一个名字，但这对于傣泐来说却是非常清楚的命名分类，如果寨子里有两个戴眼镜的汉人男

① 高立士：《傣族的命名》，载《中央民族大学学报》（哲学社会科学版）1980 年第 1 期。

子，也许他们会称笔者为"和细达浙江"，即来自浙江的四眼汉人，以示区分。

个人在出生时取的名字（也可称为乳名，傣泐一般称其为小名）除极少数情况如因病需要改名（傣泐认为名字与个人应相匹配），一般会伴随一个人的一生。当个人成家并生育子女后，其称呼将出现变化，即相应地其前置的"类名"也发生变化。例如上文中"岩燕"在满月仪式后，他的父母将放弃他们自己出生时的小名，被寨子里的人称呼为"波燕"和"咩燕"（"波"[pɔ³³]和"咩"[mɛ³³]即是父、母的意思）。这就是亲从子名的形式，即不再称本人名而随子女称"某之父""某之母"的命名制[①]。与此同时"岩燕"的祖父母也一并改称为"波布燕"和"咩雅燕"（"波布"[pɔ³³pu³⁵]和"咩雅"[mɛ³³jaː³³]是祖父和祖母的意思）。傣人将个体自己的名字称为小名，将伴随子女名字的确立而变化自己的名字称为大名。一对夫妇无论生育几个孩子，父母的大名都以第一个孩子的小名为变换依据，倘若一对夫妇生育的第一个孩子已经命名却不幸夭折，父母的大名则仍会保留，即仍以这位夭折的孩子名字为自己身份的指称。在汉人社会中也存在"孩子名+爸（妈）"的方式称呼他人，以示尊重，但傣泐社会个体名字的变化不仅表示对为人父母的身份认同和尊重，重要的是反映了傣泐有名无姓背后不对单系继嗣的强调，而侧重双边亲属的连接。一个人名字的产生同时强调了上下三代人的范围和父母双边的关系，这不仅将个体纳入三代人范围之中，也体现以个体为中心地对双边亲属关系的确认，个体在如此的"经纬"中便有了明确的定位，换言之，时间和空间互相构筑了傣泐社会的基本框架和人群秩序。

[①] 杨希玫：《从名制与亲子联名制的演变关系》，载《"中研院"历史语言研究所集刊》外编第 4 种，1961。

不仅如此，傣渤名字在身份转变上的动态性变化，也因佛教的传入，在傣渤男子的名字中得以呈现。传统上傣渤男子在七八岁时便要出家当一段时间的和尚，接受本民族语言文字、天文历法的训练与道德品行上的熏陶。这个时间可长可短，主要视出家者的家庭情况及本人意愿。一个普通的傣渤男子从七八岁入缅寺开始，直到十八岁左右，缅寺会为此提供预备和尚、小和尚（帕）、小佛爷（都因）、大佛爷（都比竜）这几个身份转换的制度性晋升通道。在他经过半年多的寺庙生活后，正式成为一名小和尚时，他将获得一个由寺庙住持（大佛爷）为他命名的法号，这个法号的命名原则是参照他的小名重新拼写出来的，一般都与佛教有关，这个法号只属于他本人作为佛徒的身份使用，而不在公共领域中流通，村民一般就在他的小名前冠以"帕"字称呼。他若升为佛爷，则在其名前冠以"都"字，若他本人成为大佛爷则直接以"都比"相称而不再附带他的小名，因为一座缅寺一般只有一位大佛爷留下成为住持。以"岩燕"为例，他做小和尚的时候村民称其为"帕燕"，若升级为佛爷，则以"都比燕"相称。若在小和尚这一身份阶段他从寺庙还俗回家，家人和寨人便称他为"岩迈燕"（"迈"是"新"的意思），意味着他是一个新人，一个受过基础教育的"熟人"。倘若他升级为佛爷后才还俗，名字则变为"康朗燕"，意味着受过良好教育的人。成为康朗的人才能有资格被选为担任宗教仪式中的中间人——波章。一般情况下傣渤男子到此便告还俗，待他成家立业、儿女已能自立时，他便又会以缅寺为中心，潜心修持。这便是傣渤社会对于一个男子的期许与安排。与男子相比，傣渤女子的名字便简单得多，一般情况下改名只发生在结婚生育后，即为人母的状态。

直至终老，傣渤个人的名字形式会随着生育的变化或宗教生活的阶段不同而不断反映出身份变化，并最终回归自己的小名。也就是说，一个人在世时他/她的名字称呼会出现社会性的动态变化，但不论如何变化，他/她死后将以其出生时的小名始终归个人所有，不会改变；并在去世后以小名接受后人的祭祀。例如，在为死者举行的葬礼上以及每年例行的祭祀仪式里，家人便以逝者生前的小名呼唤他/她的"披"前来享用祭品。因此，傣泐的名字终其一生以小名始，复归于小名，可谓有始有终。个人名字的变化只有在现实生活中才具备相应的社会意义，逝者都将转变为"披"，傣泐将其分为三代内的"近祖"与三代之上的"远祖"，对其祭祀，而并不做绵延的追踪。

在名字的称呼上，方便日常的使用是其基本目的。上文提及傣泐的近亲从子名涉及三代人，即祖父母—父母—子（女）名字都有相应的社会命名。但在傣泐社会的日常交流中，包括亲属之间也很少有人去称呼祖父母变换后的称呼，而大多以"波陶"和"咩陶"来称呼（"陶"［thau¹³］是对长者的尊称①）。在晚辈眼中，祖父母都归属于"陶"这一身份阶层（只保留性别指称）而受到尊重。当然，夫妻双方若已有孙子、孙女，也互称对方为"陶"。在面对长于自己的中年已婚男、女都可以称呼为"波竜""咩竜"（"竜"［loŋ⁵⁵］是大的意思，因而两者的意思就是"大爹""大妈"）。例如一个名字叫"咩竜捧"的人指的是一位其第一个孩子名字叫"捧"的已婚妇女。若她已有孙子/女，村人则称其为"咩陶捧"，夫妻双方则互称"陶"。对于初入寨子的外人而言，在无法获知傣泐个人名字的前提下，面对中

---

① 有学者考证，"陶"这个字在傣、老等民族中的语言含义是首领、头人，傣族的首领及贵族阶层名字前冠以"召"和之后出现的"刀"，都与"陶"同音。详见何平《关于叭真及其与坤真、坤壮和陶真关系的重新解读》，载《世界民族》2010 第 2 期，第 95 页。本文的重点不是历史语言的考证，但至少说明在傣族社会中老人是被看作潜在的"首长"而受到尊重的。而且已经生育的夫妻之间一般也会互相称呼对方为"陶"，同龄的伙伴群体成员之间若已为人父母，也可互称为"陶"。这似乎与傣族社会的尊老有着一定的关联性。

年男女和年长男女，上述的称呼是同样有效的。简单而言，宗亲从子名的命名方式，理论上使得三代人的关系变得明确，一、二代人的称呼改变是以第三代人为基础的；但事实上更为强调的是父母双方与子女的血缘关系，换言之，是对个人生育、繁衍子嗣的强调以及对长者的敬重。

傣泐命名的分类系统中，性别、年龄、代际区隔是最基本的三个层次。固定格式的名字形式通过这三个层次的动态变化，交织呈现傣泐个体所处的不同生命周期。个体名字在不同阶段中所表达的社会事实和现实意义正是傣泐社会所要强调的，这也在另一层面上表明傣泐社会对集体的强调。换言之，名字不仅仅为个体所有，名字也必须在傣泐社会中才是有效的。在2014年9月曼景缅寺的一次换新鼓仪式中，将新制的大鼓从缅寺的山脚下抬上山坡，并绕着缅寺大殿游行，直至最后送入鼓房悬挂在横梁上，抬鼓的四位青年男子便从全寨中挑选；挑选的依据是他们的名字都分别含有金、银、珠、宝四个字。名字在这里不但代表个人，更代表与集体公共事务的契合。名字在亲缘关系和社会关系上体现个体具体的权利和义务，从而与社会各方面形成高度互渗。简言之，傣泐名字的变化标志个人的成长和身份的转换，有其强烈的社会属性。

正如上文所言，在土司制度下傣泐社会有土司贵族与平民两大阶层的等级区分，并表现出不同的命名方式及称呼。曼景虽已步入新的时代，已不见昔日土司的踪影，末代土司之子也在娶妻生子后以平民的方式自称为"某之父"，而不自称为"召"，但是村民在指称他时仍会不经意地以"召勐"① 称之。倒是那些走出寨子，学习、工作、生活在外地的极少数傣泐子女会取个"刀"字领衔的名字，以表达自己

---

① 村民在向笔者解释"召勐"时，称之为古代的"皇帝"。

的贵族身份①；生活在寨中的傣泐并不会、也不必因为自己的名字而有特别的疑问或想法。在傣泐二代身份证上登记的名字都以"岩""依"或者"波""咩"开头，外人视之也许一头雾水，但对生活在寨子中的傣泐是习焉不察的。以笔者在曼景的例子为例，虽然早先我以"四眼汉人"被指称，后来因为我有了女儿，并承蒙寨中干亲以及康朗的热心为她取名"玉西莉香"，笔者为此获得一个正式的大名——波西莉香（玉西莉香之父）。当然这个名字的公开和传播需要借助一定的场合，傣泐一般是在婴孩满月时，设宴邀请亲友在傣楼聚会，并公布他/她的名字，进而自动地赋予其父母及祖父母的名号。笔者的新名则是在关门节中赕"宛星"仪式时被公示的，因为笔者参与了那次村民的集体活动，并和他们一起出钱出力。在缅寺大殿中，仪式行将结束时，波章都会跪拜在佛陀像前，当着众人的面向佛陀"禀报"本次做赕人员的名单。在念到"波西莉香"时，多数人面面相觑，随之交头接耳，直至确认是笔者时才发出会心的笑声。称呼与被称呼者之间，在这个场合达成一致，并在曼景社会获得认可。

总之，傣泐虽然有名无姓，但在命名上表现出男女有别、长幼有序、亲从子名、动态变化的显著特征。傣泐的名字不但是个人出生与成长的证明，更是家庭、村社对个人权利义务的集体赋予与认定。与德宏傣族一生中通过不断地向缅寺供奉，以获取不同的佛教信徒名称号，并象征着不断接近"佛国"②的追求不同，西双版纳曼景傣泐虽也追求个人的超越，但并不以直接换取不同的名号为象征。换言之，

---

① 《泐史》（第5页）记载，"刀"字为"姓"，始于南宋大理国君主赐予第五世傣族首领刀两竜。田野访谈中，在问询以"刀"字为"姓"的傣泐时，他们回答说是出于在机关单位上班和社会交际的方便，并不忘补充自己的祖父母曾是寨中的贵族亲属，所以也是可以以"刀"为姓的。

② 蔡小晃：《傣族取"资茉勐丽伴"——佛教信徒名的风俗》，载《云南民族大学学报》（哲学社会科学版）2009年第5期。

曼景傣渤在个体的生命周期中与村社发生某种连接、定义权利和义务的同时，也在塑造一种空间的范围或边界。人名所反映的旧有人身等级因为土司制度的废除而消失，但村社内部傣渤个体的命名，仍反映和维持人与人之间的现实关系。

第三节 拟亲与伙伴

在曼景与缔结婚姻关系一样普遍的是认干亲与认"老庚"。干亲一般通过正式的仪式，缔结类似于父母与子女的拟亲关系。老庚一般是指同龄的伙伴关系，傣语统称为"秀"，若同龄伙伴已为人父母，则男性之间互称为波秀，女性之间则互称为咩秀。拟亲与伙伴的结成包括代与代之间的、同龄之间的；本寨之内的、寨子之间的；本族群之内的、族群之间的，两者可以通过转换、叠加形成更为亲密的关系，在傣渤观念中，这些都可以归属为宽泛意义上的"比侬"，就是亲属。这些关系的建立，从横向上将更多的人在不同程度上编织在一起，以此扩大人群的交际范围，并拓展傣渤亲属概念的范畴。

拟亲关系的缔结有各种具体的原因和形式。其中较特殊的是傣渤对梦境的重视与拟亲之间的关系。在笔者结束某一段田野工作回到学校或家乡后，寨中的某位村民会突然打电话说：你还好吧？什么时候回寨子来过傣历新年哦？有时直到通话结束也没有出现诸如"你知不知道……"或者"你能不能够……"这样的问话，况且傣历新年的到来距离那通电话还为时尚早。慢慢笔者才从中领悟并在事后得到证实，类似的电话大多缘于笔者出现在村人的梦境之中。遗憾的是笔者并不清楚村人具体梦见什么，并依据不同的梦境做出怎样的反应，也许这个梦境让村人感到奇怪或不安，只能选择打电话以确认笔者的境况。

虽然有那么一两次正好笔者身体抱恙，寨中好友或"比侬"恰好就打了电话过来。除了深受感动外，笔者自身所谓的"理性"并不能为此行为提供更多的解释；能感受到的只是梦境与傣泐的现实生活是有实际意义的。具体而言，曼景傣泐并不会只要梦到人和事就一定会为此有所表现，在日常生活中，个人会依据梦境作出不同的反应或对自己的某些行为进行解释。例如在田野调查中，因为笔者梦见义母而将此转告于其次女，她会极为关切地问我"干妈都说了什么？她过得好吗？"待我回答义母只是笑而不语时，她便很高兴地说："看来她过得不错，她以前那么疼你，你也来为她做赕，她肯定会保佑你读书顺利的。"笔者的义母一生虔诚礼佛，在她去世后，家人每年在缅寺中为此举行例行的三次祭祀后（傣语称为"赕滚呆"，直译为向逝者献祭），聚集在一起吃饭的子女和亲属并不会在席间主动谈论义母，有时刚好聊到这个话题，笔者的这位义姐就会说不能总是挂念和提及逝去的义母，以免她不舍人间而迟迟不能脱离轮回。对于这样的梦，生者会为此好奇和迷惘，也会在想念亲人却又期望逝者早日解脱之间而心生矛盾，因为祖先之"披"的庇佑对傣泐而言是真实有效的。梦境是傣泐建立人群关系的依据之一，其背后是傣泐对"欢"的存在之基础观念。有一例干亲的结成就是缘于一方的梦境而实现。一位已婚妇女梦见寨中的一位男童掉进河中，遂奋力将他挽救回来，于是第二天这位妇女便将这个梦境告诉对方的家长，男童的父母便让男童认这位妇女为义母①。

当然正式的拟亲关系是需要通过相关的仪式缔结确认的。这个仪式以"拴线"为方式，目的就是针对某人或某物的"欢"进行安排。

---

① 此事寨人都很清楚，笔者曾询问义姐，如果两家人之间有矛盾的话，那出现这个梦境该怎么办。她说："如果平日的关系不是闹得很僵的话，当然可以借此机会结成'亲家'啦。哎呀，反正还不是和你们汉族一样，大家要和和气气的嘛。"

2012 年 10 月的一次现场记录，清楚地表明仪式缔结目的、双方参与人员以及群体结合的扩大原则。主角咩燕本人是在县城医院工作的医生，曾与同为医生的丈夫一起救活曼景寨中三位年轻的男女后生。三位年轻人的父母感激之余便让子女认他们为干妈和干爹。咩燕医生与其丈夫在接近六十岁后便退休回到咩燕的出生地曼景，这之前口头约定的关系就特别有必要将其变成"事实"。提出举行这个仪式的正是咩燕"干妈"这一方。仪式当日，咩燕在自家傣楼的内厅中布置好现场，在铺着芭蕉叶①的篾桌上放置两个盆：一个盆内装有煮好的公鸡和母鸡各一只，鸡蛋一个；另一个盆内则装着芭蕉、糯米饭、盐巴、绕成线匝的棉线以及被邀请的其他人所给的现金。桌上还有三份礼品，每份礼品包括两百元现金和一套衣服。

仪式的主持者是咩燕的舅舅，事实上他是咩燕外祖母的干儿子，算是母方中最年长的男性，又因为他当过和尚识得一些经文和祝辞，遂上座主持。正对主持者的是咩燕的姨母和舅母，这位姨母是咩燕外祖母弟弟之女，而这位舅母则是咩燕外祖母弟弟之儿媳，两位也算是母方中最年长的女性。围绕着篾桌，在主持者两边席地而坐的，依次是咩燕丈夫、义子之父、义女之父、两位义子本人。女性长者的背后则是咩燕、两位义子之母、义女之母、义女本人。此外还有恰巧当日回家的咩燕之子，以及一位义子之女以及他两位曼景的老庚。相较于之后本文将要描述的仪式过程，该仪式的细节已做了很大简化②：围绕篾桌者将手指搭于篾桌，其他人则将手搭在前者的肩膀上，在主持人背诵完祷词后，在座的老人从线匝上扯下一小段棉线，默念祝辞的

---

① 芭蕉叶的正面朝上是请客宴友，以积功德之义；反面朝上则是请神祭鬼所用。简言之，前者是针对生者的"欢"，后者针对的是逝者的"披"。
② 咩燕本人解释自己并不了解仪式的具体操作，只是想借助这个传统的仪式，正式确认双方关系而已。

同时在缔结双方各自的手腕上拴上棉线；义母、义父也为义子和义女拴线祝福。在新房落成礼、婚礼等大型仪式中，被拴线祝福者要长时间跪坐在地板上，依次接受众人的拴线，被拴者的双手手腕常常因此系满层层叠叠的棉线，有时因为参与人数太多，许多亲友便直接将扯断的棉线放在被拴者的肩膀上。在仪式完成后，被拴者一般仅保留少量棉线在手上以示纪念，直至七天后扯断或任其断落①。上述仪式因为参与人数不多，在拴线完成之后，众人再次聚集在筵桌之前，由主持人念诵祝辞后便宣告仪式完成。桌上的现金和三份礼物由三位干子女领走，随后众人下楼聚餐。在缔结干亲的拴线仪式中，就其本身而言，就是要将双方主要成员的"欢"都请至现场，共享备好的食物，这意味着双方的"欢"就此联结，成为互相认可的亲家，也就是正式的"亲属"。

此次干亲缔结仪式，无论从缔结的缘由还是参与的人员来看，其首要的前提即是所有人员都是生活在曼景寨中者。虽然缔结双方已有口头约定，但也只有在咩燕医生与其丈夫定居在咩燕的出生地曼景后，这才有了通过仪式确认的必要。主动认亲的一方虽然为此付出一些财物，但他们日后的村寨生活都可以得到义子和义女的协助，而且这种协助还不单是结义双方之间，事实上其范围还可以延伸到义子和义女同辈的群体之中。简言之，仪式双方参与的人员牵涉三代人的关系，而且这三代人是以母方这一边的亲缘来组织的，即咩燕的母方之最年长男女出现在现场，而不论这些年长者与咩燕本人在血缘事实上的距离远近，甚至根本就没有血缘关系。内中的主要原因在于曼景是咩燕的出生地，其丈夫在某种意义上是不被注意的，地缘超过了血缘

---

① 七天之后才将棉线扯断，对此村民并无准确一致的说法。但棉线不能用剪刀剪断是确切的，只有在诸如离婚或葬礼等情况中，才有剪断棉线的举动，以示双方此后各归各处，再无纠葛。

家庭的重要性。

一旦以正式仪式确立的拟亲双方就会形成终生的、义不容辞的互惠关系。这种互惠关系的建立最为"制度化"的就是僧侣与"教父"的关系。在20世纪50年代前，特别是在"九年义务教育"推行之前，傣泐男子在进入缅寺后将成为正式的僧侣时，都会有相应的村民承担教父职责。教父一般由小和尚亲生父母的老庚或年长一辈的远亲担当。成为傣泐男子教父的人要为他正式出家为僧准备相当多的物品，并为他的缅寺生活提供便利和照顾，例如为小和尚购买摩托车、在小和尚生病时带他求医问药，小和尚也会对教父施以回报，例如在大型的赕佛仪式后，小和尚会将村民供奉给自己的各种食物、日常用品赠予教父。对于小和尚而言，其地位晋升得越高，他所认教父也会越多，曼底大佛爷就有12位教父。僧侣与教父虽生活于不同的"场景"之中，有的甚至并不属于同一个村寨的社会成员，但两者之间仍保持长时间的互惠关系。还俗后的傣泐男子有义务对教父的日常生产、生活提供帮助，在傣历新年、开门节时，也要前往教父家"苏玛"①，求得谅解与祝福，这种像家人一样的关系将维系双方的一生。

需要指出的是，上述的教父指的是因宗教信仰而建立的双方关系中其中一方的身份指称，"父"并非性别之意②。在傣泐社会中并没有教父、教母的称呼和区别，小和尚一般称其为干爹、干妈或者是义父、义母（傣语称为波林、咩林），双方以此建立的关系称为"亲家"。确切而言，男女两性是可以分开来成为某位小和尚的义父或义母的，也就是说，小和尚称某人为他的义父时，这并不代表义父的配偶就是他

---

① "苏玛"直译为忏悔，在每年的节庆时，晚辈子女都会以蜡条或礼物向长辈父母苏玛，表示自己的疏于照顾或言辞冒犯，双方为此达成谅解，并彼此祝福。

② 例如，在传统傣泐村社中"波曼（寨父）"和"咩曼（寨母）"两个主要头人，都由男性担任，而并非如名称显示的一男一女之对应。

的义母。而每位已婚的傣泐男女在他们的人生中，都会各自拥有多位不同的义子。之所以有这样的区分，在观念上是源于功德的获取是由每一位个体自己争取的，成为小和尚的义父或义母，即意味着个体获得不小的功德。当然，小和尚的亲生父母将儿子送入缅寺，更是无上的功德和荣耀。

　　功德固然是个体努力布施的结果，但在村社之中尚要平衡个体与群体的关系。能成为小和尚的义父或义母，基本都在三四十岁以上，有一定经济收入的傣泐男女。傣泐在青壮年时尚要从事劳动、组成家庭、养育子女，只有具备这些基本的条件后才有相当的时间和精力追随信仰，成就生活的意义。况且在当代佛教的制度设计中，仅对男性的出家和还俗作出明确安排，这也是为何五六十岁以上的老年女性成为这一角色主要扮演者的原因之一。笔者义母的一生就至少认过五六位作和尚的义子，并且这些义子也并不全是曼景的男子。但是像笔者义母这种情况更多的只能算作乐善好施的个人行为。作为村社成员的僧侣，其日常生活不仅得到义父、义母的支持，主要的还是仰赖全寨人的供养，反之每一位村民也都能得到僧侣提供的宗教服务。因而傣泐男女在决定成为僧侣的义父、义母时须基于现实作出力所能及的选择。2013 年时因为 2006 年入寺的本寨僧侣陆续还俗曼景缅寺后继乏人，不得不从邻近的缅甸村寨招用两位小和尚，寨中两位老年女性迅速将他们认为义子，为其购置包括摩托车在内的日常用品。此举令住持感到不解，他认为这两位小和尚终究要离开曼景缅寺，无法为寨子提供长久的服务，既然如此为何不对缅寺中原来的小和尚多付出一些以此留住他们，却在外来和尚身上投入大笔开销。这是个现实的问题，也正说明了僧侣与义父、义母之间的互惠关系，不仅是代与代之间人群关系的建立，也涉及在村社集体中各个层面的关系构造。倘若从傣渺个体一生的宗教信仰实践上而言，人到晚年时才是为自我实现而努力的开始，故老人群体是傣渺社会中最重要的佛教信仰实践者，在第六章将对此进行阐述。

与通过拴线仪式正式确立的，主要在代与代之间建立联系的拟亲不同，老庚是在同龄人之间依据性别建立的伙伴关系。老庚经常结伴诸如捕鱼、造船、采笋，或因为共同爱好外出野炊、游玩等；这样的关系也在个体生命史中诸如结婚、出家、葬礼等重大事项上，以及日常生活中建盖新房等重要事务中都有体现。这虽没有正式的仪式确定和明确的物质互惠规定，但整体而言每个人都会从中收获情感的慰藉，付出也都会有对等的回报。村社成员间老庚关系的产生和维持可以从孩童时跨至年老，并且还可以借助下一代的关系，进一步发展为拟亲关系，使得这两种关系发生联系和强化，扩展人群的联系范围。例如上文提及的咩燕认干亲仪式中，一位义子的两位同寨老庚也参与其中，在所观察到的咩燕所组织进行的集体活动中，但凡需要杀猪、运输柴火、搭建临时屋舍等都少不了这两位干儿子及其老庚。

老庚群体虽然是一种亲密、平等的团体关系，但在传统上却有老、中、青三代的区分，并且对于不同的年龄群体有明确的社会组织，尤其是未婚男女青年的组织。男女青少年一般在十四五岁时便可参加社交活动，领导男女青年活动的头领各自称为"乃冒"与"乃少"，"冒"和"少"指的是未婚男、女青年。头领多由已婚青年男女充当，平时负责指导未婚青少年男女开展社交活动，参加村寨中诸如建新房、泼水节时的赶摆、赛龙舟等集体活动。男青年到外寨物色恋爱对象或外寨男子前来本寨物色对象都要与寨中乃冒沟通[1]。如今曼景寨内这种主要针对青少年的集体组织，虽然已不复存在，但在大型的节

---

① 参见曹成章《傣族村社文化研究》，中央民族大学出版社，2006，第466页。

日聚会中，穿着统一颜色和款式的"傣装"、不同年龄段的傣泐女子，其群体分属一目了然。同时老庚关系的建立还不限定在寨子内部，在与周边山地民族的互动中，也会借此建立联系，在各民族的传统节日中互相走动，互通有无。

因而从整个寨子的层面上看，傣泐社会的人群，在以家屋为单位的前提下，拟亲关系与老庚关系是曼景傣泐建立横向群体关系的重要途径，以此不断延伸傣泐亲属的范围，并扩大寨子内外的人群互动。无论是家庭内部还是家庭之外的人群结合，都倾向于横向的发展而不注重纵向的绵延，关系的建立不但有互惠的基础，还有到达更深远的精神家园之追求。也就是说，傣泐社会人群关系的建立着眼于当下，并指向未来。

总之通过上述对傣泐家庭类型与亲属称谓以及命名方式的陈述，可以了解傣泐家庭不是以世系群体为结构化单元，而是以一个组织群体婚姻关系的单位。无论是核心家庭还是主干家庭，妇女在傣泐家庭中并不作为男性的附属而存在，相反傣泐的婚姻实现是基于男女两性根据自身家屋情况以实现自由转换。嫁娶与招赘并没有特别的强调和区分，一律称之为"上门"。最为重要的是，亲属关系的联结与傣泐"欢"的观念有着极其密切的关联。

下文将从傣泐"欢"的观念出发，通过一些重要的仪式，进一步理解人群关系如何界定并逐渐扩大。其中祖先与亲人间的关系是社会中的重要关系，傣楼内的"家神"并没有明确规定为是男性祖先或女性祖先，只要是居住其内且终老其内的男女都可以成为后世祭祀的对象。村寨的"寨神"则源于傣泐对远祖的记忆，对其仪式性的祭祀，表现在对食物的分享或共享背后的是傣泐对"欢"的重要认识。

第四章
傣楼与“家神”

傣楼是傣泐家庭成员居住的场所，也是傣泐村寨极为显眼的标识。20世纪60年代以来，云南省设计院就云南的民居建筑进行过系统的调查，在1986年出版的相关调查材料中[①]，对傣楼的形式与结构做了详细的建筑学上的记述。高芸的《中国云南的傣族民居》一书[②]对傣族干栏式建筑的结构安排、朝向方位、空间布局，以及傣族建房仪式中的时间概念、傣楼空间结构中的灵魂观念做了阐述。这些记录与探讨不但为我们提供了丰富的资料，也启发本文的观察与思考。傣泐对傣楼的营造与安排，涉及家庭成员的组织以及对观念的认识。这种观念就是存于世间而难以形象化的生命力。具体到傣楼中，主要的表现为傣楼的生命力与家神庇护力，通过对“力量”仪式性的转换，人与自然以及人与家神之间的关系得以确立。

---

① 云南省设计院《云南民居》编写组：《云南民居》，中国建筑工业出版社，1986，第221~324页。
② 高芸：《中国云南的傣族民居》，北京大学出版社，2003。

第一节　物的傣楼

在傣渢的神话传说中傣楼被称为"烘很"，"烘"是凤凰的意思，用以形容傣楼的屋顶像展开翅膀的凤凰。曼景的傣楼和西双版纳大多傣寨的傣楼一样[①]，历经竹子和草排屋顶、木料和带挂钩的自制小瓦片，直到最近水泥浇灌的钢筋框架结构和琉璃瓦的材料变化，但它们都保持被称为"干阑式"的形制，分为上、下两层，上层住人，下层（架空层）圈养家畜和摆放生产工具。二楼的一角还会搭建一个延伸出去的露台，早先主要作为晾晒谷物之用。临近寨中主要通道的傣楼一般都会设置矮墙，并开设一门，但此门很少与傣楼的楼梯入口保持一致。傣楼楼梯的朝向只与傣楼上层卧室有关，矮墙本不是傣楼必须的部分。傣楼的朝向以屋脊为准，而屋脊则与寨旁的河流走向平行。每一座傣楼都带有院子，挨着边角栽种果树；邻里之间平日就在院内闲聊交谈，当主人家要举办大型聚会时，院内便为搭灶做饭之处。

在未兴起钢筋水泥修建的傣楼之前，木质结构并覆盖带钩小瓦片是曼景三十年来最为普遍和成熟的傣楼形制（参见文前彩图3）。最引人注目的是呈巨大"A"型的斜坡屋顶，建筑学上称这种屋顶为歇山式、脊短、坡陡，两侧覆盖大量瓦片。此种瓦片自行烧制，是一端带有弯钩、大小为8厘米×15厘米的扁平土瓦，用时便钩挂在固定的横档木料上。在阳光猛烈的热带地区，暗黑的瓦片并不会出现如现代琉璃瓦所产生的刺眼反光。屋顶的大小和瓦片多寡视整个房屋的情况而

[①] 在曼景周边，除了曼哈伞因为是墨江迁移而来的哈尼族寨子，其居住的房屋大多是两层的砖混平顶楼房或覆盖大瓦的楼房外，勐仑傣渢寨子的住房几乎都是一样的"干阑式"形制。

定，有的傣楼通体就是一个巨大的屋顶，而有的则设有东西和南北走向的几个小屋顶，这些屋顶的下沿则全部连成一体，将整个二楼覆盖其中。设置几个屋顶并没有对应的空间分布，傣渺认为这样设计纯属美观。客观地说，在大型木料不易获得的情况下，采用几个屋顶是利用有限木料的一个变通之法。但是傣楼的主要屋脊，即覆盖伙房、内厅、卧室的这个屋顶是一定与村寨外围的河流走向保持一致的。在曼景所能看见的为数极少的20世纪五六十年代的傣楼，都是仅有一个大屋顶且屋脊呈南北走向的样式。

一座传统的木制傣楼要使用大量的木料搭建出一个框架，其主体就是砍削成四方的木柱（傣语称为"梢"），数量在三十根左右。在没有更为方便的工具如电锯之前，这些木料全靠刀砍斧斫完成。根据房屋的形制，这些木料分成主柱和辅柱，前者是撑起傣楼屋脊的承重柱，因而决定了傣楼基本的构架，辅柱则根据实际情况增减，例如最短的木柱仅支撑钩挂瓦片的二楼斜面。不论木柱长短，皆不采用拼接完成，而是一以贯之，横档木料则另当别论。木柱的下端一般立在础石之上，础石大多是从江中挑拣来的大块鹅卵石。在水泥等建筑材料难以获得之时，地面就是踩踏得油光乌亮的泥地。一座傣楼不管是通体采用一个屋顶还是几个屋顶，其内部都是由几个固定的"A"字形屋架组成，这些架子就架设在中等长度的木柱上①，其造型明确地区别于缅寺的"品"字形屋顶（傣语称为"供"）（参见图4-1）。民居傣楼与曼景历史上的土司署，并无构造上的重大区别，其表现也仅是同时期的土司署可以用瓦、可以垫础石、楼梯的级数为11级，而平

① 这种"A"字形屋架傣语称为 ywo，直译就是女性的生殖器。在印度《爱经》中，古代印度人将男性生殖器称为"林伽"（lingam），将女性生殖器叫做"瑜尼"（yoni），两者结合为 yoga（瑜伽）。不知傣人对此屋架的称呼，是否与古代印度人对女性生殖器的称呼有语言上的关联。为此请教过很多村人为何有此含义，但皆不得而知。这是否与繁衍、生育力等有象征性的关系？在傣人看来，房屋也是有其自身生命力的。

民傣楼则只能用茅草、不可垫础石、楼梯级数不可超过 9 级等这种刻意的规制，其余相差无几。在具体的名称上，平民的傣楼称为"很"，土司贵族的傣楼则称为"贺"（上文提及的勐神神宫在傣语中也称为"贺"）。随着土司制度的废除，平民与贵族在住房形制、名称上的区别也就此消失。

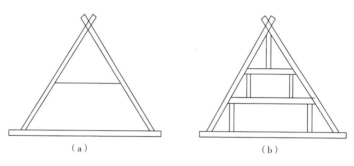

图 4-1　民居的屋架（a）与缅寺的屋架（b）

屋顶之下就是傣泐居住的空间，也就是傣楼的上层。在传统傣楼的上层，能很清楚地看见柱、梁的结合位置，榫卯的固定方式。一座傣楼是以木柱为骨干搭建起来的，主梁与立柱通过榫卯连接，在某些立柱上凿洞架设托梁，并通过楔子进行连接固定。上层的楼面取粗大的竹子将其破开、压扁后或者以木板平铺在托梁上，以此隔出上、下两层。二楼的墙面则以竹子或木板圈围固定，墙面并非呈垂直的立面，而是上端向外倾斜顶住屋椽，下端支撑在楼面之上。在与二楼楼面持平的水平位置上，其四周挑设、铺挂一圈小瓦片，建筑学上称为披屋面（即偏厦），与大屋顶一起构成重檐式。其形成的宽度比大屋顶略为外延，作为大屋顶的延伸，可以遮挡猛烈的阳光和避免雨季来临时一楼所招致的风雨侵扰。总体而言，二楼是一个封闭的空间，是傣泐一家人饮食起居的场所。一般在二楼的伙房位置，或视具体情况在客厅的一侧会开设一个极小的窗户，以便采光和观望外界之用，卧室内则不设窗户。楼下则为开放的空间。楼梯一般开设在傣楼某一端的两根立柱之间。

从使用功能而言，传统木质傣楼的二楼一般分成内外两大空间、三个区域（参见图4-2）。从楼梯上去后就是傣楼的客厅，称为外厅（或称为凉房），一般用于接待客人。与外厅同一纵向上的是外挑的露台，根据实际情况，有的露台也会设置在外厅的左侧。早先的露台也以木头支撑，上铺宽大的竹篾，为平日傣渤女子淘米、洗菜，或洗发、沐浴提供很大的便利。外厅的木板或竹片上一般不铺设竹席，所以访客可以在上楼之前脱鞋或者在上楼梯之后脱鞋，但大多数人都会在上楼前即将鞋子脱去。与外厅做纵向隔断的是内厅，以立起的木板为隔断内外的墙壁，设置一个不带门的出入口。木板隔断的内部，其中一个区域就是靠近楼梯左侧或右侧的卧室。在傣渤看来，卧室居于楼梯的左侧，则整栋傣楼的属性为"母"；反之，卧室设于楼梯的右侧，则为"公"。傣渤一家老少就居住在此卧室内，其内不做固定区隔，每人一个"帕垫"①，上悬蚊帐以做遮挡。不论楼梯开在左侧或右侧，卧室中以靠近楼梯相反的一端，按长幼秩序依次排列帕垫。就寝时所有人头朝东而脚朝西。最年长者的物品装在一个篾箩中或一个木制的箱柜中，放置在帕垫东部。卧室以立起的木板将其从整个内厅中区隔出来，一般开设两个出入口，年轻人从靠近楼梯一侧的通道进出，年长者则从另一个通道进出，出入的通道也不设门（整个傣楼也仅在上楼梯进入外厅处设置一扇门），只是悬挂布帘遮挡。分成两个出入口，对于居处一室的老者和年轻人而言相对都比较方便。事实上，傣渤日

---

① 傣渤不卧床榻，习惯以自织的土布内裹木棉的棉絮制成这种垫子，如今也有人以"席梦思"垫替代。

常在卧室停留的时间相对较少，他们一年四季都有各种劳作，如果累了可以在内厅、楼下或野外的任何适合的地方休息，日间年长的老人即便很少下楼，也不停留在卧室中，只是在内厅或外厅的某处固定坐、卧。

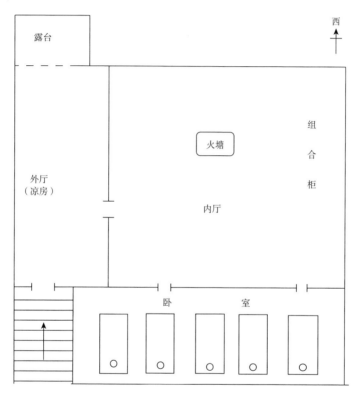

图 4-2   傣楼二楼平面图（1968 年造）

第三个区域就是由外厅和卧室隔离之后的其他区域，与卧室处于同一纵向线上，紧挨卧室处装有组合柜以及摆放着电视、冰箱等家用电器。一家人吃饭、看电视都集中在此，如有亲戚到访则在此处铺上帕垫供客人就寝。内厅火塘是家庭主妇煮食的地方，在木制傣楼中，火塘所处位置的楼面以下一般会再加筑一层，用黏土夯实砌成 30 厘米的厚度，与楼面持平的火塘其上放置铁制三脚架，架上放锅、壶用来炒菜、烧水、煮茶；三脚架上约 30 厘米高度还设有三层木架，每层铺上竹篾，借助火苗温度用以烘烤制作猪肉、牛肉"干巴"。三个区域间互有隔断，但最重要的还是内、外之间的区隔，在傣渺看来，外厅及露台为一个区域，是对外的空间；火塘、卧室以及处于两者之间的区域都称为内厅，是家人活动的内部区域，尤其是卧室，虽只占据内厅中不大的部分，但却是傣楼中最为隐秘的场所。一般而言，来访的客人大多在外厅休息聊天、喝茶、抽烟，没有主人特别邀请，不会进入内厅。若遇上主人举行大型仪式时，除卧室外这个空间也是开放的。早期的调查显示家中儿女长至十三四岁进入青春期后，若觅得意中人，并有一定时间的交往后，被邀请的情侣可以在火塘边的区域就寝。时至今日，非本傣楼居住者在平日绝对不能进入卧室；除非傣楼中有人去世，在这个特殊的"失序"时空中，可能才会为外人窥见卧室中大概的陈设布置。

傣楼一楼（架空层）不做封闭，一排排的木柱及各种生产用具和圈养在此的家畜清楚入目。谷仓一般是木制的大柜子，对应内厅"组合柜"下，一定不会出现在卧室下方，在傣渺看来，储有礼佛敬神所用稻谷的谷仓不能因此而遭受"污染"。外厅对应下即为圈养猪、鸡之处，通过楼板缝隙，可以方便地将灰尘扫至楼下猪圈中。牛则很少圈养，在曼景傣渺的传统中，除水稻种植前要借助牛力翻土耕耘外，对牛进行拴线祝福后，剩余时间一律放养于山林之中，待来年播种前再将其寻回。所以值得注意的是，牛在傣渺的观念中是家庭中很大的财产，也是家庭的重要成员。至少从五六年前开始，曼景傣渺已经很少圈养猪、鸡，原先的位置成为拖拉机、摩托车或小轿车的停放之处。随着稻谷种植越来越少，谷仓也已退出实用器物之列，牛则鲜有人饲养。

在地处热带的河谷坝区，傣楼既能最大限度地通风避暑，也能使身居楼上的人远离潮湿。以现代眼光观之，傣楼最大的问题或许是个人隐私性不够、室内光线不足。最近三十年来，尤其是橡胶种植之后，以及大量土地被征用获得补偿金后，傣泐对居住环境有了更高的要求，因此出现的变化直接反映在对空间的细分和利用上。例如上文提及的露台，除极少数傣楼仍以木柱支撑外，大多都已用水泥砖块建造，并在其上、下建造浴室和洗手间。这个变化可以说是傣楼空间上最为明显的一个改变。露台与洗手间的结合，乃至洗手间与浴室的细分，使得傣楼的使用功能变得更为完善和独立。因炎热的气候，村民习惯于一日数浴，五六年前，傍晚时分可见在江中洗浴的男女老少。使用自来水后，村人便很少前往江中洗浴，但在清晨或傍晚时分还是会见到露台上裸露上身洗发的老年男女。曼景在20世纪50年代也曾经建造过公共厕所，但直到80年代村主任第一个在傣楼内建造卫生间之后才群起效仿，即便不是建造砖混傣楼的家庭也在木制傣楼的一楼或边上加设一个。自此傣泐告别在溪流、林中"接受自然呼唤"的习惯。

在砖混瓦房成为曼景主要的房屋形式后，一楼已经不再是圈养家畜的主要场所，而是变成半封闭的空间。其中一半砌成房间用于贮存各种物品，或提供给来访的客人居住。另一半开放的空间也铺设地砖，停放摩托车和轿车等。上、下两楼都设有洗手间和浴室（见图4-3a）。二楼仍然是传统上的布局，外厅的面积有所增大，而最大的变化就是伙房与卧室的改变。伙房已经从内厅分隔出来，单独设成厨房，煤气灶、电磁炉、电饭煲、冰箱等一应俱全，但大多数家庭仍习惯在一楼宽大的庭院中搭建一个小木屋，使用燃烧柴薪的火塘，作为家族主妇尤其是老年夫妇日常做饭、就餐之处，因而傣楼中隔开的厨房其实平日很少使用。移出火塘的内厅中，卧室则被整齐的隔成几个带有门户的独立房间，年长夫妇、年轻夫妇、成年子女遵照传统的居住法则，各取所需。整个二楼的外厅占有最大空间，对拜访者较正式的接待，一般都被迎入二楼外厅；一年中为举办各种仪式，所进行的准备工作，以及制作好的物品一般就放在二楼，绝不摆放在一楼。而诸如婴儿满月等仪式仍然在二楼的内厅之中，即厨房与卧室之间举行；内厅大多摆放组合沙发与平板液晶彩电（见图4-3b）。当然有的傣楼还增设了三楼，三楼的空间完全不做区隔，使用虽不充分，但这一空间在立体上的延伸使得原本巨大的屋顶成为傣楼的标识，其最大的象征意义就是确立一栋傣楼中几根重要的立柱，这些立柱的顶端都会铺设红白土布，某些立柱还会绑缚一些植物枝叶，第二节会详细描述。

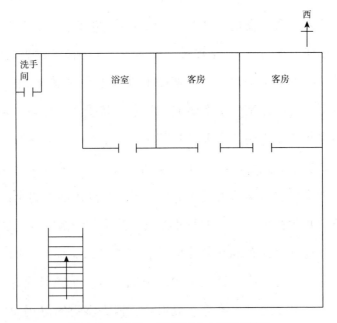

图4-3a 傣楼一楼平面图（2013年造）

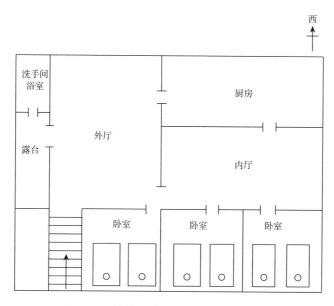

图 4-3b　傣楼二楼的平面图（2013 年造）

　　昔时一座傣楼从选址到营造等须有全寨人的鼎力支持方能实现，建造傣楼并不仅是个人的事，牵涉各个层面上的人群协作，如今都整体承包给外来施工队。传统傣楼并不将其居所四周用砖混围墙圈入，并浇筑水泥地面以示私人领地，公私的区分并无严格的界定。事实上前屋后房的邻里本就是亲戚友人，楼与楼之间不设置固定的阻隔或屏障，也方便人们之间的互通交往。傣楼内部的火塘十分重要，因为同居共食是作为家庭成员的重要标志。虽然协作与分享是傣泐很重要的价值观念，但除非在诸如新房落成，乔迁之时，村人聚集在主人家中分享食物，平日村民之间几乎无人会随意在他人的傣楼中就餐。

　　总之，无论傣楼的建造和所用的材质以及内部空间的安排发生如何的变化，除外在干阑式建筑样式仍然得以保存外，一些主要的观念也不曾动摇。例如，傣楼屋脊的走向与河流的南北走向保持一致，所有傣楼内的人依长幼就寝，就寝时依照头东脚西的方位等。这些观念的背后都涉及傣泐对自然世界以及生命力的认识。下文就从传统傣楼的柱子名称来分析傣泐在此观念上的反映以及傣楼内部家庭成员的关系。

第二节　新居落成仪式与"家神"

在一座最简单的木制傣楼中，每根柱子都有不同的命名，并且某些立柱还要进行特别的处理。图4-4和表4-1提供的是寨中老人指出的柱名及其位置。

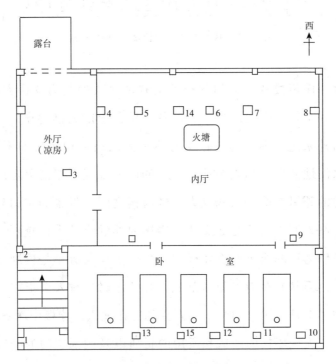

图4-4　傣楼主要柱子分布图

图4-4用数字标示出的立柱全部是贯通二楼楼面的主柱，决定整座傣楼的构造，其余还有许多边柱为灵活设置的辅柱。

表4-1　傣楼柱子名称及释义

序号	柱子名称	释义
1	梢丁呆	靠近楼梯脚的柱子
2	梢或呆	靠近楼梯顶端平台的柱子
3	梢干洪	位于外厅（凉房）的柱子，为接待客人休息之处
4	梢嘿檬/梢摆嘿	"嘿"是傣语女婿的通称，"摆"则是媳妇的通称。既是上门男子默默独坐之处，也是行将出阁女子哭泣之处
5	梢火粉	堆放柴薪处
6	梢伯嘿	煮饭处
7	梢潘满	悬挂油灯的柱子
8	梢怀法	将煮熟的糯米饭倒入木槽中冷却之处
9	梢拿蓬	家人休息处。此柱为传统木制傣楼的承重柱，上新房时僧侣就在此处诵经祈福
10	梢讲洪（梢召）	直译为"神在的边柱"，为家神居住处，故也称为"梢召"。傣楼中最年长者的床位就铺设在此柱下方
11	哈挡乃	里面的柱
12	梢宛刚	中间的柱
13	哈挡糯	外面的柱
14	梢婻	"女柱"，位于火塘旁
15	梢欢	"魂柱"，为房屋的生命力之柱

在有关傣泐盖房、建寨的传说中记载，傣泐祖先桑木底在其情人莎丽捧的指点下，两人"同砍一蓬树，生在高山头，树名叫野桂木，粗壮又标直，命名为'梢岩梢婻'（王子柱与公主柱）。房柱立起来，新房盖成了……找来野芭蕉，找来熟果子，贡［供］在房中间，选桑木底为王……"[①] 这个传说包含两层意思：一是傣泐的男性

---

① 祜巴勐：《论傣族诗歌》，岩温扁译，中国民间文学出版社，1981，第108页。

祖先桑木底是在女性祖先莎丽捧的指点下开始建房的，房子建成后
桑木底被推举为王；二是除了“梢岩梢婻”外，传说中再也没有其
他柱子的说法。但就这两根柱子的名称上来看，“岩”代表平民男性
的称呼，“婻”却是贵族女性的称呼。从本文之前对傣族命名的叙述
中可知，平民男、女一般以“岩”和“依（或玉）”冠于名前，贵
族男、女则以“召”“婻”冠于名前。因而“梢婻”是公主柱尚可
理解，“梢岩”作为王子柱则有些令人费解。在早期对景洪傣泐寨子
的访谈记录中，这两根柱子位于傣楼的内室，相对着靠向男性家长
和女主人的睡榻，前者称为梢召，直译为“主柱”，代表男性，也是
家神灵魂所在的柱子；后者称为梢婻，直译为“女柱”，亦通称
“梢欢”，直译为“魂柱”，但这个“魂”指的是房屋之魂①。简单罗
列对应如下：

1. 梢召——男性——家神灵魂所在柱

2. 梢婻（梢欢）——女性——房屋之魂所在柱

而在高芸的调查记载中，成对的柱子有三对②：

1. 梢召——男性——屋神所在柱，供奉祖先处，与户主床铺
最近，是卧室生命力的象征。

  梢婻——女性——与家庭主妇的床铺最近，是堂屋生命力的
象征。

2. 梢鲁宰——儿子柱　　　梢摆——儿媳柱

3. 梢嘿——女婿柱　　　梢鲁英——女儿柱

---

① 《民族问题五种丛书》云南省编辑委员会编《傣族社会历史调查（西双版纳之九）》，民族出版社，2009，第266页。
② 高芸：《中国云南的傣族民居》，北京大学出版社，2003。第126~129页。

对照上述记载，本研究所调查的柱子名称与此有很大差异，而且柱子的位置也不尽相同。其中“梢鲁宰”与“梢鲁英”在调查中没有出现，而“梢摆”与“梢嘿”则是合二为一，不再是对应的两根。最重要的是“梢召”与“梢娴”这两根传说中的柱子，在调查中虽确实存在，但名称与含义有所差异，而且并不构成一致的对应：

1. 梢召（梢讲洪）——男性或女性——位于卧室中最年长男性的床铺旁，是家神之“欢”所在柱。

2. 梢欢——男性——位于卧室，房屋之“欢”所在柱。

3. 梢娴——女性——位于内厅的火塘旁。

具体而言，在之前调查中构成对应关系的梢召与梢娴（在早期调查中，梢娴与梢召是同一根柱子的不同名称），象征着男性与女性、祖先之“披”与房屋之“欢”的对应，在不同的调查报告中，这两根柱子所处的位置也不尽相同。在田野调查中发现，梢召与梢娴的位置并不对应，前者之下铺设的是卧室中最年长者的帕垫，后者在火塘附近。前者象征傣楼中祖先之“披”，后者并不象征任何明确的“欢”的存在，但代表着女性是明确的。与梢娴形成位置对应的是梢欢，梢欢是房屋之“欢”的所在，虽没有明确的性别象征，但大多以男性为主，这是否与前述傣楼的公母之分有着对应关系，在调查中并未得到确认。虽不能确认傣楼公母之分的意义和目的，但似乎可以理解为何在曼景的傣楼以楼梯开在左侧为多，即“公”的房屋居多，这或许是因为梢娴是每座傣楼所必备的柱子。可能因具体的地基方位等实际情况的不同，而对楼梯位置取变通之法，傣楼是公是母或许没有特别的好坏之分，只是既然有了梢娴这根女柱，那能配上男柱的房屋就更合理了。在日常生活中，梢欢与梢婻不能悬挂任何物品或依靠其上，只有家中老者去世时，才将他们背靠这两根柱子做最后的沐浴、穿衣。装有死者的棺木就摆放在梢欢之下，两者以一条白线连接，而棺木的另一端则以另一条白线与梢婻连接，经过仪式之后白线被扯断，棺木才抬下楼去，以此表明死者之“欢”与傣楼之“欢”就此断开。在现实中，因为梢婻和梢欢相距甚远，为取方便，一般就取一根竹子立在棺木的另一端代替梢婻系上白线。

“欢”是人和万物都具备的灵质。梢欢的“欢”是傣楼自身的“欢”，是傣楼经过仪式之后被确立的生命力象征，源于树木的自然生命。每个人的“欢”是跟着人走的，长至婚龄的男子和女子，无论其娶女/入赘和出嫁/招婿，其“欢”亦跟随本人入住傣楼，其寿终正寝后的“欢”便停留在梢召上成为家神“披”，接受傣楼内最年长者的祭祀。因而梢召同时依附着男女两性的“披”，更确切地说，家神就是这栋傣楼的建立者以及居住在这栋楼里并在其中去世的男女。而结合为一家的男女其各自祖先之“披”则留在他们出生的傣楼中，即老傣楼，由继承那栋傣楼的人来祭祀。

傣楼中主要柱子的位置及意涵，较之原先的记载有很大出入。目前的调查材料表明梢婻、梢欢、梢召以及常被忽略的梢拿蓬反映傣泐不断变化与调整的观念。但是无论如何，一座傣楼中都包含两种观念中的生命力，即对自然与祖先生命力的崇拜。但凡新建房屋的主人，在打好地基并树立扎好的钢筋柱子准备浇灌时，有两根钢筋柱子总是会捆上甘蔗尾、芭蕉叶等枝叶，这两根柱子就是梢召和梢欢。傣泐解释为梢欢是傣楼中最重要的柱子，代表着傣楼自身的安稳；梢召是傣楼内祖先之“披”的栖息之所，护佑傣楼内的成员。而梢婻作为女子坐月子时单独吃饭之处，也是女性死后得以倚靠清理身体的地方，考虑之前提及的傣楼屋顶 *ywo* 的命名，女性所代表的独立性与生育力似乎已不为傣泐所强调的。梢拿蓬则是傣楼建造中最重要的承重柱，是建筑空间上的中心，因而只在新房落成时僧侣在此诵经祝福。简言之，傣楼内部空间所蕴含的文化意涵，并没有严格的两性对立与"中心"确立，反而诸如楼梯开设的位置、帕垫摆放的位置等所表示的左与右（上与下）、头与尾的安排显得更为重要。下文记录的岩光主人家的新房落成仪式中，相当一部分内容明确地表明上述的意涵，即如何确立傣楼在自然界中的位置，以及傣楼与居住者之间的关系。

岩光主人新建的傣楼是在其父母老傣楼的旧址上拆旧建新的，所建的傣楼为钢筋水泥的框架结构，并创造性地加设钢构屋顶，覆盖琉璃瓦。昔时一座傣楼从择地、建房到新房落成都有不同的仪式。在傣泐看来仪式很重要的意义就是与超自然力的沟通和交流。新建的房屋若没有经过仪式的"转换"，是不能称之为"很"（家）的。同理，傣楼中的居住者也只有经过相关仪式后才能与傣楼建立联系。举办的这些仪式，在南传佛教被引入之后，除对勐神和寨神的祭祀仪式被称为"林"或"竜"外，大多都冠以"赕"的称呼。"赕"是佛教巴利语，意为布施、奉献的意思。因而若以赕的概念和分类来说，新房落成中的相关仪式可以统称为赕"很"，即对新落成的"家"进行确立，其主要目的在于驱邪。对傣楼进行净化，使之成为一个安全的、有自身生命的、适宜家庭成员居住和生活的场所。亲临现场并能操此仪式的人只能是僧侣，因而所谓的"赕"是针对佛教僧侣而言的。新房的主人也要通过波莫向勐神禀报，祈求祖先的认可与庇佑。寨中老人届时也会亲临现场，为傣楼成员拴线祝福。简言之，针对新落成的傣楼所做的仪式，不外乎就是要处理两个问题：一个是傣楼自身，另一个是与傣楼发生联系的人和物，也就是说，在傣泐观念中，首先要确立傣楼自身的生命力所在，其次是人与傣楼及傣楼中所有物品的关系。

新房落成的整个庆贺活动一般持续三天，第一天主要是准备工作，比如杀猪、杀牛，搭建防晒防雨的帐篷，准备桌椅、锅碗等，并且还要备好驱邪、祭祀的物品，以及布置仪式的场地。在第二天和第三天便要分别举行赕"很"仪式和拴线仪式（仪式中出现的部分宗教器物可参见文末附录）。

2014年7月2日凌晨5时，天色未明，岩光的家人已经在亲友邻居的帮忙下开始准备。新房门前的院子左侧，在前一日支起的临时灶台旁，蒸饭、烧水、炖肉、炒菜的妇女们井然有序地忙碌起来。

院子的右侧立有一排临时搭建的神宫，分别是一个用竹子和草排搭建、分成十几格的干阑式小屋子，四个竹子编制的敞口状箩箩，以供各路神灵驻留（见文前彩图4）。这一组造型模拟的是缅寺戒堂旁水泥砌成的神宫（见文前彩图5），其中包括佛教的四方神灵和32位地方神灵，波章对此解释，搬入新房时所请的神灵一般在12位左右，若遇上缅寺落成开光的重大事务，则须邀请所有神灵就位。该日到访的老人都会先在此神宫中献上米饭才前往主人新楼。

主人新盖的钢筋混凝土傣楼在传统的两层样式上增设一层，并以钢构琉璃瓦为顶。三楼的墙壁一半为砖砌矮墙，再在矮墙上以铝合金窗封闭整个三楼空间。整个三楼仅有中间两根钢柱落地，且直达屋顶横梁。两根钢柱中位于西侧的一根捆缚着芭蕉叶和甘蔗尾，主人指其为梢婻，与其对应的另一根架在矮墙之上的钢柱则是梢欢。事后经过与老人以及大佛爷的再次确认后得知，上述两根落地钢柱都应该是梢拿蓬，是传统上傣楼的承重柱。真正的梢婻在西面，梢欢在对应的东面，梢召则在北面。值得注意的是梢召上有一神位，那就是家神所在之处，此柱对应下面的二楼房间正是此座傣楼中最年长者的卧室。可见立柱的位置根据实际情况的需要会发生一些变通，但重要的柱子都会有所体现（见图4-5）。在仪式开始前，并没有公开的迎"家神"仪式，只是男主人早早地在家神位下摆放供有各色食物的一张篾桌，而前来参加仪式者不会在这张篾桌上放置任何供品。

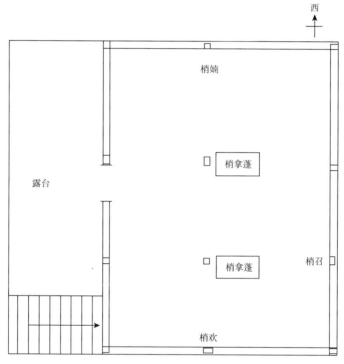

图4-5　新式傣楼三楼平面图（2014年造）

当日仪式现场就布置在三楼的西边，即"梢拿蓬"的上方，在最西端靠矮墙处放置小木桌一张，木桌的南侧是靠墙一排7个"�三哈"①，周身装饰"管糯"（纸扎的花）、"管做"②，悬挂粽子、蒸肉、

———————

① "�"是集中，"三"即是数字三，"哈"是"脚"，直译为三只脚的集中。这种以稻草编制的架子在下文皆以三脚架指称。
② 以白色纸张剪成的细长三角旗。傣渤的佛教故事中传说白乌鸦曾是佛陀的干妈，因而这个旗代表的是白乌鸦的羽毛。

"帕吉"①，以及"丁"②和现金。小木桌的北侧是一排帕垫，再往北靠墙一排 9 张篾桌，篾桌上是炒包菜、炒肉末、米饭各 1 份，另有纯白糯米粽和蒸肉各两份。木桌前摆放小篾桌一张，帕垫的正前方是堆好的沙塔，其上插有蜡条和纸花，且周围一圈铺设芭蕉叶，上有主人放的米饭、纯白米粽、蒸肉、水果、装在碗里的清水等，四方还各摆放扎成一束装有米粒或沙土的小截竹管。沙塔上方架设成大三脚拱顶，每一脚至少由一根凿有四个洞的竹子（每洞填充水、土、稻谷、米粒）和甘蔗捆扎在一起。大三脚汇集在顶端，上覆白布一丈，插有"董多"③以及自制的大蜡烛。帕垫和沙塔之间摆放 10 个塑料箩箩；东面则摆放"菦罡"④"达寮"⑤"哈秋"⑥。在新房门前献完米饭的老人都

---

① 傣泐用棉线自织的土布，大小类同手帕，上织大象、树木等图案，昔时是供僧侣作为毛巾使用的，现在小和尚都用来当洗碗布。

② 即"蜡条"，寨中老人闲来无事便自己制作。制作时，生一小炭火炉，上置小铁锅，将购来的蜡放入熔化，并配以黄色粉末和匀。将五六股棉线并排后拦腰对折成约 10 厘米，一端以竹签挑起拦腰处氽入蜡水中，另一端则以手捏之，留出线头。浆上蜡水后放置一旁晾晒，呈扁平状。寨中小店也有出售，1 元即可购买 50 条。蜡条不仅是晚辈向长辈发出邀请、做出约定的信物，也是村人祭神礼佛的物品。下文皆以蜡条指称。

③ 白纸剪成的细长状的人形图案，宗教物品。傣泐指出，这个人型的图案代指傣泐的老祖先。

④ "罡"有戒律的意思，与佛教有关，因而"菦罡"就是僧侣生活用品的集合。一个"菦罡"一般包含如下物品：管做、管毫、管糯、董多、美西（竹制牙刷）、丁、帕滴丁嘎（折成类似乌鸦爪子的蜡条）、滤网、列章（刻写贝叶经的铁笔）。在此基础上，也可以添加比如日常用具、零食、饮料、现金等。另外，南传佛教中有比丘六物之称：三衣、一钵、坐具、漉水囊。在诸如新房落成以及大型赕佛仪式中，这六物是傣泐经常供奉的物品。

⑤ "达寮"是一种以竹篾交叉编制成的带有很多六边孔状的驱邪神器。"达"的意思是眼睛，"寮"的意思请教很多村民都没有明确说法，有流动的、旋转的意思。有的村民说它是用来作为标识使用的，例如以前上山寻找盖房的木料，被看中的大树则刻以"达寮"的样子或以"达寮"作为标记。有的村民说它就像天空中飞翔的鸟儿，眼睛可以巡视很远。在朱德普的一篇论文中就记载"寮是一种像老鹰一样凶而比鹰小的飞禽"（《傣族神器"达寮"及其影响——"古代傣族原始宗教文化向山区渗透试探"续篇》，载《中央民族大学学报》1995 年第 1 期）。无论如何，"达寮"的类型有很多，除了在祭祀神灵、新房落成等仪式中使用，傣泐平日的房屋大门上或者有人生病时都会以此作为一种区隔空间的工具。一般的老人都会制作"达寮"，但它"灵力"的获得一般视情况由波莫、波章或大佛爷处理过后方可。

⑥ 蔺草编制的绳子，一般与"达寮"配套使用，经过僧侣的诵经，带有隔离污秽的灵力。

会来到三楼，从小木桌前的篾桌开始，依次向 9 个篾桌和沙塔周围献上米饭，并在三脚架、沙塔、箩箩中献上蜡条和现金（见文前彩图 6）。

早上 9 时，大佛爷手执"佛扇"① 领着四位小和尚前来，波章亦在其列。一位小和尚手捧佛像，一位背着装有袈裟的箩箩，到达后便从新房一楼的东北角开始诵经，所念经文为吉祥经。主人家早已在房子四角摆好相关物品。这些物品共有五份，每一份包括一个竹篾编制的小箩和一个用芭蕉秆围折而成的三角形容器。每个小箩中放置葱花、姜片、茶叶、蒜粒、切成片的芭蕉、干辣椒、与槟榔同食的蒌叶、糖果以及碎瓦片；芭蕉秆做的器皿内除小箩中的物品外，还有盐巴、烤鱼，泥塑的猪、牛、大象等，以及从火塘中取来的柴灰。两种容器内还盛放当日蒸好的米饭、一小团染成黄色的米饭、粽子、蒸肉，蜡条和面额极小的现金并装饰以纸花。每至一角，岩光点上蜡条插在米饭上后半蹲在一旁听僧侣诵经，并跟随佛爷滴水，诵毕大佛爷用主人备好的铁锤敲下围墙上的一点砖块，或用火钳就近捡取一块小石头丢入小箩中，一旁的小和尚向箩箩内挥洒"圣水"② 后，将箩箩移至一边。如此依次在房屋四角诵念结束后，随行的小和尚提着剩余的一份供品和圣水跟随大佛爷前往三楼。佛像被端放在小木桌上后，大佛爷便领着四位小和尚站在梢拿蓬附近继续诵念之前相同的经文，也就是说主人备好的五份物品是用于东、西、南、北、中五处，三楼的场地则被视为房屋的中心。主人家跪坐在僧侣面前双手合十听诵。诵毕小和尚照例以圣水滴洒箩箩，之后依次在备好的帕垫上入座。此时波章已将棉线的一端压在佛像下，牵至大三脚架的顶端，再传给几位僧侣

---

① 大佛爷诵经时专用的，用于遮挡面孔的扇子。形制比蒲扇更大，以暗红的绒布制作，正面印有佛陀的形象，佛具市场皆有出售。

② 圣水一般是以一种类似酸角的植物果实炮制（具体名称待查），蘸取圣水的树枝则用这种植物的枝叶或是稻草。

手持，将主人岩光夫妇及其子女、岩光之母（岩光之父已在一年前过世），以及其女婿圈在其内。前来参加的男女老人席地而坐，将整个三楼挤得水泄不通。在波章的引领下，众人跟随大佛爷礼敬佛陀三次①，并念诵三皈依文。之后波章再次起头，小和尚便开始各自念诵手中的经文，岩光则点燃大三脚架顶端的大蜡条。在诵念的中途，岩光及其母亲还前往露台引燃准备好的一排棉线，两人先后滴水。在持续的诵经声中大佛爷以圣水挥洒大三脚架及众僧侣。僧侣的诵经完毕后，波章开始诵念祷词，众人伏首静听。稍作停顿后，在座的老人帮助点燃9张筬桌上的蜡条，波章继续长长的诵念，众人双手合十静听，中途再次点燃个人面前的蜡条，然后便开始滴水。大佛爷及小和尚的诵经声也再次响起，如此两种声音一直并存，中途众人再次俯首直至波章发出"嘟罗"的结尾词，众人欢呼"萨图"②。紧接着波章再起头引领，大佛爷及僧侣再次诵念经文，众人双手合十听诵，与此同时在座的一位老人代表主人家向僧侣及波章各送出1个小箩箩，每位僧侣还得到10元现金，在座的所有人也都得到主人家派送的5元现金，当然也有人不好意思接受。整个场面轻松愉快，派送现金应该算是主人家仪式性的布施，这种布施和第六章第二节赕"宛星"中分发食物一样，都是主人布施和积累自己功德的表现。波章及僧侣们诵经完毕后，大佛爷向圣水吹气，再次向大三脚架挥洒圣水，仪式正式结束。

主人来到僧侣面前请求大佛爷拴线，其余人便收拾自己的物品留在楼上或前往楼下用餐。僧侣们聚在一桌，食前还要再次为跪在面前的主人家诵念一段祝词，感谢主人家的布施。男性老者对现场所有的

---

① 礼敬佛陀文为：Namotassabhagavato arahato sammasambuddhassa（音译为：南摩达萨帕诰瓦多 阿拉哈多 萨玛萨普达萨），其意为：礼敬彼世尊、阿罗汉、正自觉者。这是所有仪式中必备的程序。

② "萨图"（Sadhu），佛教仪式结束时，回向功德的结语。

物品进行整理和分类，除去波章应得的一份，其余按照一分为三（"佛法僧"）的惯例进行分配，僧侣在现场即可获得 7 个三脚架、9 张篾桌、10 个箩箩中的各一份物品，属于佛陀与佛法的两份则在老人监督下由波章代领，用于日后寺庙所需。

第一天的仪式到此宣告结束。此仪式主要目的在于请僧侣前来诵经驱邪，为新房"庆生"。大佛爷解释说："以前建盖傣楼都从山林采伐木料，伐时要禀告山神精灵求得允准，而如今的钢筋、砖瓦来路不明，有的可能是重复利用"，所以要通过诵经驱除看不见的不洁，确保建盖傣楼所用材料都崭新干净。在仪式现场堆放沙塔则意为主人的忏悔，为在新房建造过程中，主人家因此无意伤及的细微无辜之生命，以及供宴会食用而宰杀的水牛，即如傣人所言"以那无法计算的沙子来抵消我们为此犯下的罪过"。以凿有四洞的竹竿和芭蕉秆围成大三脚状的拱顶并覆盖白布，是象征新房获得一种纯洁的状态，居住其内者可以衣食无忧，甜蜜幸福。因为梢拿蓬作为撑起傣楼屋顶的主柱，是决定傣楼整体结构和造型的关键，因此仪式的主场地出现在梢拿蓬附近。离此不远的梢婻位于传统上火塘的附近，是一家人主要的活动场所，新房落成的最后一个仪式将在此处进行。赕"很"仪式中布置的所有物品，所起到的经济功能和传达出的家之意象，与在缅寺中举行的相关仪式几乎是一致的，可参见下文第六章第三节的赕"玛哈邦"仪式。

值得注意的是，除主人一家外参加这次仪式的人员全部是本寨老人，并且绝大部分是老妇人，他们主要是因为赕这种仪式所带来的功德而参加。主人家通过布施僧侣为新房祈福，其他人则是助赕，即村民所言的"搭赕"。不论是哪家因为新建楼房，或是因为其他原因要对旧房举行驱邪仪式，老人们都会积极参与。只要有僧侣出现的场合，他们都希望尽量参与，相信由此所供奉的米饭、现金、蜡条都会在其后他们逝去的世界中重新获得。从年龄上看，这个群体的老人大多在六十岁左右，更确切地说，只要他们的子女成家并育有子嗣后，他们便是傣泐社会的老人，便能选择自己后续的生活重心，比如继续劳作、帮助抚养孙辈，或加入礼佛的群体乃至成为"居士"。上述仪式结束后帮忙整理物品的全部是持守五戒的老人。从性别角度而言，出席的几乎全是妇女，这也反映曼景社会对性别的期望和制度性安排。女性在傣泐社会中不但是独立自主的劳动者，也是生育者，要承担更多的家庭责任，她们是傣泐社会的基石和信仰的坚定追随者，虽然不能和男性一样在少年时期可以离家入寺，但她们一样追求自己的精神信仰，并在进入晚年后通过不断的赕为自己积累功德，为生命的下一阶段做好准备。

经过赕"很"仪式的傣楼成为一个洁净的、安全的、有生命的、令主人居住和生活愉悦的空间。接下来的仪式则要解决傣楼与居住者的关系问题，这同样少不了拴线，但要特别注意的是仪式中的"姆毫"（篾桌）。如果以赕的分类看，可以称为赕"姆毫刚很"，"姆毫"是"饭桌"，"刚"是"中间"，"很"是"家"，直译就是"家中的饭桌"，是准备家宴宴请客人的意思。赕"姆毫刚很"可以在很多场景下出现，除新房落成外，因为结婚、发意外之财、家中有人生病等，要请人吃饭都可以如此称呼。直白地说就是请客吃饭，以感谢亲友的帮助和获得祝福。姆毫在某个层面上甚至能成为家的代名词，正如上文提及的，共灶（在傣楼中，指的是火塘）的成员仅限于傣楼内的成员。也就是说，一座傣楼之所以能被称为家，相当原因是住在其中的家庭成员共用一个火塘，在一张姆毫上共享每日的餐食。普通的傣泐人家有很多张姆毫，客人来了可以随时搬动，在上面摆上茶水、水果招待客人。这些用藤条和竹篾编制的桌子随用随取、一般斜靠或悬挂在木板墙壁上。但是一家人的用餐主要是聚集在火塘边的桌上；饭前主人若要饮酒须在桌上滴酒，以表示敬献给家中逝去的祖先。在拴线仪式中，放置各种物品的姆毫有特定的名称，傣语称为"姆毫欢"（简称为"姆欢"），直译为"欢"之桌，意指用以盛放供某人之欢所食食物的桌子，即仪式针对某人，桌子上的食物即为某人之欢所食（见文前彩图7、8）。在家中摆放姆欢是针对健在者，在缅寺摆放姆欢则针对死者，为此进行的拴线仪式也可称为"招欢"仪式。更进一步讲，家人或群体的连接不是因为分享食物而产生共同的生物性关联，而是因个人的欢聚在一起享用食物而成为一家人或结为"比侬"。

第二天仍然是天色尚未明亮之时，岩光的亲友们再次动手蒸饭、炒菜，待这些食物准备好、摆放在两张小篾桌上后，岩光便端着篾桌前往寨子中心的两座勐神神宫处。等候在此的两位波莫各自接过篾桌摆放在神宫前，铺放着芭蕉叶的篾桌上摆放蜡条5对和米饭、剁生①、炒肉末、白酒、香烟各一份，以及芭蕉叶包着的猪里脊1条和现金10元，除最后三样由波莫事先取出放在一边归自己之外，其余都献祭给勐神。与供奉寺庙不同的是，勐神享用的要有剁生和白酒。波莫点上蜡条，将其一端粘在篾桌边沿上，光脚立于拖鞋上后蹲在篾桌前，右手持倒满白酒的酒杯，左手向上立掌，在喃喃祷告声中将酒滴洒在篾桌上，之后取出八九团米饭放在芭蕉叶上，并以筷子数次夹上剁生与炒肉末在饭团上，再次斟上白酒在祷告中将酒滴在芭蕉叶上，之后将芭蕉叶收拢在一起放入神宫之内，仪式便告结束。波莫的祷告主要意在向勐神禀告某家新房落成的情况，并祈求勐神庇护主人家整个新房落成的庆祝活动中不要出现意外，要保佑往返的亲朋一路平安，不要

---

① 剁生是将生牛肉与芫荽、葱花和辣椒等剁成肉末，拌匀生吃的食物。虽然现在年轻人似乎已不习惯这样的吃法，偶尔提供宴席的主人会将它煮熟以供来宾食用，但在宴席中它仍是不可或缺的。

因为喝酒而导致纷争等。

黎明时分前来帮忙的亲友们聚在一起为烹制当日的食物而忙碌。女性长者聚在主人新房二楼的外厅，为当天进行的拴线仪式做准备，主要工作就是用芭蕉叶装饰两张"姆欢"。圆形篾桌在芭蕉叶的装饰下，变得很蓬松，编排得很整齐的芭蕉叶在桌子的外沿形成一圈漂亮的流苏，并间以点缀粉色的三角梅和黄色的蝴蝶花。每张桌子都陈设用芭蕉叶做的两个四方形容器，并用盖子覆盖其上。一种盖子是留有三根流苏的圆锥体，顶端嵌入蜡条、三角梅以及黄色的蝴蝶花；另一种盖子则稍显复杂，编制成顶端有各种枝杈的形状，也配上三角梅，置于其上的蜡条更多。在其中一张桌上的两个容器中，一个装有糯米饭、盐巴、芭蕉、红糖、绕成小团的棉线；另一个装有芭蕉、茶叶、两大卷棉线，以圆锥形盖子覆盖其上。两位老人还互相配合将绕好的一小匝棉线自上套入盖子；另一张桌上的两个容器中各放入煮好的整鸡一只，配上较为复杂的盖子，装饰完毕后便放置在内厅中央。

男性老者陆续到来后，环坐在内厅。其中两位老者率先开始做"买卖"仪式。笋笋中放有红白布配海贝与槟榔 1 串、蜡条 2 对、香烟 2 包、现金 40 元、白酒 1 瓶。其中一位老者先念诵一段记录在本子上的内容（每家新房落成时所念的内容都相同，仅换成不同主人的名字），然后另一老者也念诵一段作为回应。念诵快结束时，两人将各自面前斟好的白酒一起倒入另一个共用的杯子中，此仪式便告结束。盘子中物品两人一分为二。村民对此仪式解释为：在土司时代新建的傣楼要得到召勐的认可才能成为某户人家的家庭财产。在早期拍摄的纪录片中，也确实记录平民喝水、走路、建房等都要向土司缴纳"半开"银圆。这表明在土司时代，一个家庭的确立事实上就是一个负担单位的确立。如今土司阶层虽已消失，但这一观念却保留下来，即每座傣楼都是村寨的组成部分。在田野调查中所见的新房落成仪式中，其主持人无一例外都是波陶勒，他本人正是曼景末代土司的直系后裔。在曼景土司时代，除土司召勐外，还有其他大小官员，当天因为寨中有几户人家举行新房落成礼，波陶勒（岩亨）无法兼顾，遂由另两位老人代劳，其中一位代表“买方”主人家，另一位则代表“卖方”官家，代表官家的老人其父曾是曼景“司法部长”，故符合传统之礼。对此村民都持默认态度。“买卖”即是代表新居人家已被寨子接纳，成为寨中成员之一，也意味着新居人家要遵守寨中的规矩，维护公共利益。

买卖仪式之后，姆欢便移至老人面前，波陶岩亨也来到现场并被恭迎在上座。在馈受主人备下的 1 瓶白酒、2 根蜡条、10 元现金和 1 包香烟后，先在篾桌前滴酒，此时楼下传来鞭炮声，响声过后，楼下有一男子出声问“能不能上来？”在座的老人回问“你是谁？”经过一番问答，确定来者身份、来处、所携何物，并得到可以上楼的确定回复后，列队在楼梯口的主人家成员才依次登上楼来。走在最前列者为岩光的妻弟，手捧一篓，内盛生姜和辣椒末泡的水 1 碗、蜡条 2 根、香烟 1 包；第二位是岩光之子，斜挎男式背包、左手持长刀、右肩扛短猎枪；其后是岩光与其母、妻、女与女婿；再之后就是帮助扛抬诸物的亲戚：扛有猪头、猪蹄、槟榔、白酒的两位青年男子，挑有芭蕉、渔网、盐巴、红糖、砍刀的妇女，还有挑有铁锅、淘米竹器和铁甑，以及帕垫和枕头的妇女，最后才是跟随而上的寨中老年妇女。

波陶岩亨身为主持人，要由他来背诵相当多的祝祷词，这些内容与新房落成的拴线仪式相同。与他并坐在上位的是之前提及的两位老人以及岩光父母辈的亲属。岩光夫妇、之母、子女与女婿隔篾桌与主持人相对。此时篾桌上的盖子已打开，所有物品呈现出来。与婴儿满月仪式相比，基本物品几乎相同。篾桌上的棉线被牵引出来搭在鸡头上后将主人一家6人圈绕于其中，他们以右手食指与中指并拢搭在篾桌上，紧挨篾桌的老人则手持棉线，其他人等坐在后面，以右手搭在前者的肩膀上。主持人开始背诵冗长的祷词，大家其实并不怎么留意，正对着电视看得不亦乐乎。中途岩光夫妇接过主持人递来的酒杯，将白酒滴在篾桌之前。待祷词全部念诵完毕，仪式便告一段落，主持人掰下几团糯米饭蘸了蘸鸡身、芭蕉、盐巴等，放置在桌子的芭蕉叶上，然后将那股围绕主人一家的棉线扯断，用来拴在主人家6位成员的手腕上，准备好的线圈、套在两个盖子上的线匝，都分发给众人扯成几小段，为新房的所有成员拴线，和上文认干亲仪式一样，6位傣楼成员跪坐在地板上，接受所有参与人员的分别拴线。待拴线结束后，大家再次聚在篾桌旁，像之前一样，主持人再背诵一段简短的祝词后，仪式便告结束。随后宴席开始，中青年妇女都在楼下忙碌的整理锅碗、配送饭菜。男性老人就在二楼的内厅用餐。相比于前一天仪式，当天所有亲友都会到场，大家可以开怀畅饮。和以前新房落成时村民之间送点米、茶叶不同，现在也流行挂礼，所以主人一般也会请人登记造册，并回送一袋方便面为谢。挂礼一事，通常由妇女出面交给主人，男人只管喝酒。前来参加拴线的老者一般都是与主人家有亲缘关系，且平日走动比较频繁的同龄人，并不像昨日那般人多势众。一户人家的新房落成，人群因为亲缘、地缘和年龄的关系聚在一起分享主人家准备的宴席，落成仪式成为一种公共的聚会。

在上述参加仪式的人员中，上座者除主持人外，都是岩光父母的同辈长者，而被圈入棉线内的仅限于上述6人，岩光夫妇的同胞兄弟姐妹也只是靠在他们的身后，不被圈入其中。上楼人员的先后顺序按傣泐说法由波章推算决定，即6人中与搬入新房时间最为契合者为第一位上楼者，此人就是肩扛刀、枪的岩光之子。但不可忽略的是，真正排在队伍最前列的是手端生姜水的岩光表弟。换言之，肩扛刀、枪者的人选只能是6人中的某一位，但端生姜水的人是不受限制的，而且在所有新房落成的拴线仪式中他总是第一位上楼；他可以是主人夫妇双方的任一血亲，在观察到的该仪式中，出现最多的是房屋男主人的妻弟或其连襟。他在拴线仪式时不被归入傣楼成员，却成为第一个上楼者，且手捧生姜水。为什么是这个人？为此请教了很多老人，却没有得到明确的答复。无论如何，家庭成员的确立是明确的，即圈入线中的男女老少，已经属于一座傣楼之中的成员，因为主持人的祷词之中，呼唤的不是其他人的“欢”，而是被圈入线中人之“欢”，他们各自的“欢”都被招至现场，同食“姆欢”中的食物。由在世的长者来主持和见证该仪式，更是对现实的确认与强调。换言之，一个人的“欢”是独立的，流动在他或她的出生之家、生育之家、死亡之处。在世之人是否被视为傣楼内的成员，首先是通过“共食”体现的，虽然没能在此类仪式中，观察到哪户家庭有被领养者出现，但傣泐解释说，倘若谁家有认养的子女，在此仪式中他/她也一样可以被纳入圈中。

一个完整的新房落成仪式还包括一个简短的仪式，即对“火塘”的确立。因为7月3日前来参加聚会的亲友很多，岩光居然忽略了一个仪式，故此仪式就在第三天补做。7月4日，热闹两天的宴会还在继续。当日被主人邀请来的四位同寨老庚在吃完晚饭后，看天色已经转暗，便前往新房三楼。在前天举行“赕很”仪式时，靠近梢婻的地方，女主人之弟已升起火来，锅中煮有一大锅鸡蛋。四位中年男子从东、南、西、北四个方向围坐在三脚架旁的矮凳上。东边的男子首先端起装有米粒的碗在额前默祷，放下碗后众人同声齐唱[①]：

---

① 这段录自现场的唱词由曼底佛寺住持都罕炳译出，特致谢意。

烧柴升火，做一个新火塘／女主人袒胸在火塘边纺线／男主人回来了，她牵着他的手一起去睡觉／给他盖好被子，给他暖心／明天起来还要去劳动／他们睡在一起／大象和马儿从四处跑来／为男女主人带来了财富／啊，让水涨起来，让沸腾的沫子流出来。

这时西边的男子不断以手春木钵中的盐巴。与他正对的东边男子垂直向上抛撒米粒后停下来，右手持火钳，依次指着三脚架的三个方向问话：

"这边稳不稳？"

如此两遍的答复都是"不稳"，直至第三遍才回答"稳了"。东边的男子继续发问"有多稳"，众人才依次歌唱回答：

像勐捧①的钢筋／像勐海的弓箭／像母牛的牛角／像关闭整个勐的门锁／像野猪的牙齿。

上述对话形式如此反复三次，每一次问答以不同的歌唱内容来表达火塘的稳固。直至歌唱的内容完毕，锅中的鸡蛋也已煮熟。以三脚架为代表的火塘也通过仪式确认得以稳固下来，不至于发生毁坏，意味着一家人可以紧紧地围绕在火塘周围共享食物、互相依存。煮熟的鸡蛋随后就被众人抢食一空，男主人的妻弟补充道：鸡蛋的多寡原来是根据新房落成的时间来确定的，比如七月新房落成即煮七个，因为当日在场的村中儿童较多而多煮一些。虽然主人未能解释为何选择鸡蛋作为炊煮的食物，但似乎鸡蛋是仪式中唾手可得、便于隐喻的物品。至此整个新房落成仪式才宣告圆满结束。

---

① 勐捧位于现在的勐腊县，勐海则是现在的勐海县。

在食物的分享与共享上，反映出家庭成员与村社成员两者间的不同区分。在岩光上新房的整个仪式中，不但要献祭勐神和家神，布施僧侣（除第一天要请僧侣们来诵经、吃饭，在第二天的拴线仪式前，主人还要早早制作一桌饭菜送往缅寺），还要大宴宾客。不分昼夜地持续数日，主人为此尽力招待，却也满心欢喜。新房落成（婚礼莫不如是）要消耗掉至少一头猪和一头牛，有的在四五天后，亲友还要聚在一起将腌酸的猪头肉、牛脚和牛皮吃掉才算正式收尾。宴席在曼景是极为普遍和频繁的事情，除关门节的三个月相对安静一些，平日老庚之间总是会找出借口，聚在一起饮酒谈笑。由此可见，分享食物在傣泐中是非常重要的行为，而共享一个火塘和共居一座傣楼，才被认为是一家人，并且需要通过仪式的确认，才能将家庭成员与村寨成员区分开来。家屋是村寨中最小的单元，但却通过仪式性的饮食将人群在区分的基础上合并起来，而仪式背后则是傣泐重要的生命力观念。

第三节　居处法则与生命力

最近七八年，曼景新建的傣楼多采用砖混结构，因而无法完整地观察到昔日采用竹、木建房时的仪式。但在傣楼的演变过程中，傣泐对核心的生命力观念仍时时表现出来，对于超自然力和自然力的认识与信仰，关乎傣楼的存续与内部人员的居处安排、傣楼在村寨之中的布局，以及人类在自然界中所处位置的定位。

在傣泐的传统观念中傣楼具有生命，如同树木的生长有其生死，因此在傣楼整个的生命周期中，需要不断对其进行修葺、维护；傣楼内也居住祖先之"披"，需定期祭祀，因而居于其中者须慎重看待这两种不同的力量。一座长期无人居住的傣楼，村民即可将之推平，理由在于没有生命的建筑，反而会招致不明灵质而殃及寨子。常去缅寺礼佛、居住在大殿的老人，在大殿一侧的大树下搭建临时伙房和洗浴房，却不能建造正式的楼房，这不单是资金的问题，还因为老人并非长期居于此地并共用一个"火塘"煮食；若不幸有人在此去世，逝者之"欢"似乎是难以归类安置的，因为此地并非个人之家。同理，僧舍是供僧侣长期居住之地，去世的僧侣之"披"则栖息在"贺丢不拉瓦"（庙神神宫）中。

在日常生活中，若村寨突然集中爆发意外事件，或村人觉得诸事不顺，村中老人就要查看山林墓地中是否出现反常的洞穴，以及缅寺中的佛像（木制或泥塑）是否出现虫蛀或裂痕，据此以村寨为单位请僧侣进行驱邪；个体居住的傣楼则要为此约请僧侣执行驱邪仪式，其程序与始住新房时的"赕很"一模一样。当傣楼中有老人去世，其所居住的内厅隔板将全部拆除，便于棺木抬下楼去，那一天到访的亲友不必脱鞋上楼，尽可穿着鞋子在楼上走动，此时傣楼处于一种无序、混乱、破损的状态。在村民口中，被称为"很骇"（直译为"烂房子"或"脏的、不好的房子"）；待将死者送出傣楼，火葬在墓地后，这时的傣楼又转为"很阴"（直译为"阴凉的、静默的房子"）；直至僧侣诵经去污，以达寮和哈秋将傣楼围起，并在寨子的四周插上达寮，完成仪式后傣楼才转变为"很哩"（直译为"好房子"）。送往墓地的棺木上，会竖立一个小型的"很叫"（直译为"琉璃房"①，见文前彩图9），供死者之"欢"在墓地中暂居；一年之后其家人会制作一座"帕萨"（直译为"宫殿"，详见第六

---

① "叫"在傣语中是宝石之意，傣渤向笔者解释时称之为透明的"玻璃"，笔者猜测可能指的是佛教中的"琉璃"。新建缅寺大殿时，被移开的佛陀坐台下，有小型的地宫，其中就有村民奉献的人造水晶珠，在大殿屋顶的尖塔（傣俗称为"桌法"）中也会放置各种色彩的水晶珠子。

章第三节）供奉在缅寺，作为死者之"披"在天国的永久居所。傣楼中被拆除隔板之后替换为新的隔板，家屋中在世的最年长者将帕垫移至最前端顶替空缺出的位置。自此死者与生者分属不同的空间，泾渭分明。逝者之"披"会回到傣楼依附在梢召之上，成为傣楼灵力的一种，家人除新房落成、结婚等大事要向其禀告外，在傣历新年、关门节、开门节时，家人则在缅寺准备姆欢，进行祭祀。上文诉及的新房落成仪式之中，先后涉及房屋之"欢"、傣楼内的祖先之"披"以及家庭成员之"欢"，能将后两者联系起来的似乎就是以是否共享姆欢的食物为象征，据此似乎可以理解为，房屋的"欢"与人类的"披"因分属不同的概念范畴和存在状态，在空间上暂时结合为一种松散的、富有变化的状态。

总之傣楼并不只是供人居住的建筑，在傣泐眼中这个居所也并不永恒，需要在生者与死者的互动中建立和保持一种生命力的平衡。傣楼内部、傣楼与傣楼之间的人群，在区分的基础上合并为大小不同的"家"，结为大家庭的村社也因而从土地、河流、山林组成的自然界中分离出来。通过各种大小不同的仪式，人群的区分、合并，一方面是对核心家庭的确立，另一方面则是人群在村寨和地区内的推演扩大。下文将进一步以"欢"为线索，阐述在傣楼和家神之外，更大范围层面上的村寨与寨神、勐神之间的关系，以此理解傣泐对祖先的分类观念和人群在不同范围的组织。

第五章
"欢"与祖先

　　上文提及的"欢"是傣泐极为重要的概念，是自然界中包括人类在内的动物或极为特别的植物所具有的一种生命力，它并不对等于一般意义上的"魂"。在傣泐日常生活中，人身体的健康、家畜的兴旺、稻谷的丰产都与"欢"这种生命力有着互为因果的关系。人的身体由许多"欢"组成，因为"欢"的损伤或散失可能导致人患病或死亡。人死之后的"欢"可能成为善"披"或恶"批"（披和批都可译为"鬼"），于人类出现之前就有的各种"披"，游荡或栖息于山川河流之中的某一处。祖先即是人格化的"披"，因人群在家庭、村寨、区域内结合范围的大小，祖先之"披"逐渐转变为庇护世人的"色"（可译为"神"），在佛教传入后，巴利语"丢不拉"（直译为"神"）成为指称家神、寨神、勐神的用语①。从人与祖先的纵向关系，以及村寨人群的横向连接来看，在"欢"的观念基础上，傣泐社会形成一套社会秩序和价值观念。

---

① 三者的名称从"披很""披曼""披勐"转变为"丢不拉很""丢不拉曼""丢不拉勐"。

第一节　曼景的传说与勐神、寨神的名字

在勐仑的传说中，由几个故事片段组成的传说极为有趣①：第一个故事讲的是远古时期，在勐仑的两条江中各有雌、雄乌龙一条，之后在另一条江中又出现一条怪龙，霸占乌龙的居所，同时在山间密林中居住着一个恶毒的魔鬼（"批雅"），它来到坝区赶走怪龙，咬死它的子孙，还吃掉两条乌龙，其中雌乌龙的尸骨变成曼喝景，雄乌龙的尸骨变成曼摆乃。怪龙子孙的尸骨分别变成曼俄、曼边、曼打鸠等数个寨子。

第二个故事讲的是当勐仑坝子有了人后，佛陀（傣语称为"帕召"）游历到此，听说"批雅"极为凶残，人类深受其害，于是佛陀便传出消息，许诺杀死"批雅"者可得农田、耕牛、槟榔和官职。曼边一寡妇自认为其子可以做到，在母亲的恳求下，其子前去拜见"帕召"，并跋山涉水后将"批雅"杀死，后被佛陀封为"莫竜"（地方鬼的祭祀者），在每三年的十一月，以牛和槟榔献祭批雅，之后这位青年从祭祀首领逐渐地变成整个地区的首领，当时的曼边被称为曼景边。

第三个故事讲的是勐仑随后被勐交人侵略，"莫竜"也被杀死，他的母亲则被掠走。勐交人在其首领召卖囡孩的领导下，在曼摆乃建城。之后召片领派召竜真悍带着曼景边的人前来交战，取得胜利后，"莫竜"的母亲领着私生女回到勐仑，并在曼炸的背后建立曼则。之后"莫竜"同母异父的妹妹被拥立为"召影"（女土司，又称"召

---

① 《民族问题五种丛书》云南省编辑委员会编《傣族社会历史调查（西双版纳之九）》民族出版社，2009，第134~136页。

雅"）并住在曼景喝。"莫竜"之妹因其头发异香，（故被称为"婻捧烘"，香发公主）引起各勐土司的垂涎，战争为之而起。为躲避战争"婻捧烘"与其他女人藏于山洞之中，却最终饿死。

第四个故事讲的是，婻捧烘死后，无人再当"召雅"。此时有个曼卡的攸乐族姑娘在河中捡拾螺蛳时发现一个三角螺，将其戴在头上则光芒四射，召片领闻讯将其娶回为妾，后来因为召片领的正室嫉妒其美丽而偷走三角螺，她因此失去光芒而被送回曼卡，后来其子也当"召雅"，但因母亲是攸乐族，故不能称"召孟"。

以上四个传说，透露了几个方面的信息：一是坝区与山地之间有着紧密的关系，坝区的人是水中之龙幻化而成；入侵坝区的山地"批雅"被坝区的人消灭，并成为坝区人祭祀的对象，杀死"披雅"者成为祭祀者"莫竜"及地区首领；"莫竜"祭祀"批雅"是因为害怕后者的"批"在日后前来报复，土地、耕牛、槟榔是佛陀许诺给"莫竜"的报酬，也是"莫竜"献祭"批雅"的物品，土地是人定居的开始，也是财富之源。二是之后继承坝区首领之职的"召雅"与"莫竜"有血缘关系，并且"父亲"的角色都未出现。"莫竜"是寡妇的儿子，"召雅"是寡妇的私生女，他们都与寡妇有血缘关系。早先村社的领袖只是祭司，他与被祭祀者没有任何血缘关联，但他的祭司身份成为与他有血缘关系的继任者之合法性来源。三是勐的建立和形成过程中，佛陀也介入其中，之后佛教与政治制度联系起来，傣泐的观念世界也同时发生转变。四是在土司时代，占统治地位的傣族与其他族群间通过联姻来决定和任免地区首领的职务，在政治上实现整个区域内的大范围整合。总之在早先的历史中，人群因为坝区的土地资源而不断发生争斗、迁移与融合，山地与坝区的人群逐渐发生分离，不同族群各自占据或选择一方定居。上述传说中，傣泐建立的坝区中心也不断流转变化，勐仑的城子（"景"）最先在曼边，在打败外来者并于曼摆乃建立城子后，又转移到曼喝景，而曼喝景之后又与曼巴汪（组成现在曼景的四个寨子之一）合并，这就是现在曼景的来源。

将坝区傣泐聚集起来是因为他们的祖先杀死了"批雅"并成为"批雅"的祭祀者。这位祖先的英勇事迹使得他本人成为勐仑坝区内被追念和崇拜的对象，即"勐神"，而他的后代则成为勐神的祭祀者。有学者认为，勐神崇拜是印度教、阿吒力教，以及南传佛教三种宗教积淀的结果，而并非西双版纳地区本土内生的信仰，"祭祀仪式的核心要素——山野（祭祀地点一般都在山林）、以恶魔和混沌的力量（批）为显现的神祇，以及杀牲献祭（剽牛）被保留下来，成为'勐神'崇拜的核心。这一核心很可能又在后来中华帝国的封建统治过程中，转化为祖先崇拜，衍生了一系列与土地有关的神灵体系，如谷神祭祀、寨心祭祀等"①。因为王权统治的形成，人格化的"披"（"鬼"）升级为氏族部落的保护神——"色"（傣语"神"的称呼），并转化为以佛教巴利语"丢不拉"（"神"）代称的祖先之"欢"。

各类功勋卓越的战争领袖、开疆拓土的先辈、为人所惧的土司首领，他们死后的"披/批"都有可能成为继续影响地方的"勐神"或"寨神"。鬼、神与祖先画上等号，是土司贵族阶层借助傣泐对某些有强大力量的"披/批"之信仰，并掺杂、糅合其他族群的观念建立王权统治的需要。有权对勐神进行祭祀的人称为"波莫"，其职能为家族世袭。

至于上文所引述的谷神、寨心的祭祀并非祖先崇拜后衍生出的神灵崇拜。按傣族的历史传说，建寨先立寨心，建勐则有勐心，勐心和

① 杨清媚：《16世纪车里宣慰使的婚礼——对西南边疆联姻与土司制度的历史人类学考察》，载《云南师范大学学报》（哲学社会科学版），2012年第2期。

寨心犹如一个区域或一个村寨的"心脏"所在①。在朱德普的记录中，建寨之时需要占卜选择寨心、祭祀时则由村寨头人主持、封闭全寨出入要道，僧侣要到场念经等②，这正是傣泐对生命力"欢"的信仰实践。勐心和寨心象征傣泐对土地丰产的诉求，是定居繁衍的保障。勐神和寨神则是傣泐对祖先"披/批"所代表的力量之认可与崇拜，事关集体的安全。

曼景的形成和建立过程中，在寨心和勐心上所留下的物质痕迹，已不可见，并为多数村民淡忘，其原址之上现今矗立的是其中一座勐神神宫。前文已经提及，在曼景的寨子中心竖立着两座勐神的神宫，管理其中一座神宫的"波莫"指出，他负责日常管理的勐神名为"召达宛"（见文前彩图 10），而由另一位"波莫"管理的勐神则是担任"召达宛"警卫工作的"召法昏"（见文前彩图 11）。"达宛"和"法昏"是两座山的名字，可能这两位首领死后变成的"披/批"就栖息在这两座山中。出于日常祭祀的方便，傣泐特地为此修建神宫，以作为神灵栖息之所。在漫长的历史中，能升格成为地方神的毕竟不多，而建造神宫以供日常祭祀的勐神应与居住于此的土司有着紧密的关系。例如波莫指出勐神召达宛的原型是来自江城县整董的土司之孙，他被分封到勐仑坝区后成为一方之主，死后成为"披"栖息在达宛山，曼景作为后期逐步确立的勐仑中心和土司住地，召达宛的神宫便建立在曼景寨子，作为庇佑傣泐的"丢不拉"。作为召达宛副手之神宫也立在一旁，接受祭祀。两座神宫的外形从简单到精致几经变化后形成今貌。召达宛的神宫坐东朝西，2011 年因为寨中村民建盖新房雇

---

① 参见《傣族简史》编写组《傣族简史》，民族出版社，2009。
② 参见朱德普《傣族原始土地崇拜和古代汉族社神比较》，载《中央民族学院学报》1992 年第 2 期。

用的一辆工程车不慎将神宫刮擦掉一角，波莫令其赔偿一万余元重修神宫。新神宫高大辉煌，周身装饰图案，并涂抹金色涂料，"帕萨"的形制与此很像。开设有一门的二层神宫中，并无任何可见偶像，仅在内部砌有20余厘米的高台，摆放席子和枕头，以充勐神卧榻。高台之下陈列蜡条、水罐和酒杯。在此神宫的左侧，隔着一条村寨小道，即为副手召法昏的神宫，是2010年村干部为弘扬民族文化而特意请人用木料雕建的，坐北朝南，设计成傣楼模样，内部陈设与召达宛神宫一样。2018年3月，这座木制神宫替换为砖混结构，熠熠生辉，全村还为此举行了隆重的像新居落成一样的仪式。

村民认为同为男性的两位勐神，召法昏极为凶悍而不可冒犯。就在几年前一位外地女子因坐于神宫下休息却突然患病，几番治疗后最终通过祭祀勐神才得以脱险。20世纪80年代前来寨子播放露天电影的工作队，将幕布悬挂在神宫前，无论如何也显示不出投射的画面，换了场地后方得解决。当然还有更可怕的传闻发生在曼炸的勐神之栖息"神林"中。有几位不懂事的儿童去摘吃芒果，还在"神林"附近随地便溺，几日后便无故命丧黄泉。曼炸位于现今的勐仑镇上，与曼景隔江遥望，其勐神之"欢"就栖息在曼炸寨中粗大的芒果树上，芒果树干距离地面一米高处，三个凸起的树瘤就是标志所在。芒果树以及四周高低错落的树木与花草用竹子栅栏圈围起来，外人不得进入，整片区域就称为勐神栖息的"竜色"（直译为"神林"）。2012年曼炸的波莫组织村民在芒果树下用水泥砖瓦为勐神修建了神宫，其形制及内部摆设与曼景的勐神神宫无二。曼炸的勐神名为"布勐竜宾诰"，意译为祖父级别的勐神头领，与曼景的勐神并无血缘关系，只表明这是勐仑坝区最为年长的勐神。结合勐仑坝区的传说，各个寨子的形成和分立是一个不断演变的过程，而勐神和寨神也分散在各个地方，大多都在村寨外围的树林中，他们对于坝区的凝聚和村社的分立扮演很重要的角色。因而这些在傣泐口中流传的故事被深深的印记在脑海之中，傣泐对勐神栖息的神宫保持距离，平日由波莫定时祭祀，而对于那些栖息在山林中的神灵最好就是敬而远之。

负责日常管理和定时祭祀勐神的波莫，其祖先一般都是寨子中最早的定居者，这一职位由同一家族中的男性世代相传。曼景的波莫正是来自于寨中原"曼巴汪"的村民。在2014年的调查访谈中两位管理勐神的波莫其传承都只能追溯到三代（见图5-1）。

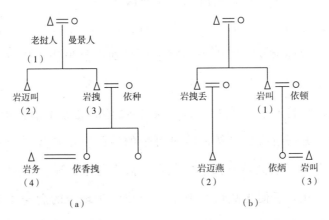

图5-1 勐神"召达宛"（a）与"召法昏"（b）祀奉者传承关系图

如图5-1所示，在可追溯的历史中，第一任召达宛的管理者系上门到曼景为婿的老挝人，死后传子岩迈叫，是为第二任。在20世纪50年代有感于政局的不稳，岩迈叫前往老挝投靠其父亲属，后下落不明。管理的职责落到其弟岩拽的身上，在紧接着60年代的政治运动中他被停止祭祀职责。直至1984年4月，勐仑坝区遭遇百年不遇的暴风雨，引起村人的恐慌，祭祀勐神之事又被人想起，此时第三任管理者已经去世，他与曼景的依种婚后无子有女，因而祭祀职责便让上门的二女婿岩务接替至今。岩务老人生于 1936 年,与妻育有两子两女,次子与他们同居共灶,他认为待其死后次子将接任他继续祀奉勐神。

"警卫"勐神的第一任管理者岩叫死后将职责传给其侄岩迈燕,岩迈燕在 1991 年正式上任,直至 2009 年去世。第三任接任者岩叫与第一任同名,为其女婿,生于 1956 年。勐神祭祀的权利一般掌握在管理者家族的男性手中,而男性成员不做严格的直系或旁系之分,继承者主要以老傣楼中的男性成员为主。祭祀权的掌握不但表明该傣楼的祖先是最早的建寨者,也意味着对土地的稳定占有,因为祭祀者主要是以土地产出作为他祀奉勐神的回报。但在土地性质发生变化的今天,这个职位似乎并未能给祭祀者带来足够的回报。同时接任者的年龄问题也须有现实的考虑。例如"警卫"勐神的第一任管理者在世时,第三任继任者已经上门与岳父家共同生活了十二年,并与妻子育有两名子女。第一任管理者去世后,因为上门的女婿仍然年轻,尚要担负家庭生计的重任,继任人选只能在其同辈年龄较长者中寻找;直至第二任去世,这位女婿才继任,但他的继任却是以"神选"的方式实现的。2009 年第二任管理者去世后,同一家族的男性无人愿意担当此职,依据传统,继任者只能由该家族内的男性成员担当。面对不能丢弃的勐神——何况这位勐神很为村民惧怕,村干部只好从全寨选择三位公认为忠厚老实的中年男子,以及负责祭祀的家族中最为年长的一位男子一起接受"神选",并从曼仑约请"咩底南"① 主持仪式,由她呼唤勐神降临附体,借助这一仪式指认出第三任管理者。在一般村民的眼中这个结果实在令人诧异,因为外来的女巫师并不了解勐神管理者前后的传承关系,最终的人选却还是落在这个家族之中。2012 年

---

① 当时只有曼仑还有女性巫师。

在与原曼景村委会工作的某位干部谈起时，他笑称操此仪式的女性巫师，实际上对该勐神的管理者家族之底细了如指掌，因而所谓的"神选"不过是掩人耳目。当然在村干部看来这确属无奈之举。祭祀勐神的中间人波莫身份特殊，他要代表全寨人与勐神进行沟通，寨子中婚丧喜庆、新房落成、外出远行，甚至村民生病都要通过波莫向勐神转达请求庇佑，波莫为此获得的回报不过是一点糯米饭、猪里脊肉、烟酒和面额不大的现金。更为麻烦的是因为要随时接受村民的请求，他基本没有属于自己的时间。同时在言行举止上也有一定的限制，比如不能酗酒，不能食用狗肉、螺蛳、贝壳等，不在傣楼的一楼进食，碰上寨中某家遇丧，只能等丧期过后方能前往。这些限制决定了祭祀者只能是年龄较长者，才能被寨人接受。而波莫在整个社会中的地位而言，特别是佛教传入后，祭祀者既未能获得经济上的优待，又未曾获得政治上的优势，同时还无法专心通过赕佛为自己获得功德，故能理解为何必须以"神选"的方式才能达到最终凝聚全寨人的目的。在之前述及的历史传说中，杀死批雅的寡妇之子成为祭祀者，并逐渐成为村寨的头领。实际的意义是，他是最早的建寨者，也是土地拥有者，在之后的历史发展中，村寨或地区权力被更为厉害的头领所掌握，但身为最早的土地拥有者和定居者，他的身份地位仍然获得承认。因而在土司时代，祭祀者拥有特殊地位，独立于傣泐社会的官职系统，在祭祀时的地位超过召勐本人。对于曼景而言，这一整套的观念也得以保存下来，成为凝聚村寨共同体的观念主体。

除上述两位由波莫日常祀奉的勐神外，传说在整个勐仑坝区中共有32位勐神，只是在田野访谈中，无人可以完整说出，也没有办法说出他们具体是何人，但村民坚信这些都是勐仑历史上的傣泐首领。以下仅就获知的一些勐神名字及其栖息地罗列于表5-1中。

表 5-1　勐仑勐神名字、栖息地及标志

序号	勐神名字	栖息位置及标志	备注
1	布勐竜宾诰	曼炸，芒果树	有神宫
2	召达宛		有神宫
3	召法昏		有神宫
4	召景冈赞泼	白象山	
5	婻捧烘	香发公主山	女性
6	召拉喃	曼赛	
7	召景哥	现今老挝一带	
8	召景冈	靠近缅甸一带	
9	召沽巴	勐腊县关累镇	
10	婻赞巴颜嘿	勐腊县关累镇	女性
11	召叭彭	勐醒，蜂窝	
12	召叭亮	植物园，红石头	
13	召叭荒	曼底，江中心的大石头	见文前彩图 12
14	召婻免	曼俄	女性

　　在朱德普 80 年代的调查中[①]，记载了勐腊县的 32 位神灵，其中有 3 位勐神名字与曼景一致，即召达宛、召赞泼、召婻免。在他另一篇有关勐海的调查论文中[②]，也有召赞泼的记载；同时他在勐仑的访谈中得知当地有一个勐神名为召色勐珑，和勐海的勐神同名。传说这个勐神是来自今天的老挝——"勐珑"是老挝的地名。虽然这些地方同一名字的勐神神宫或其栖息之地各不相同，也并不一定是同一个历史传说中的人物，但至少表明这个区域早先的人群并不是固定不变的，村社也并不是一个自古以来就是封闭的地域单位。这些威名赫赫的历史人物被某个区域的人所借用也并非不可能。在田野调查中就曾发

[①]　朱德普：《勐腊的勐心和勐神概述》，载《云南师范大学哲学社会科学学报》1994 年第 4 期。

[②]　朱德普：《西双版纳勐海勐神祭祀礼仪求证》，载《云南师范大学哲学社会科学学报》1995 年第 2 期。

现，但凡有外来者参加寨中某位亲友的新居落成或婚丧仪式时，主持仪式的老人除了要呼唤本寨上述的这些勐神外，还会呼唤外来参与者所居之地的勐神名字。由此可见在历史进程中，各勐会有意识地通过勐神的确立来组织本区域的社会联合。不断被提及的勐神都没有名字，只是以他们死后"披/批"的栖息地为名。这些勐神成为某个坝区空间的地域之神，分别居住和把守在坝区的各个方位。在争斗中取得胜利的傣泐群体也就此获得力量的来源，而逐步结成一个共同体。

曼景地域共同体的形成也经历了内部的不断整合。除了前述两位勐神的神宫外，寨中还有数个神宫保留下来。一个位于缅寺东边山脚下的傣楼之间，高不过一米的神宫掩映在树丛中，神宫仅由一单柱支撑，屋顶覆盖瓦片，造型古朴；此处属于原曼巴汪地界，负责管理的村民明确告知这就是曼巴汪的寨神栖息处（见文前彩图13）。另一个在靠近罗梭江边的一棵酸角树下，该神宫与上述形制类同，据就近管理的村民说，该神是一位狩猎能手，原本居住于曼仑，后被曼景骗请过来（见文前彩图14）。寨子东南边前往江边岔路口的菩提树下也有一神宫，除周边的几户人家负责照料外，无人可以说出其来历。另一个位于寨子南边某户村民的院内，是一座两米多高的木制神宫，其来源是村民经常在此看见发光的不明物体，附近村民便就地建造神宫，后来便由就近的这户人家负责管理。上述四个神宫中供奉的神灵来源各异，只有第一个是真正意义上的寨神。平日除了负责管理的村民在新年、关门节和开门节时以糯米饭、菜和蜡条祭祀外，整个村寨都以勐神作为集体的祭祀对象。负责管理这些寨神的人也并不被称为波莫，但对于管理者本人而言，这是不敢贸然放弃的职责。曼巴汪是曼景的"傣勐"，其地界内的寨神为整个有亲缘关系的人群所祭拜。随着外来傣泐成为当地的一方之主（即召勐）后，寨神也可能升格为更高一级的勐神，但在曼景寨神却成为更小的地域神被保留下来，虽然其性质和勐神一样，都是传说中的傣族祖先，但其庇护的对象范围则小了很多。他们都被统合进神灵的序列，但级别已经不及后来的勐神。

与这种可明确追溯的祖先之"欢"转换而来的寨神不同，有的神灵只能称为一种"精灵"，这也属于"欢"的范畴。例如曼景的一位村民，在距离寨子骑摩托车半小时的阿卡小寨附近有一片农田，这几年泡果的市场价格上涨，夫妻两人遂将这片农田改种泡果。因往返寨子还是有些距离，在搭建了一个临时的空心砖瓦房后，男主人便就近设了一个神宫，主人夫妇在此劳作时，都会在神宫中献上糯米饭和蜡条。问起神宫供奉为何时，男主人说："我们傣话叫'披'，就是你们汉话里说的鬼嘛，他本来在山上哪里的到处跑嘛，现在就让他到这〔神宫〕来在〔住〕了嘛，好帮助我看下泡果地。"至于那山中的"披"为何物，又如何把山中的"披"请到神宫中来，主人笑笑不再多言。向其他村民问询，只是回答："搞这个不合适，麻烦多，要经常拿饭给吃，认不得哪里来的，可能我们人还没出现的时候就有了吧。"与此类似的是，多年前搬迁到昆曼公路西南侧的新寨，有一位老人因为梦见白象山上的某位神灵托梦要与他结为老庚，其家人得知后便在门外的空地上建造一座神宫作为这位神灵的居所。这位老人及其家庭的男性成员此后就成为这个神宫的管理者。

在傣泐的观念中，祖先之"欢"所转换成的"披"与自然存在的"披"生活在一个看不见的空间中。就曼景而言，两位勐神和整个坝区中的其他勐神一样，是傣泐的共同祖先，虽然这些传说中的祖先与曼景傣泐也许并没有血缘上的关系，但对于坝区内的整个傣泐而言其现实意义是重要的。每个受访的曼景傣泐都不否认，或者直接相告，不同坝区的勐都各自有其不同的勐神，这些勐神在傣泐离开自己的坝区前往其他地方时，会一路跟随庇护他本人。在平日的宴席中，但凡饮酒傣渤必将酒先行滴洒在篾桌上，献给祖先，随宴席举行场地的不同，傣渤献酒的对象可以是有大小之分的家神、寨神或勐神，若要问起傣渤这祖先具体是谁，大多的回答就是祖宗。要特别注意的是，缅寺中虽然供奉着释迦牟尼佛陀的神像，但在缅寺的外围还设有其他的神宫，比如缅寺大殿正门口的"丢不拉瓦"，曼底缅寺的住持提示，庙神是那些在缅寺中死去的年长僧侣。言下之意，缅寺是出家人的"家"，死于缅寺者则成为缅寺的"家神"。

　　总之，傣渤脑海中的"欢"与"披/批"是傣渤认识和组织生活的观念基础，对升级为地域之神的祖先（披/批）之祭祀，则成为集体性的社会行为。换言之，在村寨这个大家庭中，村寨成员共祭的"披"是具体的人格化的祖先之"欢"。

第二节　勐神和寨神的祭祀

　　傣语对寨神和勐神的集体祭祀统称为"竜"。通过对曼景不同老人的访谈，得知 20 世纪 50 年代前曼景对勐神的集体祭祀为三年一次；届时勐仑坝区以曼景为中心，进行隆重的"剽牛"仪式。选一耳朵完整、周身黑色的公水牛，牵至寨子东北的"邦勐"（今度假酒店处）附近，在波莫的主持下将其剽杀，除献祭给位于曼炸的勐神、曼景寨中的勐神外，还要献祭曼景寨子西北大榕树下的另一勐神（传说中英勇善战的勐仑头领），之后就地煮食，每家代表的男子前来食用牛肉后再带一份回去。集会当天各寨子的头人、管理水源的人以及赞哈①

---

　　① 傣渤民间歌唱家。在大型仪式场合，一般由男、女两位主唱及吹笛手组成，赞哈通晓傣渤历史传说，擅长即兴演唱。

坐在小舟上，从曼景出发缓行到罗梭江下游的曼赛，再以曼赛为起点溯江而上，赞哈在舟中高声歌唱，每到达一个村寨便向附近江中丢入两条事先烤好的鱼，直至到达召勐居住的曼景为止，其意在于让鱼儿能多多地来到曼景。之后便宣告全勐禁闭，直至两天后所有人才能自由出入勐仑。

曼景寨神的集体祭祀则一年两次，一次为关门节（7月中旬）前，一次为开门节（10月中旬）后。在农事规律上，7月是秧苗刚栽下不久时，雨季即将来临，佛教徒也即将进入"雨安居"；10月则是"雨安居"结束之后，稻谷已经收获。祭祀的地点位于现在的白象山山脚下，届时要在村寨的各个出口做好标记，禁止内外人员通行。然后全寨男人一起聚会，在波莫的带领下进行祭祀，祭毕照例的聚餐饮食。

20世纪60年代后，勐仑坝区的勐神祭祀仪式和曼景的寨神祭祀仪式已经完全停止；80年代后虽有所恢复，但只保留相当简单的仪式，傣语分别称为"罢勐"和"罢曼"。"罢"的意思很广，有禁闭、守纪的意思，比如有村民曾解释说，倘若几个人要结伴打猎时就会遵守不与妻子共寝的禁忌，以消除潜在的可能威胁。因而罢勐和罢曼的直接表现就是要整个区域内的人停止手头劳作，在家安静休息。2014年傣历新年，曼景村委会出资邀请寨中老人①和僧侣，以及勐仑坝区的波莫在"邦勐"处聚餐迎新，没有剽牛，也没有任何祭祀仪式，一切都很简单、放松。而在大概十多年前开始，曼景罢曼的时间定为一年一次，一般是在傣历二月（12月）中旬，也就是在开门节之后的第二个月。罢曼的当日中午，波莫会先前往"邦勐"附近祭祀恶批（例如寨子中横死的人就会成为恶批），防止其作乱骚扰寨人，然后再由波莫带领几位村寨代表前往寨子西北的大榕树下，以染成黄、黑、红

---

① 这些老人主要是曼景及其他寨子中的土司贵族后裔。

三色及白色的糯米饭祭祀勐神，祈祷曼景和勐仑能够无灾无难，全寨也并不因此封闭交通，以及举行仪式和聚餐。第二天，在寨子的四个方位各摆放小篾桌一张，寨子中心则堆放沙塔，将砍伐来的竹子立在中心，悬挂布幡。僧侣们集中在此进行诵经祈福，届时村民都前来现场布施各种物品，以中老年妇女居多。遗憾的是在田野调查中我未能参与 2014 年曼景的这次罢曼，以上描述是我事后访谈得知的简单记录。但以 2012 年笔者曾在另一傣渺寨子中观察记录到的，相对“传统”的寨神、勐神祭祀仪式为参考，依然能发现曼景祭祖仪式所发生的巨大变化。

举办此仪式的寨子是距离勐仑一个小时车程的曼底。上文提及的勐仑坝区的勐神名字中有一个叫“召叭荒”的就在曼底寨子附近。也就是说，曼底与勐仑有一定的历史渊源，况且就傣渺祭祀寨神的仪式来看，每个寨子的程序基本是一致的。曼底与曼景最大的区别在于前者是一个自然村而非召勐居住的官寨①。曼底位于群山环绕中的河谷台地上，是一个只有 400 余人的傣渺寨子，以水稻种植和割胶为主要生计。寨神的神宫位于缅寺的山脚下，是一座三米多高的砖混建筑，建成傣楼的模样，装饰得极为精致，神宫的外围以铁栅栏围圈，仅留一门，负责管理照料神宫的波莫家就在旁边。离此不远的地方是曼底的“寨心”，砖块水泥砌成的圆坛中竖立着新砌的石柱，涂抹的黄色涂料显得极为醒目。曼底没有勐神的神宫，在村民口中流传的众多勐神中，其中一位女性勐神嫲朋秋就栖息在寨子西边小溪对岸的森林中，其标志是一棵傣语称为“美拱”的树，嫲朋秋是曼底与曼路、曼赛、曼佩等几个寨子共祀的勐神。

---

① 曼底属于勐腊县象明彝族自治乡，历史上归倚邦土司所辖。曼底缅寺大佛爷说：“曼底的老祖宗最早从缅甸来，来时是兄弟两人，哥哥到了曼底，弟弟去了曼路。”

因为笔者与曼底缅寺的大佛爷有不错的私交，2012 年 8 月 24 日（傣历十月上旬）在接到他的电话后，我们便约定在曼景的缅寺会合再一同前往他的寨子。到达寨子的当日下午，就见波莫在他家的一楼布置了临时的供台，上面摆放着陶制水罐、槟榔盒、蜡条等。傍晚时分，劳作回来的村民便陆续将 1 碗稻米、1 只小鸡、5 对蜡条送到波莫家中。若村民家中没有合适的小鸡可以选送，就以 20 元现金替代。这些物品被分别盛放在箩筐内，鸡则统一关在鸡笼中。待全体献毕各自离去后，波莫在供台前喃喃祷告，其妻则在一旁从箩筐中挑选饱满的米粒放置在一个碗中以备明日之用，剩余的稻米则被抬往厨房浸泡，并在天亮前蒸熟。

第二日早上八点左右，寨中男女便集中忙碌起来。几位男子在靠近江边的空地上宰猪、褪毛、切分，一些妇女与男人聚集在一起处理猪肉、烹制菜肴。寨神的神宫处由波莫将两只鸡手刃后，以血淋在准备好的"达寮"上，年轻人则将这些达寮插在寨子的各个入口处，包括缅寺的出入口，禁止外人和僧侣步入寨子①。在寨子的主入口则横放一些砍倒的枝丫以做路障，提醒外人禁止进入，非本寨人若滞留村中则"罚款"20 元②。其他年轻男子将剩余的鸡徒手捏毙，不许见血。波莫在杀完鸡后跪在神宫前，将装有昨晚挑出米粒的碗，举过头顶左右摇晃，口中默默祷告，然后抓出一把来，细数米粒是否成双，如此反复几次后直至米粒总数成双，波莫确信寨神已经亲临现场。于是波莫率先向寨神祭洒白酒一杯，并喃喃祷告，之后村干部、会计、波章以及寨中公认有威信的男性老者依次献酒祷告，仪式方告结束。

---

① 曼底的缅寺和多数傣泐寨子的缅寺一样，位于寨子边缘的山坡上。通往寨子的主干道在缅寺入口处岔开，祭祀寨神时僧侣不许离开缅寺进入寨子。

② 因为笔者前一日既已留宿寺庙，所以不仅提早离开寺庙进入寨子，并补交 20 元给波莫。

　　此时饭菜也准备妥当，参与祭祀的主要人员留在神宫边的篾桌上就餐，每家派出的男子代表则围绕周边空地上的篾桌上就餐，而妇女并没有出现与男子共食，一直聚集在做饭处。从早上到下午，老年男子聚集在寨神神宫的周围悠闲地喝酒聊天，外围的年轻人一顿吃喝又领取一点饭菜带给家中妇孺食用后，就聚集在附近的杂货店门口打牌取乐。有村民在仪式一结束因有紧要的事情，即静悄悄地推着摩托车出寨。村干部解释说："今天是寨神休息的日子，所以大家要与寨神一起享用食物；而且寨神今天也没时间保护随意外出走动的村民，假如村民随意外出所产生的后果要自己承担。"在大家聚餐时，大佛爷便把笔者叫到缅寺，他说："今天你只能和我在缅寺吃饭了，因为你是外寨人、我是出家人，都不能在寨中吃饭啦。"然后站在缅寺的庭院中指着山脚下的人群，介绍参与祭祀的主要人员，包括他的父亲波莫，他的叔父波章还有村干部以及"四大长老"①。身为受人敬重的缅寺住持今天却不能踏入寨子半步。

　　曼底的寨神祭祀一年有四次，勐神则三年一次大祭。此次刚好是第三年，所以也要前往祭祀勐神。当日老人们也都喝得很尽兴，一直持续到下午五点，波莫才领着三位村干部前往勐神的栖息处。跨过寨子外的溪流，绕道对面的山脚下，波莫打开设于山脚的一道铁门，众人拾级而上。波莫在枝蔓纵横的山林中开路，约莫十五分钟后到达一棵高耸参天的"美拱"树前，其根部形成一天然大洞。一行四人除了将祭祀寨神后多余的蜡条带来外，又额外多带两个装满清水的竹筒。对大树周边略做清理后，波莫与其他三人各执蜡条点燃后在此跪拜祈祷，之后将剩余的大把蜡条在树洞中付之一炬，行"滴水"之仪式后

---

① "四大长老"其实是大佛爷对四位老人的戏称，在傣语中，他们被称为"细梢老曼"，直译为"寨子的四根柱子"，形象地说明四位老人在寨中的地位。他们虽没有村干部的实权，但却是寨中被推举出来的公认领袖。

祭祀便告结束。据事后了解，往昔祭祀勐神时曼底、曼路、曼赛、曼佩几个寨子是联合举办的，各寨互派年轻男女担任一定的仪式角色，比如曼底派人前往曼赛时要沿着江边手牵竹篾编制的鱼缓缓前行，这与上述对曼景老人访谈时得知的，沿江抛撒烤鱼的仪式可能有同样的象征意义。

上述曼景与曼底两个不同寨子在勐神、寨神祭祀仪式上的变化，反映的是以召勐为代表的旧有政治等级的瓦解，在仪式形式上所表现出的调适。两个寨子对各自所处坝区的勐神集体祭祀都做出相应的变通，皆已放弃村寨联合祭祀的传统；曼底仍然三年一祭勐神，一年四祭寨神，奉献稻米、猪和鸡，并聚餐共食；曼景则将寨神与勐神合并为一年一次的罢曼，仅仅由波莫代表，前往勐神处供奉食物，直至2014年又别出心裁地选择在傣历新年时，请全勐老人在"邦勐"处聚餐，这既不违背传统，又深得老人欢心。对祖先的祭祀，很重要的一点是，群体成员要与祖先分享食物与白酒，建立一种大家庭的认同感，而随着时代的变迁，曼景对勐神的祭祀，却创造性地将其变为对全勐重要老人的宴请；对寨神的追思，却出人意料地将僧侣的祈福仪式纳入其后的环节。波莫、波章以及大佛爷都认为："召勐虽然早就没有了，但这个［祭祀］还是得搞，我们拿东西给祖宗吃，也是希望他能保佑寨子风调雨顺，样样都好。请小和尚来念经么，主要是老人想来做赕［布施］，反正这又不是放在一起搞的，是先放给祖宗吃好掉［先祭祀祖先］，小和尚才来的嘛，这不冲突。"上文已提及在传统祭祀勐神、寨神仪式中，僧侣绝对禁止步入祭祀现场，而只能留在缅寺中，但村寨"精英"的解释听来也有一些道理，僧侣的入场是在祭祀仪式的第二天，没有违背原先的规矩。在曼景老人看来，都是为了祈福、为了平安，这样的合并还是说得过去的。如此紧凑的安排，反映的是傣渤对传统的再创造，也就是傣渤自己对信仰进行新的定义和实践。

20世纪50年代以来宗教政策上的严格，给傣渤带来一定的影响，例如家神的祭祀情况，在田野访谈中，不同受访者有不同的说法，但主流的说法是，家神的祭祀原来并不全在傣楼中，而是在每家傣楼的门口都有一个祭台，之后因为众所周知的原因，这种行为被视为迷信而不准公开举办，因此村民便放弃祭台，只在傣楼中悄悄祭祀。上文曾述及傣渤实行的是双边继嗣原则，即个人的身份归属个人的家族，而在早期的调查材料中曾有记录，新婚夫妇在婚后决定定居在其中一方的傣楼中时，离开出生之家者会在定居的这栋傣楼附近搭建一个小型的房屋，其用意就在于祭祀自己出生之家的祖先。也就是说一家的夫妻是分开祭祖的，且祭祖的场地就在傣楼及其院落之中。关于这点在田野的访谈中，老人并不愿多讲，而中年人则无兴趣追究。这也难怪在不断打探傣楼中的家神到底是男是女，是男方家的还是女方家的祖先时，村民的说法并不一致。与此同时，在傣历新年时，几乎每家都会在院子大门口立起的一个竹箩中放入米饭，或者在围墙上摆上一些米饭，问起缘由，回答是献给天神或是家神，但笔者更倾向于认为这就是离开出生之家的人对自身家族祖先的献祭。另外，寨神、勐神乃至家神的祭祀，与佛教进入后有着长时间的纠缠，佛教的立足有很多原因，其中一点就是它并非去摧毁傣渤旧有的祖先崇拜，反而是在此基础上进行巧妙的嵌入，最明显的便是将傣渤对新近逝去的祖先祭祀引入缅寺之中，佛教为此提供的解释就是没有僧侣的诵经，死去的父母是无法享用到子女献祭供品的；而关于傣渤对传说中英勇祖先的祭祀，佛教采取的是看似妥协的方式，即在勐神、寨神的祭祀中，僧侣被严格排除在仪式现场之外。值得注意的是，傣渤无论是对远祖的集体祭祀，还是在佛教的某些观念中，女性参与都受到不同程度的限制。

　　回顾寨神、勐神的祭祀仪式中，整个过程表现出内外有别、僧俗不同、共同饮食的特点。通过区域性的封闭，以村寨或坝区为单位的联合祭祀而强调地域共同体的意义，实现村寨内部或者村落与村落的区域性整合；充分调动区域内所有傣泐成员对记忆中祖先的追忆而增进成员的区域认同感，集中在完整的"勐"的政治单位中，勐与勐之间通过政治体系关联到土司制度之中。如同一出戏剧，祖先是无言的主角，借助对寨神的集体祭祀，弱化家神，共同饮食加强人群凝聚，同时又将僧侣排除在外。祭祖仪式与佛陀信仰事实上代表了两种不同内涵的观念体系。勐神是勐级区域的政治象征，要宰牛献祭，认同转化成神的地区首领。而佛陀信仰戒律重重，相信个体的修行解脱，在历史发展中佛教成为土司贵族整合各勐意识形态的策略。两者分别象征神权与王权的对立，表现为勐神神宫与缅寺的强烈对应。这一对关系纠缠在一起，反映在傣楼内的双边继嗣原则上，形成傣泐社会双重的宗教—社会类型。在上述大佛爷的陈述中，他便自认为是出家人，缅寺才是他的家。但缅寺又不是俗世的傣楼之家，因而他既属于社区大家庭的成员，又不能作为小家庭的代表与祖先共同分享食物，他只能停留在缅寺中而不能参与到祭祀仪式中去，处于一个模糊的状态之中。

　　而如上文所述，曼景整个祭神仪式所发生的历史性变化，已显示出人群互动形式的改变以及个体的自主选择。在日常生活中，曼景傣泐但凡离家远行、婚丧祭仪、新房落成，必然向勐神汇报以求护佑。有心的傣泐，例如考上外地大学的村干部子女，临行前也会带着蜡条跟着父亲前往波莫家，请波莫向勐神转告请求庇护。外来的租客租用村民的房子时，认真的主人家也会请波莫向勐神代为禀报，祈求不要因此给家中和寨子带来不利。寨中保留的寨神神宫，平日除曼巴汪的村民遇上身体不适会前去求解，或者某些固守传统的村民会按节献祭外，其余时间基本上无人前往。2014 年 5 月咩燕之子结婚前，她特意前往两位波莫家请他们向勐神禀告，并按规矩交付了 600 元现金，以此得到勐神的认可。勐神是现今曼景的大家长，他类似于居民身份证上签证机构的负责人，一座傣楼被视为一个村寨的组成部分，必须要得到勐神的认可。也就是说，勐神作为集体认可的权威，在现实生活中为生者在某一区域的落定和加入提供了证明和方便。当然这些变化都是建立于傣泐"欢"的概念和对祖宗"披"的定义上。

第三节 "欢"的存在与流动

勐神和寨神是傣泐传说中最早定居的祖先，其死后的"披/批"成为庇护一方的神，是影响傣泐现实生活的力量。波莫曾数次强调，1984 年的大风不但刮断罗梭江上的吊桥，也使坝区的许多寨子造成很大损失，这与 60 年代后停止对勐神的祭祀有很大的关系。笔者曾经询问几位村民勐神和佛陀何者为大。所有受访者都不假思索地说："勐神是勐神，佛陀是佛陀。"在傣泐看来这个问题实在是过于幼稚，祖先与佛陀如何能放在一起来比较呢？在傣泐的分类中，"欢"是最基本的一个概念，是人和动物或植物都有的生命力。人死后的"欢"会全部散开，有可能会转变成带有记忆的人格化的"披/批"，人格化的"披/批"不可能再转化为人，但也绝不会成为其他动物，也就是说人之所以为人，是因为人的这种"欢"不同于其他生命的"欢"，人所形成的"披/批"也完全不同于早于人类就已存在的其他称为"披/批"的种类。升级为家神、寨神与勐神的祖先与佛陀唯一相同的地方，在于他们都是人之"欢"转变而来，这也是为何供于缅寺中木制或泥塑的佛陀形象在发生虫蛀或裂痕时，会与村寨的安危联系在一起，要通过仪式来化解。在傣泐的认识中，唯一明确表示具备"欢"这种生命力的植物是稻谷，这很重要的原因即因稻谷的孕育力是傣泐赖以生存的物质保障，而它的生命力象征则与女性的繁衍能力一同出现，即上文曾提及的"雅欢毫"的传说。在此基础上，与人密切相关的某些物品也被视为具有"欢"的特性。有一次因为急于去见大佛爷，笔者骑摩托车就直奔坡顶上的缅寺大殿门口。结果回到住处时，笔者的义姐得知笔者未能将摩托车停放在山脚下，她紧张地表示："你怎么就把摩托骑到缅寺了？你难道不知道傣族只有送物品给死人时才把东西带入缅寺呀？""那怎么办？"笔者很愧疚地问道。"既然是大佛爷叫你去的，那么就带上蜡条请他为摩托车拴线吧，摩托车平时是你在骑，万一它出问题了，就不好办了，不然你以后就别骑了"，她如此回答。笔者赶紧将摩托车骑到缅寺山脚下，再也不敢贸然前行，只好打电话和大佛爷说明情况，大佛爷听后回答道："哎呀，这没有关系的，你又不是来赕，摩托车不会受到惊吓的，哈哈，你汉族还信这个吗？"在笔者的再三说明下，大佛爷才为摩托车拴线，并默念祷词。事情到这里才算平息。与此类似的是，买了新车的傣泐也会请大佛爷为车拴线祝福，一如稻作农耕时对牛的态度。"欢"是被傣泐如此相信和重视的一种抽象的生命力，物因生命力的存在，才能保持旺盛和平稳的状态。下文将以两个仪式的举行再次说明上述与"欢"相关的观念。

第一个仪式是 2014 年 8 月 10 日观察记录的岩罕夫妇为其次女所举行的一个满月拴线仪式。凌晨五点左右，岩罕的母亲起床蒸米饭，天色大亮后，隔壁邻居、道贺的亲友也都逐渐加入协助行列。中年男子聚在一起分切猪肉，妇女在临时搭建于院中的灶台上烧水、炒菜。聚在楼上的老年男女不参与具体工作，只是老妇人会帮助岩罕的母亲准备一些仪式用的物品。仪式举行的场地在二楼内厅的中央，铺着席子的地面上摆放着圆形篾桌，上面放着几个小盆。一个盆内装有煮熟的一整只鸡与鸡蛋、饭团、盐巴、红糖、芭蕉；另一个盘子供来客放置面值不等的人民币，此外尚有杆秤、计算器、笔记簿、葱，以及婴儿的出生证明①、一大卷白色的棉线和捆扎好的十几束棉线。九点左右，寨中公认为最懂仪式祝辞的老人来到现场，所有中年男女便从各处聚集到二楼。主持仪式的老人坐于篾桌后边的最中间，先行细细地看了出生证明上的信息。他的两侧则是岩罕亲友家的男性长者，岩罕和妻怀抱婴儿，其子及其父母坐在仪式主持者的正对面。其余众人皆环绕在侧，席地而坐。主持人从大卷的棉线中抽出一端系于鸡头上，然后将岩罕一家以线圈绕。当主持仪式的老人开始熟练地诵念祷辞时，靠近篾桌最近的人都以右手的食指与中指搭在篾桌之上，其他人则以右手搭在前者的右肩之上，如此全体都串在一起，无形的力量由此贯通一气，棉线内的人因此与篾桌连接并得到众人的祝福。老人诵完祷辞后，这段圈绕主人家的棉线以及桌上那些事先准备好的线匝便被扯成小段，用来拴于婴儿、其父母与祖父母的手上。待拴线结束后，大家再次聚集在篾桌前由主持者念诵一段祝辞后宣告仪式完成，大家各自散去入席用餐。

　　和新房落成时的拴线仪式一样，这个仪式的主要意图是将婴儿的"欢"招至现场，请她享用姆欢上的食物，接受亲友的祝福。篾桌上的鸡虽然事后连同主人单独准备好的蜡条、白酒、香烟、现金一起送给主持仪式的长者，但这只鸡和鸡蛋、米饭、芭蕉、盐巴等都是给婴儿之"欢"与傣楼内成员的"欢"共同食用的，至于篾桌上放置的其

---

　　① 傣语称为"哉达"，是一小方长条形的白布，上面书写着婴孩的出生年月、属相以及由波章取的名字等重要内容。在日后成长的道路上，这份证明都会用到。

他物品，诸如秤、计算器、笔记簿、葱等这些的含义则是明确的，就是希望女孩能够精于持家、会识字、聪明伶俐；此仪式通过亲友向全寨宣告，婴儿有了名字并获得寨内人的身份，她与家人及寨人是休戚与共的。这与上文中提及的傣泐亲从子名的形式是相关的。在拴线的过程中，婴儿作为被祝福的对象处于仪式的焦点，她与其兄、父母和祖父母，以及外祖父母一并获得拴线和祝福，除此之外没有人能再被拴线。但是要特别注意在仪式过程中，婴儿的外祖父母并没有被圈入白线之中，他们的"欢"没有参与共享篾桌上的食物，故个人的"欢"所代表和指涉的个体与群体关系是明确的，因血缘的生物事实而形成的亲属关系因个人的"欢"对共享食物的场合不同，而表现出不同的群体关系，即只有个人的"欢"共享一桌饭菜并共居一座傣楼才成为一家人；即婴儿的外祖父母并不属于这座傣楼内的成员。这个婴儿长大成人后，倘若她出嫁离开这座傣楼，她也照样通过拴线仪式与丈夫及夫家人建立关系，倘若她招夫婿上门，情况亦然。个人的"欢"当然还在，但与该傣楼在世的亲属之"欢"将视上述具体情况做出调整，也就是说，个人有个人的"欢"，人与人的关系是人体之"欢"的结合与分离。总之她出生时的满月仪式，不但是固定自己的"欢"，也是暂时性的将她的"欢"与傣楼中在世者的"欢"联系在一起，并向傣泐社会宣告这一事实。

第二个仪式的起因是寨中一户人家几日前在举行新房落成礼时，请僧侣前往诵经的过程中不慎将摆放在客厅高处的佛像（僧侣诵经时都会带着一尊佛像）碰倒在地，致使佛像上的"光环"断裂。为此主人家特意赶往景洪花费三千多元请回一尊新的佛像送至缅寺，并为此举行仪式，请僧侣为那尊损坏的佛像做出妥善安置。2012年11月20日中午，这家男女主人以及与他们共居的男方父母来到缅寺，先向僧侣们提供他们准备好的中饭。主持这仪式的必须有四位缅寺住持，因而当日附近的曼仑、曼打鸠、曼梭醒三个寨子的大佛爷也悉数到场。用餐后，众佛爷与波章一起在缅寺大殿西侧的一块空地上之四角插上达寮，并以蔺草编织的哈秋和棉线围成一圈。在每一角的达寮旁也都摆放一个很小的篾箩，内中装有蜡条、米饭、青菜、苹果，以及矿泉水。那尊受损的佛像，包括断裂的"光环"摆放在篾桌上，并置于这个四方形场地的中央。准备妥当后，先由波章跪在东南角引导一段诵辞，之后四位大佛爷开始大声诵经，依顺时针方向依次在各角诵念相同内容的经文，最后又回到起始的这个角再念一遍以为总结。主人家都跪在东侧，在大佛爷诵经的过程中不时"滴水"默念。诵经结束后曼景大佛爷捧起装有佛像的篾桌走向大殿南侧的一颗大菩提树下，其他大佛爷以及主人家的男子尾随在后，手拿刚刚用过的达寮、哈秋，还有那些装有饭菜的小篾箩。上述所有物品就摆放在菩提树下，整个仪式过程宣告结束。

大佛爷在仪式结束后，半开玩笑地解释这是为菩萨送葬。那棵菩提树下的范围就是类似这些残损佛像的"巴魁"。在所有村民的认知中，这个区域平日无人敢接近，笔者也被反复告之不要进入那片区域，村民认为那里有"批"（另一村民直言为鬼）。当然那片区域的草木是从来不会去砍伐的。这个结果似乎看起来已经再清楚不过，佛像是佛陀肉身的代表，具有灵性或者说是具有"欢"的物。因而当招致意外破损之时，就必须通过仪式对其重置。也就是说宣告物"死亡"的同时，其"欢"需要另行安排。所以和人类的死亡一样，破损的佛像被放置在菩提树下，宣告肉身的废弃，其"欢"散失。仪式中虽然没有拴线这一行为，但"哈秋"和棉线事实上就起到隔离的作用，意味着已经切断人之"欢"与佛像之"欢"两者间的关系。这样的象征行为遍布在很多的仪式之中，例如鼓房中被替换下的大鼓，也会以同样的方式以草绳和棉线、达寮围起，隔断供奉这个大鼓之人的"欢"与大鼓之"欢"的联系，并由大佛爷敲断大鼓上的木楔，宣告大鼓"死亡"。

简言之，"欢"是不死不灭的。人在出生的时候，就带有32个大"欢"、90个小"欢"，每个"欢"分管人的不同行为。一个人自诞生的那一天起，便在"欢"的层面上与其共处一个傣楼屋顶下的成员建立联系，还通过举行盛大的满月宴会得到群体的认可；在今后所要举行的婚礼仪式中，个体的"欢"也要与配偶的"欢"以及同一个屋顶下的成员建立联系；直至个体离开家的群体和社区的群体，告别这个世界时，照例要通过仪式切断生者与死者之"欢"的联系。"欢"一旦从人的身体中完全散出，活人就成为死者。散掉的"欢"前往何处？傣泐没有明确的回答，只是说生前努力做赕的人死后就会到达"勐法"（直译为天国），作恶的人则前往地狱，可这分明是善恶观念，而人的"欢"仍然是人的"欢"，不会成为别的。

逝者在墓地火葬后，是否有"欢"停留在墓地？栖息在傣楼中"梢召"上的"欢"是什么？在缅寺接受祭祀的"欢"又是什么？受访的傣泐一时间也不知如何回答，想了好久才说，也许是因为人有很多的"欢"，所以它分散在不同的地方。那么"披/批"又是什么？傣泐解释为鬼，在没有出现人类之前的世界中就已存在，可是鬼也有好坏之分。本书用"披"和"批"来区分，前者倾向于善鬼而后者则有恶鬼的意思。总之，人死后有多个"欢"转换成"披/批"。如此似乎可以理解为，"批"虽然和"欢"一样不被看见，但"披/批"不是抽象的生命力概念，而是人格化的"实体"。人的"欢"所转化来的"批/披"和这个人生前一样，带有人生的经验。人死后的"欢"会散开，"欢"也会重组为人，人的某些"欢"会转换成"披/批"，但是

"披/批"是不会变成人的，因为那已经是一个"实体"的存在。人因为善死与横死的不同，就会有"披与批"之好恶区别。在傣渤的日常生活中，一个人身体感到不适，可能是因为"欢"遭受的惊吓而导致分散，也有可能是遭受恶"批"攻击而遭受伤害。祖先之"披/批"所具有的庇护能力，概因其生前的表现而使生者对其表达出一种崇拜。佛教传入后，因为政治权力等诸多因素，对祖先之"披/批"的崇拜便升级为神的地位，与佛教的某些概念糅合在一起，勐神与佛陀固然不能并列比较，但本质上他们都是人。

"披/批"和"欢"的共性是不灭不散，四处流动，它们最可能停留的地方是森林之中。那些在这片土地上逝去的英雄人物和早期首领，其死后的"披/批"被认为停留在某棵树上，傣渤为便于祭祀而建造供其降临的神宫。记忆中明确的父母及祖父母之"欢"则留在傣楼的某根木柱上，他们都因为庇护力而成为傣渤崇拜的神灵和祖先。例如明末清初著名的农民将领李定国在抗清斗争中最后死于现今勐仑所属的勐腊县后，就升级成为当地的"召法"（直译为天王）①。很可能这种对首领显赫事迹的追祀，受到中原王朝的观念影响。但问起傣渤关于傣楼中的"家神"（"家披"）是谁时，如果是居住在一座老傣楼中的人，他会回答："太多了嘛，打比〔比如〕我就是出生在这里的嘛，我呢〔的〕爹妈、我爹妈呢〔的〕爹妈等等，就是你们汉族说的老祖宗，世世代代都在这里了。"若问起那重新择地建房的年轻傣渤夫妇，其傣楼中的"家神"是谁时，他则回答："哎呀，这就是老祖宗了嘛，也说不清楚了。"这位年轻的男主人之所以一时回答不上，可能是他从没有考虑过这个问题，倒是他的妻子回答道："就是

---

① 中国人民政治协商会议云南省勐腊县委员会编《勐腊文史资料（第一辑）》，2003，第91页。

我们的老祖宗嘛，打比〔比如〕我们两个是自己重新建盖新房一起在〔居住〕，我是曼峨〔嫁〕来的，波陶〔她丈夫〕是曼景的，这个〔家神〕就是他那边的爹妈了。"不难理解，对于另建新居的傣泐夫妇看来，他们傣楼中的祖先一般都是其中一方的父母之"欢"。虽然按理父母之"欢"是留在老傣楼中的，但是对于新居夫妇而言，却需要变通一下。现实生活中，除了父母和祖父母或外祖父母外，傣泐对此不做记忆也不再提及。也就是说傣楼中的祖先可以粗略地分为专指父母的"近祖"和父母以上的所有"远祖"两个群体。

总之，"欢"是不灭且流动的。升级为寨神或勐神的祖先，傣泐对其进行集体的祭祀，随着时间的推移，仪式也会发生重新调整。每一座傣楼中的家神都是家中在世的最长一辈的父母，所有在傣楼内去世的夫妇都随着三代之内的变化成为近祖和远祖。远祖成为一个集体群，傣泐的日常生活与他们基本无涉，后代很少再去缅寺献祭，也并不关心这些"欢"的去向。对近祖的祭祀则在缅寺中定期进行。

中原王朝的羁縻之制深刻地影响傣泐社会的土司贵族阶层，而南传佛教的传入，则因土司贵族的作用，有效地塑造傣泐平民社会。傣泐"欢"的观念表现在人群纵向与横向上的组织联系，从傣楼这一单位的基本组合来看，确实体现出某种"家庭养老模式和家神祭祀制度"的原则①。通过傣泐男子出家为僧的制度安排，傣泐社会被有效地整合起来。缅寺不但是傣泐祭祖的场所，也是傣泐男子度过青春期，接受社会化的场所，而进入缅寺的男子一般是要回到村社之中，建立家庭、陪伴父母、祭祀祖先。接下去将通过佛教仪式中个体/群体的实践行动，进一步理解傣泐的观念及其家的存在。

---

① 参见章立明《结构与行动——西双版纳傣泐家庭婚姻的社会性别分析》，人民出版社，2011，第 70 页。

第六章
家的过渡：僧侣与持戒
老人的身份转换

南传上座部佛教在西双版纳传播与立足的过程中，在土司贵族阶层的认可与扶持下，与傣泐社会的政治、经济、文化制度发生紧密的勾连，并自上而下地嵌入每一个傣泐村寨之中。傣泐在"欢"的观念和祖先崇拜的基础上，逐步将佛教信仰整合进村寨的日常生活之中，对现实的生产劳作做出妥善安排，完成人群的分工与合作，并成全傣泐自身对终极世界的想象与达成。在此意义上而言，缅寺作为傣泐理想之家的过渡，是到达完美世界中的一个转换之地，是介于现实的傣楼之"家"到达理想的天国之"家"的中间居所。而对这一社会秩序与精神家园建构的主体正是傣泐自身，尤其是反映在僧侣与持戒老人群体上的个体与群体的身份统一，以及时间与空间的社会呈现。

第一节　曼景的缅寺与僧侣

起源于印度的佛教何时传入西双版纳至今尚无确切的资料证明。

虽然在傣族的历史传说中提及，各个勐或寨子的建立都有佛陀①留下的足迹和事迹，但这些如同远古时期的传说一样，大多是后人以佛教所描绘的世界，对现实所抱持的一种想象和美好愿望。在某些口述历史中，当时有两位佛徒从泰国北部的景迈出发，到达缅甸的景栋后，分成两路传教，一路主要在西双版纳的江左境内，并跨江往北建立佛塔和寺院传播教义；另一路则到达景洪，在江右活动一直到达老挝孟星。两路传教者虽秉持同样的教义和戒律，却又因各自在不同的场所接受供养和所持戒律的松紧不同，而分为"坝""孙"两派，前者指的是山林派，后者则是园林派。西双版纳的佛教属于孙派，直至 1956 年前全州有 465 个缅寺、41 位祜巴以上的长老、689 位佛爷、4300 位和尚②。西双版纳的佛教僧侣一般分为八个级别，从低到高依次为"帕（沙弥）、都（比丘）、祜巴（都统长老）、沙米（沙门统长老）、僧伽罗阇（僧主长老）、松列（僧正长老）、帕召祜（阐教长老）、松列·阿戛牟尼（大僧正长老）"③。土司制度废除后，与贵族阶层对应的僧侣级别序列也随之简化，2016 年 2 月，在西双版纳总佛寺隆重举行了"帕松列""帕祜巴"升座法会，松列是目前西双版纳南传佛教的最高位阶。村寨佛寺的僧侣一般分为帕（小和尚）、都（佛爷）两级，曼景最近四十年来没有升级为祜巴的僧侣。傣泐男孩在成为"帕"之前，要经过一段时间长短不一的实习期，其身份称为"科勇"，实习期结束后，在每年六月中旬进行隆重的赕鲁叫（升和尚）

---

① 佛陀指的是释迦牟尼佛，意为释迦族的圣人，他有一名叫"乔达摩"（巴利文 Cotama），真名则是"悉达多"（巴利文 Siddhattha）[详见季羡林《季羡林学术精粹（第二卷）》，王岳川编，山东友谊出版社，2006，第 7 页]。傣泐僧侣尊称佛陀为"帕召果塔马"，称得道前的太子"悉达多"为"悉达塔"，太子的前世为"维先达腊"，普通信众一般仅以"帕召"指称佛陀。

② 西娜岩香宰：《说煞道佛——西双版纳傣族宗教研究》，云南人民出版社，2001，第 171~186 页。

③ 姚珏：《云南上座部佛教五十年》，载《佛学研究》，2003。

仪式，至此科勇才成为正式的佛教僧侣"帕"。

傣泐村寨的缅寺大多建在村寨边缘的小山包上，佛塔也大多分布在村寨之间的山顶上，皆与村寨傣楼保持适当的距离。在土司时代，缅寺及僧侣都依照一定的等级秩序被组织起来。形式上傣泐最高首领所在的景洪，其缅寺即为最高级别的总佛寺，各个自然村寨的缅寺之上则有一座中心佛寺，几座中心佛寺之上即为勐一级的大缅寺。如今各个缅寺是其所在村寨或区域内傣泐信仰实践的重要场所，各缅寺之间并没有行政统辖关系，这与每个勐或每个寨都有各自的勐神或寨神是一样的道理。按照佛教的组织，中心缅寺的住持每十五天要集合各村寨缅寺的住持在中心缅寺的戒堂中护戒持戒。也就是说只有中心缅寺才有戒堂。一位傣泐男子要成为小和尚，只需在自己寨子的缅寺中即可完成相关仪式；而他若要升为佛爷时，则必须要到这个区域内的中心缅寺的戒堂中才能实现晋升仪式；大佛爷若要晋升为祜巴，则须得到景洪总佛寺的认可，在大缅寺晋升。僧侣若要还俗则依据他的位阶在不同的场所进行相关仪式。

曼景缅寺旧称"瓦竜景"①，是勐仑坝区的中心缅寺。曼景缅寺建于何年，对此村人已毫无记忆；大约是在 1958 年被毁后于 1983 年重建，仅为一间草房。其时寨中老人在商议后，从景洪和勐罕（橄榄坝）请来大佛爷主持缅寺的日常工作，此时入寺为僧的傣泐男子最多时聚集 60 余人。此后几经完善，代以较大的木料建盖大殿，其间入寺的男子人数逐年减少，基本保持每五年一届（20 人左右）的频率。如今的缅寺被命名为"巴裴佛寺"②，于 2014 年落成，是村民几经讨论

① 直译为城子大缅寺。在相关部门核实颁发的证书中，登记在"宗教场所"一栏的就是这个名字。
② "巴裴"意译为长满刺竹的地方。这个傣语和汉语复合的名字，相较之前的名称，似乎更为强调寺庙的地理位置，而不再强调其原先中心缅寺的地位。

后，约请本寨留学泰国的"康朗"设计。新建大殿是以大型木料为框架的砖木结构，里外装饰一新，通体金碧辉煌。为此曼景村民不分男女老少每人出资 1100 元，并获得若干外界赞助，共耗资 180 余万元。在旧址上新建的缅寺位于寨子西南面的山坡上，与寨子之间隔着主干道。山坡的东面因地势较高，种植茶叶和泡果，泡果出售所得可做缅寺僧侣的日常贴补之用。西侧则平缓舒坦，篮球场、演出舞台、村史馆都集中在此。西北面的另一个小山包，本是僧侣的墓地，如今辟为停车场供村民所用。在属于宗教场所的地界内，除供奉佛陀的大殿，还有佛塔（新塔）、戒堂、鼓房、斋堂，以及上、下两层的僧舍，都是最近七八年来在村干部的支持下依靠全体村民逐一完备的。从缅寺提供的现实功用而言，这里是曼景傣泐祭祀祖先、寻求"自度"的场所，也是傣泐接受本民族文化、传承宗教经典的场所，是曼景不可或缺的一部分。

与曼景缅寺建筑的不断翻新建造，以及对周边场地的开发利用相比，缅寺中小和尚人数的起伏涨落更能反映出傣泐自身在当时当地的各种因素影响下，做出的不断调适和应对。2008 年缅寺有 10 多位本寨的小和尚，到 2013 年这些十七八岁的小和尚全部还俗后，缅寺陷入"招收"不到小和尚的危机，寨中老人只好想方设法从缅甸"雇请"两位小和尚。但这终究不是长久之计，老人商议后觉得只要将缅寺修好，能提供更好的生活学习环境，村民还是愿意将孩子送入寺院的。果然在 2014 年缅寺重新修建完成后，本寨便有 8 位初中毕业的男孩进入缅寺。

这 8 位本寨男孩因为已经完成九年义务教育，因而在进入缅寺后的预备阶段（上文提及的"科勇"阶段）到成为正式僧侣之间的时间就缩短许多。进入缅寺实习的这些男孩由波章剃去头发后，穿着和普通人一样的衣服住在缅寺中，学习基本的缅寺礼仪、傣文字母；半个月后他们便举行"升和尚"仪式，正式成为佛教僧侣。升和尚仪式的第一天，每位男孩的头发和眉毛由波章或大佛爷刮除，此后他们仍留在缅寺之中。第二天亲生父母前来迎接各位男孩回家吃饭，之后他的"教父"将他迎往家中，在客厅铺设好席子供他休息；下午三四点的时候，男孩的父母亲属及干亲一起为男孩与其教父举行拴线仪式，正式确认两者的关系，之后男孩换上干爹为其准备的白色上衣和黑色裤子，并以纸糊的金色盔甲和头盔装扮一新。竹子和棉絮做成的"白马"摆放在皮卡车的车斗中，他骑在白马之上，一路被簇拥着送往寨子的中心广场，在波陶勒的主持下，接受村民的布施与祝福；之后便由教父背往缅寺，吃住都在大殿之中而不能自由走动。若要离开大殿则由教父背着前往；晚上村民还会聚集到此，听赞哈演唱助兴，持续到凌晨。第三天男孩便早早地起来洗漱沐浴，换上袈裟，在缅寺大殿接受住持大佛爷的授戒仪式和村民的布施祝福后，缓步走回僧舍。在这之后的三天内，他们不能沐浴、过午不食，要安静的闭目诵念佛号或打坐冥想，若要走动，则以后脚脚趾抵着前脚脚跟的步伐行进。如是三天后仪式算是圆满结束，从此便成为一位正式的小和尚，以寺为家，接受村民的供养，也不能跑回家中住宿过夜。

上述升和尚的仪式过程是笔者与这些小和尚交谈得知的，更多的细节因未能在现场观察而无法细致描述。但其象征意义是很明显的，即傣渤男子模拟王子（佛陀）离开家人进行修行。男子身穿的纸糊金色盔甲和头盔就是王子的形象。在土司时代，最高首领宣慰使一样也要象征性的出家，获得最高级别的佛教名号，成为王权的代言人。在平民傣渤看来，亲生父母因为将自己的儿子奉献给寺院，将获得无上的功德；他的教父为此准备的所有物品和提供的陪伴也将获得很大的功德；而参与仪式的所有村民，也通过布施财富积累属于各自的功德。因而在不同时期，不同的傣泐阶层对佛教信仰实践有着不同的动机，仪式的形式可能会发生较大变化，但其表达的含义和社会意义是相对稳定的。

　　传统上傣泐男子出家为僧有一定的时间安排。傣泐男子的一生，是从七八岁时暂时脱离出生之家进入缅寺时开始的；之后经过他本人不断地学习和努力，一般在二十岁之前，即在他将要晋升为佛爷的时候，他便面临人生的第一次重大选择，是还俗回到出生之家，结婚建立自己的家庭？还是成为佛爷再还俗取得"康朗"的名号后建立自己的家庭？抑或继续晋升为大佛爷，成为缅寺的住持，直至更高阶位的祜巴而脱离自己所在的村寨，无缘婚姻和家庭？傣泐男子若能成为大佛爷，那是备受尊敬的，倘若能升至祜巴级以上的长老，更是相当的荣耀。当然要成为一位祜巴，除具备一定年限的出家时间（佛教称为"戒腊"）外，还要通过相关的理论考试，并获得信众的一致认可。祜巴在某种意义上也是政治身份的象征，对现实的影响力不容小觑。多数僧侣的选择是在成为大佛爷前便还俗回家。从村民的眼光看，成为住持或祜巴固然令人赞赏，但这只能是极少数人才能达到的程度，对于村寨成员而言，出家本身并不是目的，而是学习的过程，完成俗世的责任和义务，才是人生圆满的开端，因而个人最终的宗教追求需要通过在不同阶段中、在不同的"家"的过渡中一步步实现。

　　曼景佛寺住持①的成长轨迹，可说明傣泐男子所面临的现实处境与行为选择。1983 年出生的他是土生土长的曼景傣泐，曼景缅寺前后已经度过 15 个春秋。在他很小时遭遇父亲去世、母亲改嫁的不幸，由

---

　　①　住持在 2019 年 3 月的泼水节前还俗，接任者尚未遴选。

爷爷抚养成人。爷爷去世后便跟随叔叔婶婶一家生活。十多岁时入寺当小和尚，同时接受九年义务教育，并在之后考取景洪民族中学。原本想就此努力考取大学，但因为当时曼景缅寺的僧侣已经不多，且无人能担任大佛爷一职，作为勐仑坝区的中心佛寺不能因此没有寺院住持，因而在老人们的恳请下他放弃 2006 年的高考返回寨子，经过一段时间的学习后正式晋升为大佛爷，成为曼景缅寺的住持。大佛爷性情温和，寡言少语，在我们长时间的交流中，他多次表达意欲还俗的念头，但每次提出也都在寨中老人们的恳请下延宕下来。此后因为村民生活条件的极大改善，寨中商议后为他配备小轿车，便于他外出诵经、开会和远游。村中老人认为，大佛爷身世不幸，家境一般，还俗后要建立自己的家庭并不容易，但只要他本人愿意，以他的学识与能力，又是本寨成员，长期住持缅寺不但日常饮食起居都由全寨供养，勤俭一些每年还能有三四万元的积蓄；待后续的新人成长接班后再还俗，这于公于私都算两全其美。对于大佛爷本人而言，寺庙毕竟不同家庭生活，虽然饮食上除不能饮酒外其余基本无禁忌，但最难逾越的仍是对世俗生活的向往。寻得意中人共建家庭是每个傣渤所向往的美好生活。他感叹自己年龄越来越大，与他同龄的傣渤男子大多已经建立家庭并有子女，按部就班的过活，他难免显得有些着急。2014 年他拿出自己多年的积蓄和一位朋友共同经营一家广告公司，却遭遇失败。在这一年的开门节后，他带着村民供奉给他的一些日常生活用品和食物，去探望改嫁在景洪的母亲，在傣渤社会中，这一行为称为"苏玛"，即晚辈向长辈忏悔，为自己对长辈的疏于照顾或冒犯请求长辈的原谅以及祝福。回到寨子后他表达道：他每日想到的是如何为死去的父亲求得解脱，以及如何为辛劳的母亲祈福，引领她走上通往美好世界的正途。他也不忘再次表达想还俗建立自己家庭的意愿，他认为只有建立家庭，才是人生圆满的开始，也才会更加坦然地接受佛陀的指引而成为完美世界的一员。

在一个傣泐村寨中，并不是希望出家人就此了却尘缘。而是在社会制度的设计上，让年轻人在寺院中度过青春期，并成为有文化、有修养的社会人。一个尚未度过青春期的男子既不能担负体力上的辛劳，也还不能担负起人生的责任，而进入寺院学习、修行是最好不过的选择。况且修行之路本就是漫长而艰辛，需要个人一辈子的努力和亲友的助力。因而每一个入寺当小和尚的傣泐男子在此阶段中都得到全寨的供养和教父的帮助。

在村寨的日常生活中，缅寺僧侣的主要职责是为村民提供宗教服务，小到为婴儿取名、为患者驱邪，大到为落成的新房及其主人祈福、为逝者诵经超度、在每年三次的节日中为逝者家人"传递"祭品，以及护佑整个村寨的平安。简言之，他们是超自然存在的沟通者，让生者的"欢"得到妥善的保护，使流动的"披/批"获得安抚。一个小和尚的成长，就是在频繁的仪式中学习这套程序，并潜移默化地接受这套思维方式。能成为大佛爷的僧侣，基本上对所有实用的经文已经烂熟于胸，并因其对戒律的持守而成为村民修行的引领者和佛教的代言人。还俗后的大佛爷也能选择成为波章，继续为寨子提供服务，并照顾新一代僧侣的饮食起居和敦促他们的学习修行。波章不但是缅寺中最具"实权"的人物和大佛爷的得力助手，还因为他当过大佛爷，受过完整的训练，在缅寺或村民家中举行的一切仪式都少不了波章，有时甚至可以没有僧侣亲临，只需波章本人即可单独完成。比如简单的驱邪仪式，波章虽然没有任何宗教身份，但因为他有相关的驱邪经验，并能诵念经文而能单独操作。从某种意义上言，当过佛爷的傣泐男子因为具备应付各种"披/批"的能力，也因此而拥有相当的灵性。

与之相比的波莫是显然做不到的，因为从对象上，波莫仅对应于明确的祖先之"披"，而无力应对其他各种来源不明的恶"批"，波莫与波章是分属于不同体系的。笔者曾为了访谈邻寨的一位波莫而去请他居住在曼景的儿子代为接洽，几天后他转告因为他父亲前几日在主持仪式时不小心受伤而在卧床休养。问起缘由他回答说："波陶（指他父亲）寨中的人想在寨子的边角处盖一临时建筑，就请波陶去帮忙念念（念诵祷辞）把那些不干净的东西赶走。结果不知道怎么回事就突然摔倒，站都站不起来啦。"他接着说道："之前已经发生过一次了，我就说给他（告诉他）这不是你做的事情，只有大佛爷或者波章才可以做的嘛。那么大年纪了只要管好'色勐'（勐神）就是了嘛。"傣泐在择地盖房的环节上，不论盖的是临时建筑还是傣楼，必须请僧侣对选择的宅基地进行驱邪；这位波莫所在的寨子因为几年前的一场火灾烧毁缅寺至今再未复建，所以除大型的仪式要借助其他的缅寺和僧侣，小的仪式就直接请波章来完成。可是这次因为波章太忙，村民便想当然地请波莫代劳。波莫因为经受不住村人的恳请以及那一点现实的回报，便擅自行动而导致这样的结果。虽然没有人可以肯定他的摔倒是因为他"法力"的不足，但因为类似事件的发生已是第二次，才引起大家的注意，他们才将此事件归纳为"各主其事"的必要。

曼景波章不但自身经过良好的训练，熟练掌握各种仪式的经文，他在做大佛爷时就是现任缅寺住持的"学长"，只是因为个人的选择而回归为寨中一员。被村民推举成为波章之后，除负责管理缅寺的日常运行外，小和尚的日常学习、生活起居要他指导，每次仪式过后所积留的物品由他妥善处理保管，在大型仪式的举办中他还要与别的寨子沟通，协调僧侣安排等。2014年开门节到来后，他挑选出两位小和尚送往昆明附近的云南佛学院，接受进一步的学习。波章作为整个村寨佛教事务的总管，他也因此获得一份报酬，虽然这个报酬的比例只不过是缅寺所有仪式赕品的五分之一。在他的组织之下，尚有四位老人常年在寺院帮助除草、绿化、管理水电等。那些正式皈依"三宝"的持戒老人，尤其是那些热心佛教的老年妇女也一起维护寺院的日常运转。

总之，在以家屋为单位的傣泐村寨中，曼景缅寺是傣泐家庭的延伸，它是全体村民祭祀祖先和老人持戒修行的场所。同时也是傣泐人生的过渡之处，傣泐男子从入寺开始就意味着脱离现实的出生之家，迈出通往完美世界的第一步。与男子同龄的女子虽然不能出家进入缅寺，但却与母亲习得很多生活的技能，她们是傣泐宗教信仰的根基。小和尚的父母将他奉献给寺庙，而小和尚的干爹或干妈则提供重要的物质支持，傣泐村寨的社会秩序大体如此，而个人也在此间寻得人生的道路与意义。

第二节 关门节中的赕"宛星"

佛教思想中对人生有着前世、今生和来世的观念，人是在不同的时空中轮回的，佛教就是要帮助人从中解脱，不再受轮回之苦。这种思想与傣泐"欢"的观念有很大的契合度，即人的生命力是永生不灭的。傣泐的南传上座部佛教信仰，其佛教知识主要源于巴利三藏（巴利语 Pitaka）① 经典；强调的是以佛陀为榜样，通过完整的"般若蜜"渐次修持，积累点滴功德"奔"，以期解脱轮回到达最高

---

① Pitaka 的傣语发音为"必达嘎"，指的是包括《律藏》（音译为"维乃必达嘎"Vinaya Pitaka）、《经藏》（音译为"苏点达必达嘎"Sutta Pitaka）、《论藏》（音译为"阿毗达摩必达嘎"Abhidhamma Pitaka）在内的巴利三藏，分别对应于戒、定、慧。每一藏都包含若干内容，尤以《经藏》内容最为庞大，分为五部，其中本生（jataka）即属于"小部"。

之涅槃境界。一般信众所持有的"业"，以及与此密切关联的"功德""善恶""轮回"等观念，与记录佛陀生活经历、修行觉悟等故事的《本生经》（巴利语 Jataka）之传播、阐释有着密切关系；功德的积累与持戒、坐禅的实践，是修行的主要方式。功德的获取方式是"赕"，赕意译为布施、供奉，是傣渤村民向佛陀奉献财物以积累功德的重要实践。在广义上，只要涉及获取功德的馈赠行为或仪式都可以称为赕。

赕所换回的功德，在最低程度上指的是今日所做的布施，正是未来归属自己享用的所有。在傣渤看来，赕首先就是一种准备，一种为未来所做的积累。根据赕的对象、时间、地点和缘由有许多的名称；赕也可以理解为"祭祀"或"仪式"。所有与此相关的各种赕大多在缅寺进行，特别是关门节（雨安居）三个月内的赕"宛星"、赕"坦"、赕"玛哈邦"、开门节后的赕"毫苏玛龙"；不限于本寨子的赕塔，因傣族男孩入寺做和尚的赕"鲁叫"；因高兴或不顺利而在家做的赕"姆毫刚很"、赕"很"；因个人疾病在家或缅寺中进行的赕"毫撸祸朴甲"；还有很重要的在缅寺中举行的赕"萨拉"和赕"转滚呆"①（见文前彩图 15）。傣历新年（泼水节）、关门节和开门节，都包含上述某些或简或繁的赕（见文前彩图 16）。在三大节日的集体赕中一般也有非常重要的"苏玛"（忏悔）仪式（见文前彩图 17）。寨中人群的集结和行动、个体在寨中所处的位置及权威的获得、不同寨子间的互动和连接，都可以通过赕这一仪式看到其实在的社会意义，这也很难将这些名目繁多的赕以一个标准来区分成何为宗教的，何为民俗的，只能大略说所有赕的动机都相信彼岸的存在。在赕的仪式中，僧侣会诵念一些经文（如吉祥经），在关门节期间，诵念最多的是佛

---

① 艾罕炳：《西双版纳傣族赕文化》，云南人民出版社，2010。

本生经，这些经文是关于佛陀的前世传说，是傣渤效仿的行为。傣渤认为当下的努力不仅是吃饱穿暖，更是要为来世做好储备，这种观念也并不相信坐享其成是可能的，而是愿意踏实勤勉的努力，不断地奉献和布施来获取个人的功德，以到达终极的归属。

表6-1按时间顺序列出了曼景一年中固定的赕佛仪式。在村民眼中，这些仪式分为集体与个人两种形式。傣历新年、关门节及开门节是集体赕佛的主要节期。在这三大节期中，所有村民不分男女老少都会前往缅寺祭祀祖先、供奉"三宝"（佛法僧）、祈求平安。追思、赎罪、获取功德是基本的动机。

在为期三个月的关门节中，除诸如赕"坦"、赕"宛星"等主要的集体宗教仪式外，针对个人所进行的规模甚大的仪式有赕"玛哈邦"（傣历十月十五日）和赕"萨拉"。赕"萨拉"指的是由逝者子女为逝者举办的周年祭仪式，主要的是为逝者供奉一座"帕萨"及大量财物；赕"玛哈邦"仪式则是举办者为本人的未来归属所做的提前准备。虽然傣渤对于逝者不立坟墓、不设标记，火葬掩埋之后即不再前往祭扫，但每年三次他们都要前往缅寺祭祀，即赕"转滚呆"。只要是共居一座傣楼中的善死者都会是祭祀的对象，期望这些"披"能为活着的人带来庇佑。祭祀近祖可以说是所有固定的赕中最为重要的，且无法忽视的仪式。祖先虽没有被凸显到极为重要的地位，但不论傣人身居何处，寿终正寝的祖先之"披"会一直伴随在侧。而只要有缅寺的地方，不论祭祀者的出生地为何处，他都能在此向逝者送出祭品、表达哀思、求得平安。因而从某种意义上言，缅寺为傣渤确立一个基本的概念和范畴，这种为所有人认可的概念和范畴使得所有人可以达成一致，进行沟通，并在不同的情景下使得人群可以聚集起来而不致分散。

表 6-1　曼景一年中固定赕佛仪式

傣历	公历	节日	内容	人员	地点	备注
六月	4 月	泼水节	赕转滚呆	曼景全寨、僧侣、波章	曼景缅寺	祭祀祖先
七月	5 月					
八月	6 月		赕鲁叫			升和尚仪式
九月	7 月	傣历九月十五日关门节——十二月十五日开门节　此间三个月内为佛教的"雨安居"	赕转滚呆		曼景缅寺	开门节和关门节各一次
			赕宛星	小组成员、老人、僧侣、波章		每 7 天一次，向"雨安居"持戒的僧侣和老人布施
十月	8 月		赕玛哈邦	个人及其亲友、老人、僧侣、波章		个人为来世所奉献的所有物品，傣历十月十五日举行
十一月	9 月		赕毫苏玛龙	曼景全寨、僧侣、波章	缅寺旁的大树下	为砍伐的树木及食用的植物所做的忏悔
			赕些	曼景全寨、僧侣、波章		为被误伤和被杀的动物所进行的忏悔
十二月	10 月		赕萨拉	死者家属及亲友、僧侣、波章	曼景缅寺	死者家属为逝者举办的周年祭仪式
			赕坦	曼景全寨、僧侣、波章		供奉经书
一月	11 月		赕老塔	曼景全寨及周边傣泐	曼景附近山上	
二月	12 月		赕新塔	曼景全寨及周边傣泐	曼景缅寺旁	曼景勐神的祭祀也在傣历二月
三月	1 月		赕曼哈过塔	曼景老人及周边傣泐	曼哈过塔附近	
四月	2 月		赕曼梭醒塔	曼景老人及周边傣泐	曼梭醒塔附近山上	
五月	3 月		赕曼打鸠塔	曼景老人及周边傣泐	曼打鸠塔附近山上	

下文记录的是曼景一年中为期三个月的"关门节"中，每七天一次的赆"宛星"仪式。通过这个仪式的组织，可以看见人群如何集合起来达成合作与交流。

傣泐的生产、生活依傣历行事，傣历九月十五日至十二月十五日的三个月是佛教的雨安居，俗称"关门节"，傣语称为"毫瓦萨"，是传统农事上水稻生长的季节。僧侣和老人会集中精力在寺庙中诵经、修行，僧侣在日落后也绝对不许离开缅寺四处闲逛。傣历的每个月分为上下十五天，每七天为一周，从周日到周六分别是宛骚、宛迪、宛尖、宛刚、宛泼、宛趴、宛索，不论上下，第八天就是关门节中的宛星。"星"是戒律的意思，所以"宛星"直译为"戒日"。在戒日当天的前后几天中，轮值的小组便要准备负责供养僧侣，并前往缅寺礼佛听经。各小组的轮值秩序一般在开门节的第二天由各小组的组长在寺庙中抽签决定。曼景人口较多，早先就编排成十组，之后人口的增减都是在这十组中调整，村人因此又称关门节为"十家节"，即全寨人员分为十组，轮流供养缅寺一次，直到"开门节"（傣语称为"凹瓦萨"）的到来。

因为赆宛星的需要，全寨成员在这三个月内的集结非常频繁。每一大组人员的结合基本上是寨中某个区域成员的会合。本书记述的这一大组共有24户，在每一年的赆宛星中，这24户轮流当值组长，当值的组长与组内其他3户一起负责该次活动的大小事宜，如此计算下来，当值组长要六年一轮，具体到每一户当值则要二十四年一轮。同时这个群组还是寨中其他公共事务的承担单位，比如对佛塔的修饰、缅寺基础设施的建设，以及架桥铺路、整修水井等，全体组员都会出钱出力。

赆宛星的第一天，各家的代表（主要是妇女）在组长家集合讨论第二天供奉寺庙的各种物品，以及组员当日的饮食菜谱，并顺带制作粽子①。每户人家出资 100 元，这些现金是全部布施给缅寺的；购买用以制作供品及团体聚餐所需的费用等，每户另收 50 元，如有结余则滚至下一年使用。

第二天早上五点多，数位妇女集中到组长家生火蒸饭。早点是买来的米线以及自己做的浇头备放在桌子上，陆续到来的其他组员可以随时自取。随着人员的陆续就位，大家分头忙碌各自手头的事情。十点半左右，大佛爷及所有僧侣来到组长家的二楼内厅入座，承办此次赕的四户女性主人跪在众僧侣面前，接受僧侣给予的感谢和祝福，之后各自入席用餐。当日的菜单如下：清炒泡笋、凉拌山黄瓜丝、番茄炒豆腐渣、碳烤鲜猪皮、油炸猪皮蘸番茄酱、刺五加蘸剁生、排骨炖酸笋、碳烤罗菲鱼、蒸肉。除僧侣就座的席位外，每桌还配有自酿的苞谷酒、茶水，主食是米饭。当日共有 9 桌，每桌 8～10 人不等。年轻的男性几乎都是到了饭点才来用餐，大多是因为很早就要去胶林割胶，而且准备工作似乎大多不适合年轻男人来做。就餐时，楼上坐的是年长的男性和僧侣，楼下的以不同年龄的男女分坐，儿童也是单独一桌。

僧侣用餐时间很短，不过半个小时便食毕告辞离去。年长者一般也简单吃完后便返回家去，若是持戒老人则前往缅寺。在座的中年男子偶尔喝上几杯，妇女聚在一旁拉扯家常。在与一位中年妇女闲聊时，她说小时候非常期盼能够过赕（这里的赕在她的表达中，是个"节日"），因为传统上关门节所处的时间是水稻生长的季节，农事极为繁忙，平日没有太多的时间煮食聚会。同时丰收的季节尚未来临，要

---

① 粽子在很多大型的集会中都是必备食物，一来制作简单，尤其是供奉寺庙的粽子，无盐无油无任何添加。二来携带方便，蒸熟即可装进篾箩挑负上庙。

在开门节后才有新谷入仓。所以借助赕宛星的机会，大家便要好好地准备，制作粑粑、包粽子，作为丰收前的饮食调剂，聚会的过程所带来的成果分享，想来别有滋味。不过最近这些年来，随着水稻种植替换成土地租赁，市场上琳琅满目的商品，让这一切变得唾手可得，饮食所带来的满足感似乎已没有那么强烈。中年男人并不参与妇女之间的谈话，喝完酒后便悉数散去，留下妇女整理锅碗、打扫场地，走时顺便也将剩余的饭菜分了打包回去，包括当日蒸熟的粽子也带上一些。这一天的集体活动，大体就这样结束。当日下午三点左右，前往缅寺的持戒老人请大佛爷为他们诵读一本经书，之后波章带领老人打坐、冥想，持"八戒"者当晚就在大殿入寝。晚上八点，缅寺的小和尚敲响三通大鼓，宣告明日即为宛星。

第三天早上四点半，组内的其他人员并不来到现场，只是当值的四户家庭的数位妇女在组长家准备饭菜。现场做了清炒包菜和葱花炒肉末，待米饭蒸熟之后便与其他准备好的物品一起送往缅寺。这些食品包括：分包装好的米饭及舂好的花生末，蒸肉 28 包，拴在一起的白米粽子 14 对，散装带花生的粽子和散装白米粽子若干，包成一团的油炸红糖粑粑及凉粉 16 份，桶装泡面 1 箱（12 盒），放在芭蕉叶上的蒸、炸粑粑 2 份，未油炸（或炭烤）的白米粑粑 14 片，芭蕉一大串，分袋装放的梨与袋装泡面 30 袋。

几位中年妇女挑着物品到达缅寺时，夜宿大殿的四位持戒老人早已起来布置好现场。在大殿的中央，即佛陀塑像的面前，和新房落成仪式一样的摆放一列 9 张篾桌和一列 7 个三脚架。渐次到来的其他妇女在到达大殿后，一起将所有物品分类摆放。三脚架上要分别装饰"管毫"、"管做"、蜡花、"帕"、蜡条、现金 10 元、白米粽子 1 对、蒸肉 2 包、白米粑粑 2 片、包有红糖粑粑及凉粉的食物 1 包；每张篾桌上铺上芭蕉叶，放好碗筷、盛上包菜和肉末、糯米饭、包有红糖粑粑及凉粉的食物1包、芭蕉1根、散装白米粽子2个。除了这组的所有能到场的妇女外，村中的老人以及17位持戒老人也来到现场。但凡进入大殿的人都会依次在佛陀像前、9张篾桌上献上米饭，在7个三脚架上，以及僧侣就座的高台下的5个小篾箩中献上蜡条、现金和"帕"。还有大殿门口的"丢不拉瓦"神宫、32神宫处、佛塔的神龛中都会供奉米饭。

接下来，这些主妇将带有舂花生的米饭，以及包有梨与泡面的食物布施给17位持戒老人。布施时将食物放在托盘中，跪坐于老人面前，高举托盘请老人接受，老人在接受后，回诵一段祝词以表示感谢和祝福。剩余的米饭则布施给所有到场的村民。这时当值的小和尚一般也已起床，代表其他僧侣接受布施给他们的那箱泡面，并同样施以感谢和祝福。

时间不过是早上七点，天色已大亮。小和尚一行三人敲响大鼓，三通之后大佛爷及波章步入大殿。小组的四位成员代表向波章奉上2400元现金，波章开出收据后仪式便宣告开始。波章取高台下的小箩箩一个给予大佛爷，按照仪式惯例众人礼敬佛陀，波章再取小箩箩两个放置在佛陀像前，开始诵经，中途组员代表点燃九张篾桌上的蜡条。诵经完毕后，波章又依次诵出今日赕宛星的所有家庭代表，一般以男性家长的名字为代表。听到自己丈夫的名字或自己名字的女主人便点燃自己面前的蜡条并滴水祈福。直至波章诵经完毕，早上的仪式就此结束，该组的妇女还要回去准备饭菜。

众人散去后，持戒老人们清理、重新布置现场，之后三三两两地聚在一起食用自带的食物，有野茄子、黄瓜、海船①、火炭菌等，皆为水

① 是紫薇科乔木"木蝴蝶"的蒴果，长40~120厘米，宽约5厘米，味苦。傣泐常以水煮或火炭烤熟蘸酱为食。

煮，没有荤腥。饭后与昨日一样在波章的带领下打坐冥想，时间一般都在十分钟左右。约莫十一点做好的饭菜送上缅寺，一共准备了3桌（有米饭、烤鱼、蒸肉、炒肉末、酸笋排骨、凉拌山黄瓜丝、炒泡笋、矿泉水6瓶）。一桌供奉给僧侣，一桌供奉于佛陀像前，另一桌则布施给前来帮助寺院修建斋堂的工友。布置好的现场，除7个三脚架不变外，9张篾桌替换成四个篾箩，为首的篾箩让村人供奉稻谷或米粒，其余的篾箩则全部让村人布施现金、蜡条。妇女们像上午一样重新装饰7个三脚架，并再次在预备好的篾箩里供奉现金和蜡条。这时参加赕的村人也基本到场，除很少的男性持戒者外，大多是中老年妇女。

鼓声再次响起三遍，大佛爷及波章也再次入场，大佛爷开始念诵第一章经书，内容并不长，不一会便告完成。众人席地而坐，组员则为每一位在场的人准备了矿泉水、红豆饼和板栗以充点心。照样以庄重的礼仪互相施予和接受。八九岁的女孩也亦步亦趋的学着长辈的样子为众人送去食物。之后大佛爷念诵第二章经书，直到下午一点仪式结束，众人再次散去。持戒老人仍然留下与组员一起清理现场。三点左右持戒老人再次在波章的引领下打坐冥想，之后他们就收拾物品返回家去。晚上八点，缅寺传来鼓声，宣告本次赕宛星顺利结束。

对于赕宛星我们现在有一个大致的了解，有些基本的事实需要做一个说明。首先，以傣楼为单位的家户，不仅是基本的经济单位，也是社会和宗教单位。从经济上而言，曼景缅寺的运行主要依赖全寨的供养。2008年在曼景时可见，缅寺小和尚每日清晨敲打着铓锣，背着篾箩前往寨中化缘，老年村民都会静候在家门口献上蒸熟的糯米饭。除此之外，每家每月再出现金10元供缅寺购买油盐酱醋，以此保障缅寺僧侣的基本生活所需。至于僧侣所穿袈裟、寝室卧具都通过村民各种仪式的布施来提供。一位出家的小和尚所能获得的最大收入，取决于大型仪式时个人诵经能力的高低和诵经的多寡，抄写或诵念一本经书，能得到5元左右的回报。在每年开门节后，缅寺住持会按一定比例给小和尚发放酬劳，2012年曼景住持一年的酬劳大约在2万元左右，因而相对而言缅寺的生活是清苦的，这也是曼景缅寺一度无人前来当和尚的原因之一。当村民的经济条件得到很大改善时，缅寺的条件也一并提升。小和尚再也不用去村寨中化缘，每户每月出钱30元算是提供给缅寺僧侣的基本生活费，此外如上述的村民集体做赕和个人布施，为僧侣的学习生活提供更多的保障，但俗世的生活与缅寺的生活在经济上毕竟有相当的差距，尤其是随着生计方式的转变而产生的僧俗之间的经济差异。

回到赕宛星的人群组织上看，集体仪式的举办，使作为宗教单位的家户结成一体，男女老少通力合作。三个月的雨安居共12周，除去开门节和关门节的第一周和最后一周由全寨参与布施外，全寨10组人员在10周中各轮流一次。这些前后毗邻的家户，其成员都有着或远或近的亲属关系。傣泐也很懂得"远亲不如近邻"的道理，在日常生活中村民互相之间也极为乐意互相照顾小孩、结伴出行采集食物、到江边野炊等，儿童也是在这样的氛围中养成与人为善的性情，尤其是女孩，放学回来就跟随母亲学习各种手上的活计，并分担家务和独立积攒钱财。在赕宛星那天她们穿着崭新的傣装，帮助大人将食物送给在座的老人，看得出来很是自豪。她们说：进入缅寺必须得穿上傣装，不然就不是傣族了。可以想见，与出家为僧的男孩相对照，女孩更为充满活力和更早获得自立，她们是傣泐社会的稳固根基。

其次，每次赕宛星的集会中，大佛爷都会念诵两章经书，2014年的关门节总共念诵了两部经书。第一部是"乌拉翁哄沙"，由14个章节组成，讲述的是乌拉翁与哄沙俩兄弟的故事（佛陀与阿难的前世故事）。第二部是"苏哇那罕哈"，由 6 个章节组成。两部经书总共 20 个章节，在关门节内讲诵完毕。持戒老人在此之外，额外听诵了 10 部经书或经书的某一段落，分别是维巴哄、阿尼松撒批、维苏提牙、西提赊转波、尼巴那速、玛哈闷拉维巴拿速、阿批坦马赞法、喃攀赊或毫、丢瓦都洪、阿拉哈达别顿。

就这些经文笔者曾请教过景洪总佛寺的大佛爷，他解释这些经文大多是有关佛陀前世的《本生经》①。通过讲述佛陀的前世轮回告诫世人修行的必要，而赊是至为重要的方法。佛教并不认为人生来是有罪的，个人今生的处境有前世的缘由，更需要今生的努力，才能通往来世的幸福。同时只有通过僧侣主持的赊，死者才能获得吃穿、祖先才能报以福佑。将这样的赊扩及对所有生命的布施与忏悔，个人也才能解脱轮回苦恼，成全自我，到达极乐世界。与玄奥精深的佛教义理相比，傣泐更能理解的是佛陀出家修行的事迹，以及对多赊多功德的信仰。在日常生活中，一个人不做赊，尤其是不去寺庙祭祀祖先的人，将遭受村民很大的蔑视，而一个人若努力做赊，并同时持戒和坐禅，将赢得社会极大的尊敬。对于个人而言，那是一种无法形容的宗教体验，持戒老人就是这样的一个群体。

佛教雨安居的本意就是所有僧侣足不出户的在缅寺内持续持戒，并为所有信众提供讲经服务。佛教僧侣在传播发展中曾经历四处奔波，居无定所的处境，佛陀自身的成道也是在历经各种劫难后方了悟生死，修得智慧。在有关"关门节"的民间传说中，是因为每年此时正当农忙时节，村民无暇顾及前来化缘、传道的僧侣，而且到处行走的僧侣也对农事产生干扰，且时处雨季多有不便；村民为此希望能让

①　本生经故事可参见郭良鋆、黄宝生译《佛本生故事选》，人民文学出版社，1985。

僧侣居于寺庙专心修行，百姓则轮流送出食物以做支持；七天一次的"戒日"就是要让信众集中前往听闻佛法。因而赕宛星的本意就是对"持戒"的遵守以及对持戒者的布施。戒律是出家人仪轨的根本，他们在"雨安居"里持戒修行，则需村民的支持，所以持戒老人也全部纳入被赕的对象中来。在佛教中有四众之分，即我们熟悉的比丘、比丘尼、优婆塞、优婆夷，傣语分别称为帕比库、帕比库尼、乌巴速、乌巴西嘎。乌巴速和乌巴西嘎指的是男性持戒老者和女性持戒老者，他们又被统称为"滚陶帕毫"（即穿白色衣服的老人）（见文前彩图18）。除此之外还有"恭马拉"和"恭马丽"，分别指的是中年男性持戒者和中年女性持戒者，只是在曼景这个群体几乎没有。

持戒老人虽然年龄不过在 60 岁上下，但大多都是祖父母级的人，有的甚至已经是曾祖父母。他们所持的戒律一般都是"五戒"，最高不过"八戒"。再往上就是"十戒"，那已是出家人的戒律条数，所以他们认为是不可能做到的，除非他们也要出家入寺。这十条戒律如下：不杀生、不偷盗、不邪淫、不妄语、不饮酒、不涂饰、不歌舞、不坐卧高广大床、不非时食、不蓄金银。与大佛爷持戒 227 条相比，这些戒律已算很少，但这也不那么容易达到。上文提及的在缅寺中帮助除草、修葺等工作的四位老者，虽然已届 60 岁，但因为在除草过程中容易伤及各种虫蚁生命，因而无法成为持戒老人，他们每日所做的很多事情尚不能令他们从俗事中脱离出来，这在下文的另一个仪式中我们还会看到。在宗教的规矩上，皈依"三宝"者方为佛徒弟子，持戒老人一般在大佛爷的见证下进行一个简单的仪式后便算是正式的佛徒弟子，之后他们会跟随大佛爷或波章礼佛诵经，并在重要的场合身着白衣白裤（女的着白色上衣和白色筒裙）。持戒老人也分散在各个做赕的小组内，因为他们本身就属于某个家户或某个区域内的社会成员，所以能发挥很大的作用，比如做赕物品的准备、仪式现场的摆设和清理，全赖他们指导帮助。在新房落成的"赕很"仪式中，帮助整理供品的大多数老人就是这些已经持戒或正努力成为持戒者的老人。但即使在曼景这么大的寨子中，也不过二十多位老人是持五戒者，且大多是女性，持守八戒者仅有四位，他们在寨中没有特别的名号或优待，但确实受到特别的尊重。尊老本就是傣泐的传统，更何况老者在晚年能进入缅寺虔诚礼佛。傣泐对老年人的定义就是在缅寺中安静、庄重的参悟者。能够坦然地面对死亡，并安详地离开世界进入天国，是每个傣泐所能理解的最好归宿。

关门节的三个月，从时间上来看，正是水稻生长的关键阶段，一般开门节后半个多月便要收割。传统上这个时间中年男女忙于农事，而卸下重担的老人们则可以在缅寺安心礼佛。因而整个村寨的节奏是紧张且严肃的。关门节内，不许有结婚建房等大型活动，日常生活中也不能聚众喧哗。僧侣们在日落之后更要安心地留在缅寺中，不可滞留在外。这段时期之内就是一个大的禁忌时期，而每七天一次的赕，即是提醒众人，僧侣和老人持戒的本身即是保证生产的顺利进行以及对丰产的期待。只有土地的丰产才能确保生命的延续，才能保证傣泐处于一个丰衣足食的环境中。客观上关门节的三个月内，人群的协作更加频繁，年龄与性别的分工更加明确，集体饮食、供奉缅寺、服务全寨，以此群体的凝聚力再一次得以强调。

第三节　关门节中的赕"玛哈邦"

倘若"赕宛星"是关门节中村民集体的"规定动作"，赕"玛哈邦"可算是"自选动作"。赕"玛哈邦"仪式是关门节中最为隆重的一次个人赕，时间定在傣历十月十五日，也就是关门节后的第一个月内。"玛哈邦"是傣文借用的巴利语。"玛哈"意思是"全部的"，"邦"意为"一起"，所以意译为"全部［物品］一起"。赕玛哈邦可由村民个人自愿发起，或几户村民联合，或以全寨之力完成。个人举办者年龄一般在60岁左右，因供奉缅寺的物品很多且繁，整个过程耗费的时间和财力漫长且巨，因而若没有本人"发愿"、家人和村寨老人的支持，以及相当的财力准备并不容易实现，在举办者眼中玛哈邦仪式的完成是令自身感到无比喜悦的体验。自1983年曼景恢复宗教信仰自由以来，至今日政治、经济环境已然发生巨大变化的背景下，全寨多年来共有二十多位村民举办过此仪式。就个体而言，赕玛哈邦最直白的意思就是为自己的未来做最完善的准备，将个人未来在生产生活、饮食起居中所需要的实物一次性全部供奉给缅寺，借助僧侣的力量将其储存在"勐法"（天国）处，以备日后所需。

具体到赕玛哈邦仪式的程式与细节，前人鲜有记录。下文记录的仪式主人公是波南夫妇（时年59岁），除了与多数村民一样从事稻作农耕外，夫妇俩还拥有酿酒作坊。他们的女儿早已出嫁，儿子大学毕业后留在景洪工作、已结婚安家。因而两年前夫妇俩决定停止酿酒工作①，用积蓄的财富完成赕玛哈邦仪式，期望完成这个仪式后可以解除身后之忧，待他们到达勐法后，可以继续享用这些备好的物品，无须子女再费心祭祀。赕玛哈邦仪式总共分为四个阶段，前后持续九天，参与的主要人员是波南夫妇及其亲戚、寨中老人、僧侣、波章。涉及的主要场地有主人的傣楼、缅寺、山林。仪式的程序极为繁复，前后共分为赕帕萨仪式、傣楼宴席及财物转送、大殿听经与避居山林、山

---

① 酿酒作坊为波南夫妇提供不菲的经济收入，他们虽仍有余力，但是认为要赕玛哈邦就不能再酿酒了，因为就佛教教义而言，在老有所养时还以酿酒为业就不是一个妥当的营生。

林归来与拴线祝福四个步骤。

仪式中除供奉大量生活物品与宗教器物外，最重要的是供奉和听诵《维先达腊》本生经与《必达嘎》中的部分经文。在南传佛教的巴利三藏中，《本生经》归于《经藏》之《小部》，共计有547个佛陀前生故事①。其中以《维先达腊》本生经在傣族地区流传最广、版本众多、影响最深。张公瑾曾明确指出此经在汉文中为《太子须达拏经》②，在傣文中其内容讲述的是佛陀前世维先达腊太子乐善好施，因布施国宝白象引起内乱，与妻子一起被放逐至森林，在林中的寺院修行时，他又相继布施其儿女与妻子，历经磨难和考验，最终家人团聚并登基为王的故事③。以该故事为线索，下文描述的仪式过程可以说是波南夫妇对《维先达腊》本生经"知行合一"的具体展现。

（一）赕"帕萨"仪式

2014年八月七日，是赕玛哈邦仪式的前奏，当日的主要目的是在缅寺赕"帕萨"。帕萨意译为宫殿，在《维先达腊》本生经中这是维先达腊居住的王宫。仪式中的帕萨就是宫殿的模型，早先村民都以竹子制作简易的帕萨，现在则改用木料、三合板等材料制作，虽然市场上也不乏铁制品并刷上银色油漆的现成样品，只是售价都在五千元左右，非一般村民所愿意承受。和景洪制作的帕萨不同的是，曼景村民制作的帕萨呈高耸的塔状，由基座、身、顶三段拼接而成，其身一般高至十二米。制作好的模型一般是在大赕前的三五天，抬至缅寺，寨中亲友、老人一起帮助主人家对其进行装饰，贴上剪好的各种图案、

① 《佛本生故事选》，郭良鋆、黄宝生译，人民文学出版社，1985。
② 张公瑾：《傣文"维先达罗本生经"中的巴利语借词——以"十愿经"第一节为例》，载《民族语文》2003年第4期。
③ 西双版纳傣族自治州人民政府编《维先达腊》，西双版纳民族研究所译，云南民族出版社，2007。

插上纸花、悬挂面值不等的纸币，尤其对帕萨的主体部分，即高耸的塔状主体进行细致的装饰，贴上围边、在外立面粘上薄银片，四方翘起的角上插放颜色各异的纸花和悬挂不同面值的纸币，再将顶安插上去后，由众人合力将戴着顶的塔身安置在基座之上。

需要注意的是，帕萨也是逝者家属在为逝者举办的周年祭仪式（赕萨拉）中必备的物品；出现在两个仪式中的帕萨在本质上是一样的，都代表生者肉体消亡后灵魂能够到达的华丽居所，在仪式中它被修饰得像宫殿一般的辉煌高大，而区别于现世居住的傣楼。某些村民也会为因新房落成而被宰杀的牛制作一栋帕萨，但其形状与现实生活中的傣楼相似，作为被宰杀之牛的"欢"居住之处。因为牛曾是傣泐农业生产中重要的家畜，此后虽不再作为畜力使用，但经常在新房落成或婚丧仪式中作为食物献出生命，因而傣泐相信，代表生命力的牛之"欢"经过仪式的转换，会重新转换成牛，牛的繁衍力则继续存在并带给傣泐财富。

安放在缅寺大殿中的帕萨坐东朝西，在几日前已经装饰妥当，类似一栋刚装修好却还没有购置家具的楼房。翌日准备好的大量物品将被送上缅寺，填充这座帕萨。在帕萨的北面，也就是佛陀供台的下方，横向摆放 12 个篾箩，内中装有主人夫妇所供奉的蜡条及现金；帕萨的南面则纵向摆放着 9 张篾桌和 7 个三脚架，其上放置的物品与赕宛星及新居落成时是相同的。

在大殿朝南的正门外，还布置两个场地。东边贝叶棕下的空地上，前一日已堆好两个沙塔。西边戒堂的门前则摆放两列小篾箩，两两一组共 128 个。这些篾箩基本上是由主人独立编制而成，所费时日可想而知（见文前彩图 19）。每个篾箩中都放有炒熟的卷心菜、米饭、白米粽子、蒸笋、甘蔗、芭蕉、蜡条，篾箩上还插有纸质的"管做"

"懂多"，以及银片制成的小花。

主人将棉线的一端系于佛陀像前的蜡烛上，依次将帕萨、沙塔以及128个篾笋串联圈围起来。这时该来和能来的亲友及老人都已到场，波章坐在高台下静候，负责平日管理缅寺的其中两位老人便去敲响大鼓。未几大佛爷入殿来，在大殿西侧的高台上落座，仪式正式开始。和所有仪式的开头一样，众人在波章的引导下，跟随大佛爷礼敬佛陀、诵念三皈依、五戒。这种抑扬顿挫、往返重复的声调让每一个人都能迅速进入状态。

诵毕，大佛爷移步至佛陀像前跪坐念诵《曼嘎拉》① 经文，其身后席地而坐的是波南夫妇及其女、外孙女，波南的数位堂兄，以及干儿子的父亲②。除此之外周边跪坐的是老年女性26位，老年男性9位及持戒老人6位。经文不算长，大佛爷持续念诵约30分钟。中途众人还根据经文的旨意离开大殿前往寺外点燃128个篾笋上的蜡条，一些信徒还在外面将早先备好的棉线点燃，大殿中装满食物的篾桌同样插上点燃的蜡条。接近末尾时大佛爷与波章各自念诵，众人手执水罐，向备好的容器中缓慢滴水，仪式旋即结束。

因仪式而备下和汇集的各种食物、器物、现金照例以佛法僧一分为三的规定分配处理。在本场仪式中，大佛爷获得所有物品的1/3。波章因为不属于三者之一，所以其报酬一般只能得到其中很少的一点现金和蜡条。比如僧侣就座的高台下一般都放置五个篾笋供村民放置现金和蜡条，虽然老人解释说高台下的篾笋代表的是佛法"五戒"，但根据最后赙品的分配来看，波章可以获得其中一个篾笋；庙神"丢不拉瓦"因为单设神宫于大殿外侧，与另一排32神宫内的

---

① 大佛爷解释这类似于《吉祥经》，意在驱邪。
② 波南的这个干儿子就在缅寺当小和尚，因而他与小和尚的父母就是干亲家关系。这位干亲家在波南夫妇赎玛哈邦仪式的整个过程中，一直忙前顾后，尽力协作。

所有物品——供奉的大多是米饭和小额现金，这些现金全部归于缅寺，但米饭则归于波章。早上的仪式顺利完成后，协助管理缅寺的四位老人及其他热心的老人以及小和尚一起将场地打扫干净后，便前往主人家聚餐。大佛爷及小和尚在主人家简单用膳，并接受主人布施的蔬菜、泡面、香烟及现金后便先行告退。其他人一直坐吃闲聊，直至散场。

第一日只是仪式的预热阶段，其重心是借助僧侣的诵经对"帕萨"进行象征性的确立。其程序与大佛爷念诵的经文，与傣楼的落成仪式几乎一样，都是对人所居之处的确立。因而在吉祥经的诵念下，配合沙塔所代表的主人夫妇之忏悔，以及 128 个竹笋对神灵的供奉，"帕萨"成为洁净安全的居所。"帕萨"是仪式的起点与终点，正如傣楼是人现世的起点与终点。

(二) 傣楼宴席及财物转送

八月八日大赕的第二天，早上七点左右波南夫妇在家举行盛大的宴席，宴请本寨村民及远方亲友。天尚未亮时，前来帮忙的女性亲友就开始蒸米饭、洗菜、摆放桌具和凳子。在第一位客人来临前，早点已经准备妥当，一般是购置的米干，只须在热水中稍氽，放入碗中覆以猪肉末，由客人自行添置盐巴、辣椒、葱花、味精、酱油、酸腌菜等即可。八点左右客人陆陆续续的手捧箩箩前来，这种箩箩傣语称为"宋"，一般包括管做、管毫、管糯、蜡条、帕吉以及茶叶、盐巴、干辣椒、饼干、泡面、毛巾、现金等。内中放置的物品因主客之间的关系而定，但前述五项是一个"宋"所具备的基本物品。简单者不送"宋"，仅用一方土布包裹着鲜花或纸花、蜡条、管做及纸币 5 元即可，在赕萨拉仪式中，"宋"也是宾客到访时的必备物品。这种箩箩以前都以竹子编制，现在出于方便大多改用塑料筐，然后以三股稻草捆扎成锥体，寨中有几家小店均出售这种箩箩。这些"宋"是宾客送出的礼物，但送入缅寺经由仪式的转换后，其附有的功德仍归送礼者个人所有。

来宾接待处设在二楼的外厅。客人脱鞋后上楼，即可看见席地而坐负责接待的老人，这样的老人一般都是受过良好的缅寺教育、热心公益且被寨中公认的长者。当天担任接待的两位老人一位曾是缅寺的主要负责人；另一位则是曼景末代土司之子，他是很多大型仪式中的主持者。到访的客人跪坐在席子上，将箩箩高举过头后摆放在老者的面前，双手合十听老人念诵一段祝福答谢后即可离去。来宾若是老者，便在楼上就近找个矮凳坐下，若是年轻人大多下楼去吃早点或者聊天。二楼的内厅因为摆放着主人夫妇为此次大赕准备的各色物品，此时随着客人带来箩箩的增加，整个内厅塞得几无立足之地。

十点左右主人家请来的"赞哈"一行五人到达楼上，宴席即刻开始。楼上的五桌除赞哈一桌外全部都是老人，楼下摆放的十几桌，大多都是中年男女。宴席提供的主食为米饭，以及白糖红枣、凉拌山黄瓜丝、酸鱼干蘸、青椒炒猪肉、芹菜炒牛肉、清炒木耳、清炒泡笋、蒸肉、白菜排骨汤等菜品。所有饭菜随吃随添，但不提供一般宴席中必备的白酒或啤酒。

赞哈一行在用餐的同时，主人亲朋则在安排稍后的演唱场地。将赕品稍做整理，在内厅的南边中心放置篾桌一张，其上仍摆放饭菜一席。篾桌两侧铺好柔软的帕垫。用完餐的赞哈便移步至此，面对篾桌两两相对。左边入座的是男吹笛手、男歌手，右边交叉对应的是女歌手、男吹笛手。上座端坐的是负责接待客人的老者之一。主人端来两个箩箩，两位歌手同时对箩箩的物品进行整理，将香烟、现金和四对蜡条摆放在一边，分别从自己随身的包内取出扇子一把、短笛四根，放置在箩箩内。之后倒满白酒一杯举于额前默祷许久，滴入篾桌①，两位吹笛手亦将歌手斟好的酒恭敬的滴入篾桌，然后将剩余的酒灌入其中一根短笛，擦拭、试音。围观的人群开始兴奋起来，其中一位老人高喊"阿阁—哩"②，在左边吹笛手的吹奏下，男歌手便手执黑色扇子将面孔遮住，唱将起来。七八分钟后告一段落，女方这边的吹笛手吹响短笛，女歌手手执粉色扇子遮面演唱，约十分钟后再轮到对方。这种即兴编唱，以发问—对答的形式往复进行，直至将所有符合主题的内容全部唱完方告结束。赞哈演唱的内容以维先达腊故事为主体（供奉此经书亦被认为是布施修行的很大功德，在之后的仪式中经文将由僧侣全文念诵），还会特意对主人家的背景、赕的准备工作、赕所得到的功德等进行介绍，其中不乏溢美之词。在这种场合的演唱并不容易，改编的内容必须要完整、清楚、有趣，但不能杜撰。用在场村民的话来说这造假不得，况且还有很多受过缅寺教育的老者在场，改编内容的"真实性"要经受得住检验，不能夸张。同时还要博得主人的欢心，为其祝福。好事的年轻人还用扩音设备将现场的演唱音量放大到几乎大半个寨子人都能听见。当然年轻人对演唱的内容没有太多兴趣，老人们在歌手演唱完一段后，总是高呼"阿阁—哩"来表达满意和鼓励。来访的客人们边吃边聊，虽然没有酒水的助力，但似乎都能找到感兴趣的话题。

对唱持续到傍晚六点，赞哈停下用餐，席间也与老人就演唱

---

① 上文已经提及滴酒入篾桌，是敬献给自己的祖先，几位赞哈来自勐罕，这酒就是献给勐罕的勐神。

② 在关门节中禁止聚众喧哗，也不许发出平日饮酒时"刀阁—水"的声音。但因为是赕玛哈邦仪式，允许适当发出这种带有赞美、叫好之意的声音。

的内容交换意见。稍做休息后演唱继续，听众席中的人三三两两的拿出十到二十元不等的现金递给某位他认为值得肯定的歌手，但这样的场面女性是很少参与的。尤其到了晚餐过后这段时间，留下的只是主人家的至亲，妇女帮忙收拾锅碗、整理桌椅；男子则聚在楼上抽烟闲聊，为数不多的几位老人在主人的允许下，喝了些白酒，一直到晚上十点左右，天色彻底暗下来，演唱也全部完毕。赞哈一行整理好笛子，将簸箩里的香烟、现金、蜡条收入包中（主人为此付出的酬金是两千元），起身面对那一堆赕品俯首叩拜表示叨扰致歉，方与主人辞行。当日的活动主要是接待来自各方的亲友，昭告主人夫妇将从此步入人生另一个阶段。主人夫妇当然是觉得无比的自豪，尤其是赞哈的赞美，令在此旁听且尚未举办赕玛哈邦仪式的老人羡慕不已。以一己之力安顿好自己的未来，子女为此准备食物招待客人、长辈老者为此指导帮衬，这一切都显得令人愉悦和充满力量。

2014年八月九日仪式的第三天，和前一日一样，主人家在亲朋、邻居的帮助下，很早就开始准备饭菜，当日尚有一些远方的亲朋前来祝贺。约莫十点波章抵达后，手捧蜡条面对赕品，念诵祷词并将蜡条抛洒在上面，以示去污，一来保证物品的洁净不受污染，二来是表示所有的物品已经聚拢完毕，亲友也已聚齐，主人准备的物品将与傣楼分离而转移至缅寺。仪式甫一完毕，众人便开始搬动这些物品，将其堆放在傣楼大门口的两侧。围观的村民这时更能清楚地看见主人为此次大赕准备的各色物品，不停地表示出好奇与赞美。未几主人家忙碌一早上的饭菜也已准备妥当，大家各自找了座位落座就餐。今天来的客人加上前几日的来宾，足足摆了四十余桌。隔壁邻居家的院子里也坐满前来道贺聚餐的客人。

　　主人家此时照例没有提供酒水，所以用餐时间十分短暂。当楼上就座的老人吃完后提议可以出发时，所有在场人员立马动手将堆放的物品抬起并列好队伍；年轻人跑在前面，点燃鞭炮，从主人家傣楼的正门朝前右拐到另一条村寨通道上（为了绕过勐神神宫），象脚鼓与锣配合发出热闹而有节奏的声响。负责在道路两侧插放"董多"的中年男子先行开道。浩荡的队伍出发时，走在最前面的是手捧经架的持戒老者（经架上摆放着袈裟以及圣扇），老者身后是身穿白色上衣和深色裤、裙的主人夫妇。男主人托着装有用暗红土布包裹着的用贝叶刻写的《维先达腊》本生经和纸质《必达嘎》的篾箩，女主人则手提一些日用物品。主人身后则是手捧各色物品的老人，有大蜡烛、金色的大伞、"些"①等，其后便是众多手捧箩箩的妇女，她们还不断地向那些物品撒洒米花。队伍行进到缅寺底下，听到缅寺的鼓房内传出隆重的鼓声时，众人才继续拾级而上。

　　多数人将物品送入大殿后，向佛陀行叩拜之礼后便返身离去，回到主人家中好好的吃喝一番，这时酒水才被提供，对于年轻人而言赕佛就是宴席，就是开怀畅饮，没有什么比这个更有助力的了。留下来的波南堂兄弟在大殿后方的空地上，在锣鼓声中和女性老者抛撒的米花中将"幡"②悬挂起来，飘扬在高空，意味着对天国的昭告。主人夫妇的女性亲戚在老者的指挥下，将所有物品分类归拢在两处：一处是帕萨内外，另一处在帕萨旁专供大佛爷入座的地方（见图6-1）。（见文前彩图20）

　　呈正方形的帕萨基座，其空心的内里放入砍刀、锄头等生产工具，

---

① "些"是用纸糊的双层华盖。
② 佛教用品，10~20米，一般从市场购得。悬挂在大殿中的幡，以傣泐自织的为主，图案丰富精美，长度在三四米。幡的悬挂与帕萨是配套的，因而在赕萨拉仪式中也会悬挂。

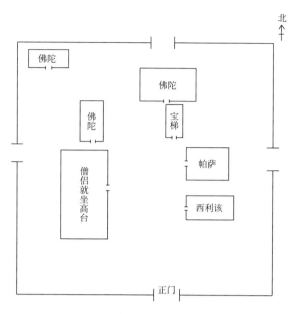

图 6-1　赕玛哈邦仪式物品分布

塔身内上面则铺设席子，席上放帕垫、枕头、棉被、袈裟、拂尘、圣扇。然后再以白布从外边圈裹起来，留下一门，以布帘遮盖，下接一步梯，整个摆设与傣楼的卧室相仿。在门的上方缚一横档儿，上面悬挂军用水壶、滴水壶、搪瓷杯、银碗、银槟榔盒、铁钵、草帽，以及水果罐头、午餐肉罐头等食物。与基座连在一起的则是模拟的傣楼露台，上放热水器等模拟物，其下则放置能想到的所有日常生活用品，诸如扫帚、篾筛、水桶、火塘三脚架、火钳、一挑装满稻谷和稻米的篾箩、洗漱的日用品、电风扇、电水壶等。在帕萨的正前方，摆放的是篾桌，上面有装米饭用的小圆箩、竹甑、铁锅、铝制茶壶。用不同面值的现金扎成的造型各异的"苋摁"① 及"苋罡"树立在篾桌的两

———————————

① "苋"指集中，"摁"指银子，根据它的造型可以译成"钱树"。

侧。整个帕萨的四端都捆缚着甘蔗和各色布匹。正面的左、右两端则有"些"、绣龙的三角旗各一。外围的左侧摆放木柜一个，上有纸扎菠萝一对、纸扎菩提树一棵，显得金光灿灿。紧靠着木柜的是一排木雕的法器（有 12 种），还有大小不等的四格或十二格布画 6 幅，描绘的都是佛陀讲法的故事。右侧是各种男女衣物、包头巾等悬挂在搭好的竹竿上，帕萨的后方则摆放着组合锣一组、象脚鼓、摩托车、纸扎的大象和马各一（朝向东方）。最外围的三面则全部是箩箩，除主人自己准备的之外，其余全部是来宾奉送的近百个"宋"。此外还在帕萨前方的大殿横梁上悬挂宫灯一盏，内有小碗注入棕榈油，在主人夫妇听经时点燃。总体而言，此时的帕萨已成为一座集聚大量财物之完整房屋，帕萨就是主人家未来的居所，现实中能用到的物品，都尽其所能事的准备好，绝大部分的物品为实物，少量的采用模拟物。

大佛爷入座处是一个长方体带四轮底座可以移动的四面矮木柜（傣语称为"西利该"①）。柜中放入的有袈裟、帕垫、坐垫、圣扇。在其四端，像装扮帕萨一样，捆缚着甘蔗、各色布匹、"些"、龙旗；两侧插放的是蜡制的法器（共 12 个），横档儿上悬挂的是牙膏、牙刷、手电筒、套装文具、搪瓷杯以及泡面、饼干、午餐肉罐头等各种零食。外围左侧附设的竹架上则悬挂 5 个同等大小的塑料钵，对应着地上摆放的 5 个拂尘。紧挨其右的是 5 个竹箩，上面有稻谷、稻米、盐巴、泡面、饮料、红糖粑粑。外围右侧则是 5 个装有圣水壶和槟榔盒的篾箩及紧挨其左的 5 张小篾桌。在正前方则摆放着装有荷花的水盆一个，篾桌一张。正后方立着"跫摁"两个，除了一挑谷、米外，还有箩箩若干。

---

① 直译就是"佛陀坐的地方"。在缅寺中悬挂的某些布画中，佛陀不是坐在莲花台上，而是坐在盘成一圈的蟒蛇身上。"西利该"的造型就来自佛陀这个形象。

除了上述的两大部分物品外，还有两个重要的物件是分开放置的，一是"嘎塔维先达腊"，悬挂在帕萨前方的大殿横梁上。这是以竹子为骨架做成三层同心圆的器物。从上至下，每一层放置的物件都由各种纸剪的物品组成，在最下端悬挂着十几件诸如锅碗桌凳等小型银器。每一层纸剪的物品至少包括"董多"1000个、"管做"1000个、毫摁（包有银子的三角包）1000个、糯摁（银质的花）1000朵、蜡条1000支、"美西"（竹制牙刷）1000个。二是"必达嘎嘎摁"，是一块雕刻成葫芦状的平板。底座装上支架，稳稳地立于地上。按波章的解释，木板上凿270孔，每孔嵌入含有七种物品组成的束，这七种物品是管毫、董多、管做、美西、糯摁、丁、糯三泼（凤凰花）。

上述两个物件，主要是针对赕玛哈邦仪式所涉及的《维先达腊》本生经与《必达嘎》两部重要经书，正如上文所述，《维先达腊》本生经是赕玛哈邦的必备经文，在之后的仪式中即是主人夫妇听僧侣全文念诵这些经文的内容。故在傣泐看来，玛哈邦也是针对经书的赕，前者是对佛陀前世事迹的宣扬，而后者则是对戒律的强调，尤其是后者，傣泐认为将为举办者带来极大的力量。因此在物品的准备上，围绕着这两本经书，都要以最大数量的物品来表示。而为此制作所耗费的时间精力亦可见一斑。

上述的物品全部归拢妥当后，平日置于僧侣诵经时就座高台上的"很呆叫"[①] 亦被抬至大殿外，用水清洗干净后摆放在帕萨北面的佛陀像前。主人这才返回家中招呼宾客，一些细小的需要补充的物品也要一并拿到缅寺。不久男主人回来后，照样用棉线将所有物品串联起来。这其中还包括其他二十多位女性长者所准备的"茛罡"。晚上六点，

[①] 直译为"宝梯"，是佛陀所用的，两侧雕刻有龙状把手的梯子。

鼓楼的大鼓再次敲响，男主人以及自愿前来的老人们等候在大殿，大佛爷及众僧侣鱼贯而入，在高台上入座。这时，波章手捧篾箩跪坐在佛陀前做一简短的禀报，将篾箩放在佛陀像前的龛台上后，转回到众僧侣前，跪请僧侣诵经。之后大佛爷便与众僧侣开始念诵《曼嘎拉》。男主人此时则点燃油灯与其妻双手合十听诵，《曼嘎拉》的念诵，约十多分钟后完毕。众僧各自散开，为每一位准备"匼罡"的主人念诵一部主人挑选的经书，如此这般老者方才离开大殿返家。

这一阶段表达的是主人夫妇与傣楼的分离，以及与村寨的中青年群体相隔离。在经文中维先达腊及其妻儿被放逐山林前，其情景是令人悲伤的，但他仍不忘让妻子去准备大量的财物进行布施。在上述仪式中，通过赞哈的演唱来宣告波南夫妇为此所做的准备，并通过前往缅寺的路途中，公开展示他们布施的物品。需要说明的是，赕玛哈邦仪式所供财物的多寡，除宗教器物有一定的数值规定外，其余多取决于个人的财力和意愿，因而所供物品是主人认为日常生活中必备和最喜欢的物件。波南说他的女儿、儿子都各自成家立业，因而夫妇俩已不必再为此操劳，通过田间劳作和手工制作①足以满足夫妇二人今后的生活所需。但值得注意的是，并列出现在现场，那看似毫无现实功用的白象和价格不菲的摩托车。这不仅是对维先达腊布施白象的直接展演，也通过摩托车的价值来体现赕的层次和回报，即有多少力赕多少物，赕得多得到也多，这是循序渐进的过程。并且个人的功德要个人自己争取，个人的归属也由个人自行决定。参与此次大赕中的中老年人，那些赠予主人的"宋"，用他们的话说，借助这个大赕将他们日后要用的物品顺便送出后仍归个人所有。因而布施才能获取功德是

---

① 波南自停下酿酒工作后，日常主要为村人制作篾箩、帕萨、棺木，他认为自学的这门手艺虽然报酬不高，但并无害处且能自得其乐。

傣泐对佛教教义相当普遍的理解，布施的大小亦以维先达腊为模范。

（三）缅寺大殿的听经

进入缅寺后的波南夫妇，此后在原则上要寸步不离地听诵他们所供奉的经书。按照上文提及的，送入缅寺的物品被分类归置在两处后，分别进行相应的诵经仪式。在上述由全体僧侣诵念《曼嘎拉》之后，邻近的曼安、曼梭醒两寨子的大佛爷也来到曼景佛寺。因为当日恰好是每七天一次的赕宛星，故在诵经人手上就需要得到邻近寨子大佛爷的帮助。其后他们与曼景的大佛爷轮流端坐在帕萨中念诵四本经书，分别是《巴拉蜜》《翁哈萨维哉》《哉牙桑嘎哈》《努嘎务梯》①。每诵念完一部经书，跪坐在帕萨前的男主人便吹响短笛与海螺。一直持续到当日晚上十点多，经文才算念完。大殿中只有主人的几位亲戚及老人帮忙在大殿正门处堆积沙塔以备翌日之用。当日晚主人夫妇与几位持戒老人在大殿内就寝，对于主人夫妇而言，仪式才刚刚开始，隔天的听经过程将更为漫长和密集。

八月十日，仪式第四天的早上八点，主人的亲朋及老人们已聚集在大殿内，各自在大佛爷入座的西利该前5个篾桌上放置米饭、蒸肉、泡面、饼干、饮料、水果等食物。大佛爷入座的西利该与沙塔以棉线连接在一起，待大佛爷坐定，主人在前点燃大蜡烛，其他人等面对大佛爷，听其念诵内容庞大的"罡"②。在念诵的过程中妇女不时向大佛爷抛撒米花。"罡"的念诵持续将近3小时，待大佛爷念诵完毕，与波南并肩的波章开始长长的念诵。接近尾声时，大佛爷手执铁杖伸入面前的水桶内，自顾自地念诵，众人向水桶中滴水之后不久，仪式即

---

① 曼景大佛爷说这些经文主要涉及布施、驱邪、求平安等内容。

② "罡"是对戒律的细致解释。例如戒律中规定不能杀生，"罡"就是对关于何为生命，有哪些生命，为何不能杀生，怎么避免杀生，杀生的后果，消除杀生所带来的罪过等做出细致的解释和说明。

告完毕。堆放在这里的物品，除去波章得到的两桌饭菜和两个"宋"外，剩余的所有物品归大佛爷所有。待大佛爷的家人前来取走这些物品后，场地便被清理干净。主人夫妇留在大殿中休息，等待家人送来饭食。

僧侣对帕萨念诵《曼嘎啦》经文之后，大佛爷分别在帕萨和西利该处诵经，此后所有的经文（《维先达腊》本生经与《必达嘎》）都将由八位佛爷轮流端坐在帕萨内念诵。也就是说，帕萨与西利该进行象征性地并接后，借助端坐于帕萨内佛爷之诵经，帕萨将被转送并固定在"勐法"（类似于天国），这个过程要持续到波南夫妇避居山林之前。

傍晚六点波章独自带着蜡条去罗梭江边恭请八大菩萨①。过程非常简单，波章点燃三根蜡条插入江边的沙土中，便开始念诵八大菩萨的名字，并告之所请何来。之后便拿着两根较大的蜡条返回缅寺，将其点燃放在戒堂旁32神宫中的第一个神宫中，意为菩萨已经接受他的请求而"驻跸"在此。一个多小时后，波章看太阳渐落西山，令小和尚敲响大鼓。今晚首先要念诵四部经文，即《巴塔》《睹滴》《维巴》《阿尼松维先达腊》②。然后才是念诵《必达嘎》，也包括四部分：《速点达》《维乃》《阿丕坦》《阿尼松必达嘎》。这些经书由八位熟悉经文的僧侣轮流诵念，一直到凌晨方告一段落。第一部由曼景二佛爷诵念，在与波章进行简单的对诵后，二佛爷移步到帕萨内就座。原地跪坐的波章做出引领后，二佛爷便接续诵念，持续近40分钟结束，在座的持戒老人敲响罄，波南吹响短笛与海螺。待第二位佛爷出场时，波章将

---

① 波章解释八大菩萨指的是佛教四大金刚和四大方位神，所谓迎、送也只是在江边象征性地诵念祷词，并没有具体的偶像出现。这八大菩萨的来源可能未必是佛教概念中的菩萨，可能混杂傣渤观念中的其他神灵。

② 这四个部分是有关做赕所得功德的解释，属于巴利三藏中的律藏。

原来的导语再诵念一遍，佛爷才接下去诵念，如此往返，直到所有经文念诵完毕。主人夫妇一直坚持坐在帕萨前听佛爷的念诵，夜渐深沉，越到后面能坚持留下的人越少，当日晚上只有四位持戒老人及主人夫妇和男主人的一位堂兄留在大殿就寝。

八月十一日第五天，才过凌晨三点，睡在大殿的女主人便动身回家准备即将供奉的食物，宿于大殿中的四位持戒老人，其中一位女性老者也起来在位于大殿北侧的临时木屋中蒸饭。一小时后女主人及其女性亲属便抬着食物前来，包括米饭、粽子、蒸肉、凉粉、红糖粑粑以及油炸红糖粑粑和白米粑粑。到缅寺的妇女各自搓好十团糯米饭，依次供奉于佛陀像前、丢不拉瓦和 32 神宫中、佛塔上。之后主人夫妇、两位老人、男主人的两位妹妹以及波章一行人捧上四个箩箩（在原先准备好的箩箩中再添置带来的食物）前往江边送走八大菩萨。竹排早已在前一日扎好停放在江边。大家到达后，将四个箩箩抬到靠近岸边的木排上，主人则在竹排的首尾铺上一小方芭蕉叶，再将米饭分成几团放置在芭蕉叶上，其他人则帮助在上面插上蜡条。装饰一番后，众人集中在岸上，在波章的引领下，面对江心依次蹲下，每人在面前点燃一对蜡条，双手合十后诵念三皈依、五戒文，之后滴水，待波章诵完祷词后，众人便点燃竹排上的蜡条并将竹排推离江岸。竹排在南哈（河）的急流推动进入平缓的罗梭江，蜡条的光倒映在江面上，波光粼粼，高悬的明月下众人高呼"萨图"，目送竹排离去后便转身前往缅寺。

回到缅寺的大殿，众人照例在那高台下的 5 个箩箩中放入现金与蜡条，没有参与江边为菩萨送行的人早已围坐在"宝梯"旁。五点左右热心的老人就去敲响大鼓，三通鼓后，二佛爷终于睡眼惺忪地来到大殿，仪式开始。待例行的念诵一结束，主人夫妇及 14 位中年女性紧紧围着宝梯，将箩箩中的糯米饭举于胸前，面对龙梯跪坐，二佛爷移步到帕萨内就座。这时原地跪坐的波章发出坚定、清晰而抑扬顿挫的诵经声，跪坐在龙梯周边的所有人像是接听到"预备"的指令，全部挺起腰板将装有"毫帕召"①的竹箩高举过头，两分钟后，波章以近乎演唱的方式发出最后的指令，二佛爷紧接着开始念诵《维先达腊》本生经的第一章节"达萨崩"，就在此时所有人以最快的速度将竹箩放入龙梯之中。未几，这些中年女性在老人的指导下，滴水后便离开大殿返家。留下的几位老人视个人体力和意愿听诵经文，而主人夫妇要一直坚持在此，每诵念完一章男主人就吹响短笛和海螺。波章则要在每一章经文结束时去叫其他的佛爷来念诵下一章，所以也是不能离开的。这些经书总共有13部，除去目前二佛爷念诵的一部之外，还有一部"嘿玛邦""达拿夯""瓦拿帕为""祖做""祖拿崩""玛哈崩""贡麻那芒""玛贴利""萨嘎邦""玛哈拉""萨格滴""纳光"。随着天色渐亮，来人也越来越多，主人家的儿子当天也从州府景洪请假赶回，和其他一众亲戚坐在帕萨前听大佛爷念诵。所有的僧侣集中坐在高台之上，约莫十一点，经书已经念诵到第11本。九日那天准备"戛罡"的各位主人也来到现场，请各位僧侣为自己念诵不算长的"告知书"②后滴水，如此他们赕给自己的物品便可随同做此大赕的主人家之物品一起被转送到天国。因而和许多仪式的场景一样，大殿存在着三种声音的来源，一是帕萨中的大佛爷，二是波章，三是分头为各家主人念诵的僧侣。帕萨中的大佛爷虽然还在念诵，另一大佛爷却

---

① "毫"是饭，"帕"是僧侣，"召"是主人，意译为"佛陀吃的饭"，这种米饭一般拌有椰蓉、花生、白芝麻、茴香籽、芫荽籽、蜂蜜、香油、红糖等，是在赕玛哈邦仪式中才会出现的专供佛陀的食物。

② "告知书"一般由波章按固定的格式书写，上面会详细地记载主人为此次赕所准备的各种物品。在赕滚呆或赕萨拉的仪式中是念给逝者之"拔"，请其接受并佑护祭祀的人；在赕玛哈邦中则是请神代为保管在天国，以备主人日后前往领取。

已经在帕萨前读念那篇长长的告知书了。八月七日曾经前来参加赕帕萨仪式的所有人此时也都前来大殿中滴水祈福。

帕萨前的告知书念完后，前来滴水的人也滴水完毕。帕萨内的大佛爷仍在念诵。主人夫妇点燃蜡条，面对帕萨跪拜后便以顺时针方向围绕帕萨转圈，愿意加入的亲友也跟随在后，身体略微前倾，双手合十，举着蜡条低首慢行，三圈后礼毕。帕萨内大佛爷的经文也恰到好处地念诵完毕，围绕着帕萨的仪式即告一段落，众人纷纷前来触碰帕萨，祈求好运，摆放在帕萨周边的箩箩被奉送给高台上的所有僧侣，每人各得两个，波章则获得四个。稍做歇息，波章再次高声诵念，其中一位大佛爷坐入帕萨开始念诵第十二部经书。不久经书便念诵完毕，整个帕萨周边的所有物品开始被清理，所有模型全部丢弃在大殿外的佛塔下，与之后用完的帕萨一并付之一炬；实物全部由老人和小和尚整理归类，由波章保管；念诵完的经文保存在僧舍二楼的经柜之中。此时仅仅留下帕萨和两个"莲罡"。

待太阳西沉时，完成手头的清理工作后，小和尚再次敲响大鼓，众人集合在大殿的高台下。小和尚拿着象脚鼓、锣、镲等与大佛爷一并坐在高台上。和当日凌晨时的第一部经书开始时一样，波章再次抑扬顿挫地吟诵，两分钟后，大佛爷接下"引言"开始念诵最后一部经书[①]。半个小时后，包括波章在内的所有人都点燃自己面前准备好的棉线并滴水，坐在高台上的僧侣们在波章的授意下敲响手中的乐器。老妇人也面对帕萨抛撒米花。十多分钟后经书吟诵完毕，僧侣们再次敲打乐器。男主人起立向帕萨抛撒蜡条。坐在帕萨内的大佛爷再次诵念一段经文，众人再次滴水，最后在"萨图"的欢呼声中结束。主人

---

① 这是我第一次听见曼景大佛爷以如此的声调诵念一本经书，确切地说，是吟诵，调子缓慢且极富变化，我没有听懂意思，但整个大殿中肃然沉静，一种悲伤的情绪蔓延开来。

夫妇移步至帕萨前触摸那"莡罡"，大佛爷亦复如是，而后回到高台。紧接着波章又移步至佛陀像前，捧着笭笭高声诵念，包括僧侣在内的所有在场者都面向佛陀跪伏，直至再一次说出"萨图"，才正式宣告仪式圆满结束。男主人起立向所有在场者发表自己的感谢辞，并和女主人一起请大佛爷、波章以及一位老人为他们拴线祝福。尔后主人夫妇跪拜在佛陀前点燃蜡条与佛陀告别，并再次向大佛爷、波章及管理寺院的一位老人表示感谢与告别。众人退出大殿，各自散去。此时的大殿仅有主人夫妇跪伏在帕萨前，默祷许久，之后起立按顺时针围绕帕萨一圈后，走出大殿又以顺时针的方向绕行大殿一圈，背上挎包，提起准备好的干粮及洗漱用品头也不回地走出缅寺，穿过公路消失在前往阿克小寨的茫茫胶林中，此时太阳已经完全隐入山后。

在听经持续的两天两夜中，虽然不是通宵达旦，但波南夫妇一直跪坐在帕萨前听诵，此时已经筋疲力尽。当所有的人返回自己的家中，没有送别和挽留，独独留下波南夫妇默默地离开大殿，远离村寨和人群。经文中的维先达腊或许也是怀着如此的心情与信念离开他的国家与臣民的。如果这是一出舞台剧的话，无疑是成功的。当笔者也离开缅寺，在山脚下再次遇见男主人的堂兄时，尚未细细聊起这些天的经过，他竟流下了激动的泪水。他说："当年维先达腊王子，因为坚持做赕，不断布施，才最终与家人重聚，重登王位。"

要说明的是，男主人对仪式中供奉毫帕召的行为解释是：佛陀在苦修时身体虚弱，女性因此供养而得很大的功德①，因而女主人在当日凌晨要赶回去制作这种食物。除此之外，自前一日主人夫妇回去招待完宾客来到缅寺后，便寸步不离地留在缅寺之中，将自己与傣楼分

---

① 这个故事的汉文版本是佛陀在苦修中骨瘦如柴而决定乞食，此时名叫善生的牧羊女受神托梦将一千头母牛的乳汁，煎煮后与稻米煮成乳粥供奉佛陀，助其证得无上菩提。

离开来，在缅寺中听经、体悟。也就是说，整个听经的过程，与之前仪式注重帕萨的确立以及物品的转送、填充相比，这个阶段很重要的是借助僧侣诵念的经文，将帕萨象征性地固定在天国；更重要的是主人夫妇此时已与傣楼及村民彻底分离，他们将进入山林。选择在太阳西沉而不见刺眼光芒时完成最后的仪式，按波章的解释，当年维先达腊王子也是这个时间与其妻子、儿女进入山林的。这也就意味着他们将是帕萨未来的主人，虽然他们在山林归来后仍居住在傣楼之中。在经文中，被流放的维先达腊在森林中出家，并继续献出子女和妻子，最后证得智慧。这个证得的智慧及其过程，就是波南夫妇在此仪式阶段中持续听诵的过程及对《必达嘎》的接受与体悟，而这一体验的高潮就是要避开村寨和傣楼，进入山林的参悟。

（四）山林归来与拴线祝福

玛哈邦仪式的完整结束，要等到三天后主人夫妇从他们避居的山林被迎接回家。在举办此次仪式前，和主人聊到这个问题的时候，他说在大殿的仪式结束后，他三天内不能回来，可以去任何一个他想去的地方，但是去处得根据他的生辰来确定他该去的有利方位。三天期满后家属或寨中的老人会前去请他回来，他可以回来，也可以拒绝，从此脱离家庭与村寨。当然后面的这种情况几乎是不可能发生的，这一切都是预先有所沟通的。当时笔者还没有反应过来，竟问主人家人是否会找不到他，他说不会的，现在手机通信这么方便。笔者感到遗憾的是，我没有继续追问他，如果家人不来找他怎么办？事实上，没有出现过这样的先例，根据《维先达腊》本生经的故事，"剧本"要求他们是要回来的。主人解释这三天的回避，是因为某种无形的力量太过强大，即刻返回对家庭和村寨是不利的。这是波南夫妇所处的阈限阶段，就身份的转换而言，此时他们既不是普通的村民，又不是僧侣群体，但是跨过这一阶段，他们今后比之一般的村民将更为严格要求自己，要不断做赕、持戒与坐禅，他们也都将正式成为傣泐社会的老人。他们也不像傣泐男女年轻时的身份转换，男子可以通过出家、还俗、成家来实现一个成年礼，女子则通过居家、结婚、生育而成为家庭主妇，因而，在社会意义上言，这是一次郑重的老年礼。

三天之后即八月十四日早上八点左右，波南的胞弟开着皮卡车来到寨子中间，接上波南的干亲家和另一位寨中老人一同前往迎接波南夫妇。车子前行的路线正是几日前主人夫妇步行的路线，道路两侧橡胶树遮天蔽日，道路虽然颠簸不平、蜿蜒曲折，但是还算宽敞。车子开得很快，大概半小时不到，在道路的左侧出现一大片种植香蕉和水稻的农田。众人下车步行拐入一条小路，下坡后沿着小河前行，便看见隐身在竹林中用空心砖砌成的小屋。前一晚的大雨，使门前的溪流暴涨，哗哗作响。这栋简易的房屋是寨中村民因为要料理和照看这片泡果地而临时搭建的。小屋的右侧，一眼便能发现献有糯米饭和蜡条的简易神宫①。

波南从小屋中探出身来，向大家微笑致意后，掏出手机与小屋的主人联系。他的妻子还在小屋边的厨房洗刷锅碗。不久小屋的男女主人先后来到，与寄宿在此的波南夫妇及前来的老者进入屋中。老者取出随身携带的蜡条放入盘中，与小屋的男主人相互对跪，各自做了交流，大意是表示感谢。随后屋主端着蜡条前往屋外的神宫前跪献蜡条，并向其默祷。返回屋内后，大家闲聊一阵，大致是有关夫妇俩这几日的生活情况。波南夫妇一直坐在那张搭在空心砖上的木板床上，而其他三人就坐在矮凳上。屋内场地有限，同来的两人只好坐在门外静候。十来分钟后长者再次端着装有蜡条的盘子跪

---

① 这个神宫据事后了解，是小屋主人主动供养的"山鬼"，帮助主人看护泡果地。

坐在波南夫妇面前与波南交谈，波南接下蜡条后，便意味着夫妇俩将返身前往寨中自己的家。最后小屋的男主人与波南夫妇再次进行相互交流，波南收下小屋男主人给予的蜡条和10元现金，其妻则将小屋的钥匙交还给小屋的女主人。与小屋的主人夫妇告别后，波南夫妇提上行李与众人上车返家。

才到达波南的家门口，就听见院中传出的喧闹声，妇女早已在此准备食物。上楼后见到男女老者分别聚集在外厅与内厅，收音机中传来的赞哈演唱，让整个现场都显得极为热情洋溢。男女主人径直上到二楼，放下行李，双双面对内厅的最南面跪拜，虽然此处并没有供奉任何可见的偶像。内厅的左侧，就是上次赞哈演唱之处，已摆好篾桌，寨中的男性老者团坐在周围闲聊、抽烟。篾桌上摆放着一个盆子、两个碗。盆子里装的是饭团、芭蕉还有来客放入的现金；一个碗内放的是一块煮好的五花肉、一团米饭；另一个碗中放的是盐巴和辣椒干；此外还有一整卷棉线和许多捆扎成小团的棉线。十点左右，波章抵达后在南侧上座，主人夫妇坐在波章的正对面。所有人围向篾桌席地而坐，离篾桌最近的是男子，外围才是妇孺。和很多拴线仪式类似，当波章开始诵念祷词时，男子将右手的食指与中指搭在篾桌上，其他人则依次将右手搭在前者的肩膀上。五分钟后，祷辞背诵完毕，众人以篾桌上的棉线为主人夫妇拴线，亲属成员间也互相拴线。待完成拴线后，众人再次聚集在篾桌旁听波章背诵祝辞即告礼成。之后来宾们聚集在一起享用主人家准备的饭菜。波南夫妇被这个家庭迎回并得到老人群体的认可，虽然夫妇二人并没有获得任何可见的荣誉称号，但是这种群体的接纳在很大程度上表明主人夫妇已经超越家庭这个小团体，而被村寨公认为最受敬重的老年群体之一员；他们的帕萨已事先安置在天国，成为取得天国位置的人。傣楼这个为亲属同居共食的地方，已成为波南暂时之居留地，他们更大的归属是在曼景寨中年龄群的归属以及在整个村社中身份的获得，同时家中的权力将移交给傣楼的后来者，他们接下去将卸下现世的负担，生活的重心将以礼佛修行为主，成为一个正式的佛陀居家弟子。

（五）傣泐老人与村寨社会

关于赕玛哈邦的仪式，至此已全部结束。回顾整个过程，除去前期漫长的准备工作，整个仪式分成四个阶段。第一阶段是赕帕萨，确立居所。第二阶段集聚所有物品，在傣楼宴请各位亲友。第三阶段是将物品转移至缅寺填充帕萨，通过僧侣持续的诵念经文及各种更小的仪式，主人夫妇准备的物品及帕萨象征性的安放在天国，而后身无一物的主人夫妇脱离家庭和村社，寄居在山林之中。第四阶段是主人夫妇经受磨难和考验后为家庭及村社重新迎回。伴随着物品的集聚—转移—“存放”—“领取”，波南夫妇也经历了傣楼—缅寺—山林—帕萨的依次过渡。其遵照的“剧本”正是《维先达腊》本生经，效法的对象也正是佛陀的前世维先达腊太子。帕萨代表的是太子被放逐山林前居住的王宫，在傣泐看来，那是仪式之后将要到达的地方；仪式中的白象是国王布施的宝物，因为这他事才与妻子儿女一起被流放山林，波南不仅在仪式中准备了这个重要“道具”，还准备了摩托车，以及其他大量的财物一起布施给僧侣；剧本中维先达腊在山林的寺庙中修行，还献出了自己的子女和妻子，直至被老臣迎回登上王位。这部分内容的体现是波南夫妇在前往山林前听诵《必达嘎》中对布施、持戒、修禅等教义的宣讲，之后才以寨中老人为代表从山林中把他们接回来。

总体而言，与精深玄奥的佛教教义相比，玛哈邦仪式强调的是以佛陀成道前的修行实践为楷模，通过布施以及持戒、坐禅而到达理想之处。赕是最为重要的实践，但值得注意的是，傣泐认为到达的地方还不是极乐世界"勐泥板"（涅槃之境），而是"勐法"①。帕萨最终安放的地方是"勐法"，而非极乐世界。就笔者所知，普通信众对极乐世界的理解所知有限，仅缅寺住持与极少的老人会对此有所表达。

回顾上述仪式过程中，所表达的波南夫妇身份的转换，若以特纳（Victor Turner）的阈限理论所指，处于阈限中的人，其模棱两可和不确定性，是处于结构中的两种状态间的转换，即从一种社会状态向另一种社会状态的转换②。似乎可以说，波南夫妇的阈限人身份是从傣楼到缅寺，从缅寺到山林的多重表达。直至他们被迎回村寨，便就此成为一个新的社会成员身份的获得者，即老人群体。

需要特别补充的是，仪式中还有两位重要人物，即大佛爷与波章。大佛爷是佛陀在世间的代理者，是主持正法的代表；波章（梵语Acaraya，又译为"阿阇梨"）是从大佛爷还俗后，世俗的佛教仪轨师。大佛爷、波章与老人事实上是傣泐村寨佛教实践中不可分割的一体三面，他们都是傣泐社会中的佛教知识精英。

在与波南的堂兄谈论赕玛哈邦仪式要注意的问题时，他总结说玛哈邦这样的大赕包含三个方面的内容：一是为过去的自己所犯下的比如偷盗、杀生等错误做出忏悔，以求佛陀宽恕；二是针对那些健在或逝去的人或"披"所存在的潜伏危险做好预防，防止这些人或"披"因与做赕者的恩怨而对其"欢"到达天国形成阻力；三是赕给未来的自己，即将这些物品送入缅寺，通过仪式转往天国保留下来，以备赕者日后继续使用。因而在漫长的仪式过程中，在观念上要确保自己的

---

① 直译为天国，傣泐经常用"如哩金湾"（吃得好，住得好）来形容"勐法"的美好，大体上它属于六道轮回中的天道。而"勐泥板"和我们熟知的一般意义上的涅槃意思相同，是解脱轮回的极乐世界。

② 维克多·特纳：《仪式过程：结构与反结构》，黄剑波等译，中国人民大学出版社，2006。

"欢"不受羁绊，在未来能顺利到达天国。从经济后果上看，这不但将个人大半辈子的积蓄捐献给缅寺，而且又实现了现世与来世的财富交换。从实践行为上看，是波南夫妇对佛陀出家修行行为的极力模仿与践行。

正如前文所述，每一个人的肉体都会因"欢"的散失而消亡，不灭的"欢"在另一个世界存在，也可能会转换为"披"，因其庇护力影响后人和村寨的福祉。佛教的思想则是功德的获取可以帮助个人到达彼岸，因而做赕布施和积累功德是信徒一生的追求，个人的功德个人争取，赕得多也就得到的多。通过完成赕玛哈邦仪式，波南夫妇再也不会担心他们百年之后，子女不来祭祀而缺衣少食。至于他们夫妇所居住的傣楼，视日后的情况交由女儿或儿子继承。波南的这种想法在另一对夫妇的赕中也得到印证，一对出生曼景的夫妇因为在景洪工作而成为"吃皇粮"的人，他们为了死后也能在天国有所保障，在前来祝贺波南夫妇的大赕中也顺便为自己准备许多物品赕给缅寺。那些前来祝贺的村民送给波南夫妇的"宋"，还有那些长到缅寺礼佛的老人，精心准备的冠罡，甚而为牛制作的帕萨，都因为他们相信，美好的明天都是建立在有准备的今天。在一个看不见但值得信赖的美丽新世界中，这些物品都会在他们身后悉数回来，供他们继续使用。财物客观上留在缅寺供僧侣使用，但这些僧侣也并非外人，他们都是曼景村寨的成员，他们与做赕布施的老人都有或远或近的亲属关系和宗教关系，在未来他们也要尽自己的所能帮助、照顾干亲。

波南夫妇倾尽几乎前半生的积蓄，今后却要过一种比较简单的生活，以此换取未来世界的富足。他们并没有得到任何可见的称号，所能获得的巨大荣誉就是成为傣泐社会受人尊敬的老人群体中的一员。在赕玛哈邦仪式中，波南夫妇的兄弟姐妹、子女、老庚、干亲等都积

极地参与。但老年群体却是完成这个仪式的主要指导者和忠实支持
者，特别是持戒老人的帮助，为此提供扎实的技术指导和精神鼓励。
上述仪式中波南所有物品的制作和采办，器物数量的多寡和形制都是
在老人的指导下完成的。波章虽是通晓经典的仪轨师，但有时还需要
老人的确认与指导。将物品送往缅寺的行列中，持守"八戒"的老人
在前引领；在波南夫妇"隔离"在缅寺中静坐听经时，是持戒老人陪
伴在侧；从山林中被迎回寨子时，仍然是老人作为村寨代表前往迎接。

傣泐社会极为尊重老者，这种尊重不但表现在平日子女对老人生
活的照顾和对老人意愿的顺从，也表现在对年长有德之人的敬畏。在
每个傣泐村寨中，老人群体是传统知识的持有者。在日常生活的大型
仪式中，老人是重要的主持人和嘉宾，也是稳住场面的坐镇者。在曼
景也有传统的"细梢老曼"组织，这四位老人，两位是祭祀勐神的波
莫，另两位是见多识广、热心公益的土司之子和贵族。他们没有现代
意义上的权力，但是很多时候面对寨中大小事宜、寨子之间的交往互
动，村干部都需要请他们出面。有趣的是，缅寺中的小和尚对这些
"好管闲事"的老人却颇有微词，经常调皮捣蛋。但在公共场合他们
还是不敢造次，有的老人甚至会开玩笑吓唬小和尚说：倘若你们不好
好地做小和尚、守规矩，等我死后来到缅寺就有你们好受的。年轻一
代并不完全愿意服从老人的管教，他们希望老人能够寡言少语、不要
对他们的生活有过多的干预。

在稻作农耕的社会中，老人权威的建立源于其丰富的生存经验和
人生智慧，但家庭成员和社会对老人的敬畏与推崇，还要取决于老人
在晚年的选择。正如之前所述，傣泐社会是以傣楼为单位的家屋，傣
楼的成员包括一对中年夫妇及其未成年的子女，以及夫方或妻方的父
母。老年夫妇在傣楼之中掌握着相当的主动权，他们可以根据自己的

意愿选择某一位子女及其配偶作为与自己共居的傣楼继承者，并对其他子女做出物质上的分配和支持。傣楼中辈分最高的老者一般在新生代长成并有后嗣，便要考虑从家长的位置退出。但如何退出，何时退出，退往何处都需要条件的具备、细致的考虑、象征性的表达。而南传佛教的传统是要人在年老后应该远离俗世生活，减少和回避对外在舒适生活的依赖，将精力放在修行的宗教事务中。因而年老夫妇在子女的理解与支持下，借助自身积累的财物完成赕玛哈邦仪式，象征性地交出执掌大权当然是不错的策略。在寨子的边缘笔者曾目睹为数极少的鳏居老者结庐独居。为此笔者曾怀疑是否因为家庭内部的矛盾而导致子女拒不赡养的忤逆之举，但寨中人指出，老人只是在白天时希望安静的独处，那是老人的自由，子女怎可违背，言辞之间都显得轻描淡写。这也补充说明了赕玛哈邦仪式为何是夫妇二人同时进行，而非完全的各自行动。总之前往缅寺礼佛、修行、参悟才是傣渥社会中老人的最佳选择，也是个体成为真正意义上佛教徒的开始。

在现实生活中，并非每个人都有能力完成赕玛哈邦仪式。一来仪式准备和完成所耗费的时间、财力与精力极为浩大①。二来得确保行此仪式的主人夫妇之间、父母与子女之间的商讨一致。在傣渥传统中，年满 60 岁者即可卸下生产负担。在年轻人看来，到达此年龄的人便可享受生活的悠闲和自由。但是倘若夫妻之间有一方需要照顾，或者尚有新生的后代子女需要老人帮助抚养，这个仪式的达成就要继续等待和准备，他本人还不能向全社区宣告。在调查中，那些前来庆贺的老人大多持有羡慕之心，其中一位老人明确地表示他特别希望能早点放下手头的事情而自由的安享晚年。他说他已准备好仪式所要花销的费

---

① 波南本人说他为此次大赕总共花费了大约 7 万元人民币，具体数字无法计算出来。但他耗费的时间和精力却是有目共睹的。2018 年，曼景寨中一对夫妇举办的赕玛哈邦仪式，前后花费在 10 万元左右。

用，并对仪式的每个环节都了然于胸，可是他的爱人身体欠佳不容他只顾自己，况且与他生活的儿子又急于重建傣楼。虽然在很多人眼中，尤其是醉心于追求财富而盲目攀比的年轻人很不容易理解这种仪式的必要性，甚至有村民在背后调侃那些做过这种大赕的人不久就会驾鹤西去，原因是他们存放在天国的东西太多，需要他们自己去看管。在一次傍晚时分的入户访谈中，问起一家人对未来的向往时，老年人的回答是希望能做更多的布施，持续修行，为未来做好准备。他的儿子则坦率地回答希望能赚到更多的钱，但对于笔者"以后年纪大了会不会去礼佛"这种不礼貌的问题，他笑着说："以后么以后再说咯，我十二岁就当小和尚啦，现在有媳妇［妻子］和娃娃［要照顾］不是咯？"他的妻子则说："现在娃娃要读书，样样都要花钱，调皮多［很调皮］…我们傣族么都是要上庙［礼佛］了嘛，老波陶［指她的公公］这种静静地在［礼佛修行］，我们都支持…钱么我们多少都给一点，老人么就是这种［这样］了。"这位八十多岁的老人，十多岁时也当过和尚，后来主要因为家中劳力不够，只好还俗；他也曾经赕过玛哈邦，是持守八戒者，平日只要有空就前往缅寺礼佛、静坐，三个月的雨安居中也会定时在缅寺静坐、抄经，笔者也好几次在路边的菜园和台地的茶园上看见他在劳作。曼底的大佛爷曾说过，20世纪50年代以前，每年的关门节期间，寨中老人都会居住在缅寺大殿旁的茅庐中修行，由家人和村民提供食物，直至三个月期满才返回家中，这一形式如今简化为持戒老人在关门节中每隔七天一次的寺院冥想。也就是说，寺院生活曾是傣泐男女晚年生活的重要部分，傣泐的一生就是在傣楼与缅寺中来回度过。不得不承认，经济的发展、外来观念的介入确实在老年人与中青年之间形成了某种价值观的冲突。缅寺的住持就曾感叹，村民的富裕反而在赕佛的现金上并未有多大增加。长久以来村民与僧侣之间建立的经济互惠制度，因为从物品的供奉到货币的表达之转变而遭遇挑战。学校教育的推广，亦对村寨男子出家人寺的传统教育制度产生冲击。但这依然无法阻挡傣渤在老年时对赕玛哈邦仪式的向往，以及对到达美好世界的渴望。

从佛教信仰的角度看，赕玛哈邦仪式涉及傣渤对佛教教义与佛教实践的不同理解与侧重，这也反映出信仰与实践、村民与信徒的区别。傣渤的南传佛教信仰承续的是巴利文三藏经典中"四谛""五蕴"等佛教义理①，以《维先达腊》本生经为代表的经藏，是南传佛教重要的经文②，指示村民通往最高的涅槃（傣语称为"勐泥板"）境界。佛陀最终的悟道，也证明个体完全可以凭借自身的布施，以及之后的持戒与坐禅解脱轮回，抵达涅槃之境。

值得注意的是，傣渤传统中老人弥留之际，其家属会请波章在其身旁诵念"布桑那"（《布陀经》，即三皈依），意为死者将到达"要什么有什么，不会老也不会死"的"勐泥板"。在年复一年的宗教仪式中，缅寺住持大都以讲述佛陀成道前的轮回、通过苦修参悟等故事的《本生经》为主，在问及几位大佛爷有关《金刚经》的奥义，他们回答这需要一辈子的不断诵念体悟。事实上与精深玄奥的佛教经文相比，傣渤更愿意以行动来实践佛陀的教诲。傣渤终其一生都在不停地做赕，尽力践行传说中佛陀的修行之路。

对于个人而言，赕玛哈邦仪式是一个历时性的阶段性总结。曼景傣渤也称一年一度的关门节赕坦仪式为赕"维先"，在传统上，每户中最年长者届时都会请僧侣抄写《维先达腊》本生经其中的一个章

---

① 参见周娅《中国南传上座部佛教抄本概况研究》，载《世界宗教研究》2011年第2期。
② 巴利三藏中的论藏在傣渤之外的信众群体中也有广泛传播，例如目前由玛欣德尊者根据巴利文译出的《阿毗达摩讲要》《上座部佛教修学入门》《清净道论讲要》等南传教义讲要，通过网络传播，在现实生活中得到很多信徒的追捧。

节，以此供奉缅寺，直至这 13 个章节全部集全，这时个人便可依据具体情况选择赕玛哈邦或通过一个简单的仪式，宣布成为持戒老人。每个人都会依此顺序，渐次布施，点滴积累。按大佛爷的解释，唯有如此信徒才能在来世面见未来佛[1]，在勐法美满的生活和继续证悟。从另一个方面看，个体只有进入老年阶段后，才能逐步远离俗世的生活，专心于修行和参悟，对外在生活的依赖也会主动降至最低程度。每个社会成员都会步入晚年的生活，在不同的生命阶段中完成身份的转换，并实现自我的追求。这显然需要两代人之间的配合与交接。因而老人的成长与悟道，在经历了各种社会身份后，至此通过赕玛哈邦仪式才算做一个总结，重新启程。从这个层面上而言，老人的持戒行为固然有着老年与青年群体衔接的社会意义[2]，但以个人的出发点来看，个体与社会之间充满着弹性的空间。个体的自我实现，不会与社会的区隔而导致断裂，恰恰相反，个人是在社会群体中寻找到自我实现的通道，大佛爷、波章、晚年的傣渤，无不是个人随情景的变化而与群体调整关系，成全自我。

在傣渤看来，做赕、持戒、禅修是佛教信仰的三个重要内容，都指向某一个地方。这个地方都冠之以勐，却有着相当的差别。因为每个人的"业"不同，因而积极的布施和积累功德的人至少也将到达勐法。傣渤经常用"如哩金湾"（吃得好，住得好）来形容美好的感觉，这种形容也照样适用于勐法（天国），但这距离"勐泥板"的极乐世界仍有相当的距离。也就是说，"勐泥板"和我们所熟知的一般意义上的"涅槃极乐"的意思相同，而勐法更多的是指六道中的天道。因而傣渤对死去的人称之前往"勐泥板"，以表示最高的崇敬，在日常

---

[1]　大佛爷解释，在佛教经文中记载共有 28 位成道者，释迦牟尼佛陀是第 27 位。

[2]　参见田素庆《阿昌族"上奘"的田野调查及研究》，载《宗教学研究》2012 年第 3 期。

生活中则以“如哩金湾”作为对世人的美好祝愿。因而波南夫妇通过赕玛哈邦仪式，不仅由此过渡到社会意义上的老人群体，还由此开始成为宗教意义上的信徒。

这也指向了另一层意义，即傣泐对神圣性的构建，这种神圣性表达为对“家”这种意象的强调。傣楼与帕萨之间的转换，村寨与山林之间的过渡，都是对家之意象的不断表达。建立和到达美好、自由、永恒的家园正是傣泐的价值观念和人生意义。上文述及的持戒老人群体，相当一部分是举行过赕玛哈邦仪式的。他们认为要及时地退出家庭，将家庭权力移交给子女。当然大多数符合社会年龄的老人还是选择继续为子女操劳。傣泐坚信赕可以让个体超越生命的循环，在另一个美好的世界继续生活。步入老年的傣泐，通过不断地在缅寺做赕，不但消除了男女性别的区隔，也贯通人之一生的生命意义。在傣泐的日常生活中，缅寺与傣楼都是村寨的组成部分，所有人的生活意义都在这里找寻。缅寺是傣泐从傣楼前往天国的重要环节，傣楼、缅寺都是傣泐观念中暂时的家，通过缅寺，傣泐才能最终到达理想的天国。从这个层面上讲，赕玛哈邦仪式的准备是一辈子的事情，每个傣泐终其一生的最终追求就是突破循环，达到圆满。

傣泐社会通过诸如家屋、老庚等群体的分类互动而非等级的强调以确保整体的存在。在傣泐传统中，一个男子在七八岁即要在本寨的缅寺出家为僧，十七八岁时还俗成家，直到六十左右方能安心地为自己准备。男子出家、女子跟随父母学习持家、礼佛，各就其位而交融互惠。普通村民可以通过日常的各种赕佛来累积功德，到达勐法。但只有持戒、定期参禅的老人才有可能获得社会极高的礼遇。个人不但要通过赕、还要持戒和坐禅才能实现自我度化。

在佛教教义中，证得智慧，解脱轮回是个体能够到达的最高境界。

对于傣泐而言，从少年到老年，从村民到信徒，个体经由群体与社会达成共存与平衡，并象征性地超越性别、年龄、家屋乃至社会到达美好的家园，才是最终的意义归属。因而，赕玛哈邦仪式是个人、群体与社会齐头并进的完整彰显，而老人则是傣泐村寨的主导者和精神世界的建构者。

需要补充的是，与"升和尚"仪式相比，赕玛哈邦仪式有许多不同之处。两者虽然模拟的都是佛陀出家修行的行为，但在这两个仪式中，前者是对佛陀前世出家前的王子身份的强调，后者强调的则是王子放弃世俗财富，苦行成道的结果。因而在前一仪式中，傣泐男子身穿华丽的服装，由"召勐"主持集会后被隆重的送入缅寺。而后一仪式中，傣泐男子及其妻子着装素白，经过漫长的仪式后默默地离开村寨，避居在山林之中，数日后方被迎回。前者反映以"召勐"为代表的贵族阶层对"王权"的强调和对社会的控制，后者则反映出个体在社会等级中的突破和流动。两个仪式共同反映出不同阶层组织下所形成的社会秩序，但到达更为美好的理想家园则是傣泐共享的意义与价值，老人身份与傣泐社会对首领的服从、对祖先的祭祀、群体的互助等价值观念联系在一起。

总之，赕玛哈邦仪式糅合傣泐"欢"的观念与佛教信仰实践，也完成个人、群体与社会的平衡。从社会而言，因血缘、地缘的关系，社会群体发生关联，重在合作与分享。赕玛哈邦仪式的实现不能脱离群体性的助力。上述仪式显示，一个小范围的村寨动员不仅是仪式中两位老人的荣耀与来世的福祉，他们的成就还需得到社区中更年长者的见证与扶持，而参与其中的人也同时获得各自的功德。从个人而言，在傣泐看来，释迦牟尼佛并不是神，而是人生之导师。佛陀前世之修行是指导村民日常生活的行动指南；而这种神圣性之于个体，其最高典范是成为"阿罗汉"或"正自觉者"，对于普通人，则是能够达到美好家园之彼岸。信徒依着人生不同的生命阶段，完成身份的转换，直至最终超越现世。傣渤老人通过赕玛哈邦仪式建构一种崇高的生活存在，这种存在归属并不是个体的单独成佛，而是代表与社群有着共同经历和美好价值的家园。因而傣渤的佛教信仰与实践，是知行合一的动态创造，仪式中涵盖的布施、持戒、修行无不是循序渐进的修行之路。这无疑是一种面对现实、积极进取的人生态度。以此意义而言，傣渤美好家园之永恒如同自由之于人类社会的价值一样，是神圣的。傣渤在俗世与神圣中进行平衡，将对佛陀修行成道的个人追求与社群共同的价值追求进行建构与超越。

第七章
结语："如哩金湾"
——傣泐的理想之"家"

傣泐的"家"是一个具有多重意涵的概念，不但指的是傣楼这种物质建筑实体；也指傣楼内部由五六人组成的具有血缘和姻亲关系的家庭单位，它是集合婚姻与继嗣、财产与居住、观念与信仰的组织与实践单位，是傣泐村寨中最基本的社会单位。

傣泐平民家庭以一对配偶为中心，强调傣楼内三代人之间的关系，并采用双边继嗣的组织原则。傣楼作为主要的物质财产在子孙后代中传承，傣泐对勐神、寨神、家神的祭祀，也无不是以家屋为中心展开，这些特征都定义在"家屋社会"的概念框架之内。居于傣楼中的个体，以自我为中心，同时通过父母双方建立自己的亲属关系。婚后的男女依据具体情况，选择与男方或女方的家庭居住，直至落定在其中一方继承傣楼或另立新居。傣楼继承者不但继承物质财产，也继承傣楼的名号，以及对父母的祭祀。傣楼中最重要的关系是夫妻关系，夫或妻来自不同的傣楼，属于不同的家族，因而是相对独立的。但通过傣楼内部的同居共灶，以此强调核心家庭成员的责任和义务，并对傣楼外的兄弟姐妹亲属成员和社会成员进行区分。因而村寨中的人群是以家屋单位为核心的"界限"区分，同时通过年龄性别群体建立关系，特别是男女两性分属的不同老庚群体起重要作用。群体组织在取食、耕作、建房等共同活动中互相协作、分享食物，建立并扩大横向的联系。

与此同时，双边继嗣的原则反映在纵向上的母子或父子关系上并不做极力的追溯。三代以外的祖先都归入远祖而成一个集体概念。历史传说中的地域奠基者，也作为集体的祖先，之后升级为寨神或勐神。成为地域群体集体定时祭祀的祖先，其神宫成为神圣之地，与汉人社会父系继嗣群所建立的祠堂有着很大的差别。傣楼之中只以父母和祖父母或外祖父母作为近祖，而由最年长者祭祀，其定期祭祀场所随佛教传入后，被固定在缅寺。因而祖先与人的关系，同样是傣泐村寨极为看重的关系，这种关系的表达同样着重于现世的人群组织需要，但其范围一般都不超过三代，并且不强调性别的差异。例如拟亲关系的广泛建立，不论男女都有可能成为拟亲的对象。

需要补充的是，人与祖先关系的历史演变，是多层次叠加的结果。对远祖的崇拜升级为勐神的集体祭祀是随着"勐"的地域单位之形成，以及土司制度的建立和完善而逐步固定的。也就是说，在南传佛教传入之前，勐神祭祀是各勐土司斗争的意识形态表达。而在南传佛教传入之后，佛教成为西双版纳最高首领获得王权神圣性，以及实现其政治意图的依据。勐神祭祀表达的是通过祖先祭祀保证血脉相连，因而特别强调嫡长子的继承制度，这也是中央王朝册封宣慰使的原则，但是在现实社会中，兄终弟及同样被视为合法的承袭，而这是母系继嗣的原则，其缘由是母系所处之等级决定了所生子女之等级，因而这两种继嗣制度的矛盾构成了勐神系统与佛教系统的深刻对立。佛教与侧重母系的一方相连，勐神则与宣慰使的父系联合，其背后是中原文化与缅甸文化共同参与建立的"家庭"结构①。显示在历史的进程中，身处两种文明之间的傣泐社会，通过傣泐男子出家为僧到还俗成家这一制度安排，将勐神信仰与佛教信仰融合在一起，形成结构的并置，其意义正是通过亲属关系的调节，巧妙地平衡内外的力量，维护整个社会的政治架构与运作。

回到人类学对亲属关系的研究，随着 20 世纪 80 年代施奈德（David. M. Schneider）批评指出的"亲属研究中用来分析非西方社会亲属现象的基本假设，认为在人类社会之中以亲属关系为基础的联结形式优于其他以居处、地域或土地为基础的联结形式，是根源于西方文化的血浓于水的亲属概念"②，施奈德强调以象征论的研究取向来看待亲属现象。也就是说，亲属除了血缘联结之外，还有许多不同的联结方式与内涵定义，例如同居共灶的象征性意义。因而亲属既不是一个自在的，也不是一个自明的概念范畴，不同的社会有不同的定义③。也正是在此背景下，列维-施特劳斯将亲属关系的继嗣理论和联姻理论，糅合在一起提出家屋社会的概念，其主要特点是以嗣系、联姻二者并用的方式，强调通过行动者本身策略性地将传统亲属研究中视为对立的原则进行创造性地融合。

与卡斯滕对马来西亚兰卡威岛（Langkawi）马来人社会的研究类似④，傣泐也同样强调"共灶"的意义，只有同一核心家庭的成员才能享用同一个火塘炊煮的食物，同时同居一座傣楼。缅寺之中

---

① 参见杨清媚《16 世纪车里宣慰使的婚礼——对西南边疆联姻与土司制度的历史人类学考察》，载《云南师范大学学报》（哲学社会科学版）2012 年第 2 期。
② Schneider, David. M., *A Critique of the Study of Kinship*, Ann Arbor: The University of Michigan Press, 1984.
③ 参见高怡萍《亲属与社会群体的建构》，载《广西民族学院学报》（哲学社会科学版）2000 年第 1 期。
④ Carsten, J., *The Heat of the Hearth: The Process of Kinship in a Malay Fishing Community*, Oxford: Clarendon Press, 1997

的僧侣也同用一个火塘，同居一个僧舍；即便是持戒老人也不能与僧侣共同饮食居住，他们只能在大殿的外围搭建临时的竹木草房，用于煮食和雨安居的修行。但不同于卡斯滕提出的马来人因为共同饮食创造共同血液，而形成亲属关系的联结与扩大；傣泐对亲属的定义有其相当浓厚的象征性来源，这就是傣泐对生命力"欢"的信仰。正如上文反复强调的，"欢"是不死不灭的流动之生命力，每个人都有自己的"欢"，人的"欢"也不可能转变为其他动物的"欢"，只能重新转变为人，个人的"欢"个人保全，因而在新建房、婴儿满月、认干亲，甚至葬礼之上，所有的拴线仪式中，都一致的摆上篾桌，准备食物，但共享这些食物的不是人，而是人的"欢"，也就是说并不是因为仪式中的人共享食物而形成血浓于水的意义，而是仪式中的人之"欢"一起共享食物，因此建立亲属关系。通过拴线仪式，将个人的"欢"请到现场，借由"欢"对食物仪式性的共享而将人群关系扩大到代与代之间，以及同代人之间。因而在南传佛教传入后，在社会结构发生变化的同时，傣泐将此观念应用到教父与僧侣的关系建立上。每一位具备相当经济能力的成年人，都可以通过这种"欢"的结合仪式，建立虚拟的母子或父子关系。佛教的传说故事中，到处都闪现出这种关系的比喻。许多宗教器物的造型和颜色都与此相关，例如白乌鸦是佛陀前世的干妈，因而其白色的羽毛就是宗教器物"管做"的原型，尤其是在祭祀死去的母亲之宗教仪式中，用以燃烧的蜡条都会折成类似乌鸦的爪子（帕滴丁嘎）。与此同时，在"欢"的观念上，又产生人格化的"披/批"，用以指称祖先。结合善恶观念与时间概念，寿终正寝的近祖成为家神，传说中威名显赫的远祖归为寨神或勐神。这些都反映傣泐在建立亲属关系中"欢"的核心观念所具有的重要意义，傣楼与缅寺，神灵崇拜与佛教仪式的人群互动与自我实现，在某种意义上都是"欢"的观念之外在组织形式。这不但是傣泐社会人与人之间建立关系的现实依据，也是傣泐构建精神家园的文化逻辑。

人群之间建立的关系是短暂、灵活且富有弹性的。但"欢"是独立且可以转换的，尤其是与佛教思想的结合中，人也是可以脱离轮回，实现人生圆满的。傣泐经常以"如哩金湾"来形容人所处的最佳状态。"哩"和"湾"形容为美好，"如"和"金"是"住"和"吃"，翻译过来就是傣泐用汉语表达的"好吃好在"。它形容的状态有很多，一个人身体不舒服，他会形容自己"不好在"，相反舒服的状态则是"好在"。在傣历新年或宗教节日时对老人的祝福中，也会以此表达对老人身体健康的祝愿，期望老人保持旺盛的生命力，像房子一样的稳固。"好在"或"不好在"是傣泐日常生活中对"吃得好，过得好"这种自我切身感受最普通的表达。这不但是傣泐日常生活的要项，也是对未来肉体消亡后"欢"所能享有状态的期望。因而傣泐对佛教描绘的"勐法"（天国）之美好最直接的形容也是"如哩金湾"。

值得注意的是，在以往我们认为的傣泐全民信仰南传上座部佛教的笼统认知中，其实在傣泐看来，是有一定区分的。如果说对佛教信仰的行为实践是傣泐与生俱来的社会人行为，那么前往美好家园的努力乃至到达极乐世界的追求则是信徒个人的宗教人行为，这反映在同是信仰南传佛教的傣泐群体中，有信众与信徒的本质区别。信众指的是对傣泐社会人的认知，而信徒才是宗教人意义上的认定。对于普通做赕的村民（信众）而言，其到达的目的地是类似天道的"勐法"，而对于诸如举办过玛哈邦仪式之后不懈持戒、修行的信徒而言，其目的地是佛教最高的"勐泥板"境界。

　　因而，我们承认人潜在的宗教体验与信仰追求，并且信仰体系都具有神圣性。从社会意义上而言，这种神圣性曾经是土司贵族试图构建的王权神圣，但从个人的自我实现上而言，这种神圣性则是对到达有着共同经历和记忆，以及美好价值永恒存在的追求，它不同于个体的成佛，也不同于汉人社会中对于个体"成圣"的最高要求。建构这一神圣性世界的主体是傣渤的老人，随着生命历程的展开，社会身份的转变，每一位傣渤都可以朝着这个方向努力。在此，傣渤的生活意义即在社会结构中寻求突破。换言之，"在这个注重群体活动的社会，个体性的自我似乎没有得到足够的重视，自我也没有在社区中充分发展起来"① 的判断似乎并不成立；社会对个体的约束，并没有限制个体对自我的追求。在傣渤看来，一个完整的人不但要建立家庭繁衍子嗣，协助群体共同向"善"，还要祀奉最近的祖先，确立自己的未来归属。

　　一位十七八岁未曾出家、读完初中后在家务农的傣渤男子，曾在一次新房落成的宴席上说道："我们傣族么，一辈子最重要的三件事，就是结婚盖房子、当和尚、进竜山，亲戚朋友么，多多的来［参加］喝酒，这种么就和［对］啦。"生存、繁衍与死亡是人类社会的主题，但是对于傣渤而言，当和尚却是很重要的人生过程，我们可以理解为是一种社会化的需要，但傣渤在年老时卸下负担仍不懈地做赕、持戒与参悟，则不能不说是宗教意义上的自我突破。进而言之，南传佛教给出的重要命题是，死亡并非生命的终点，而是构成生命完满的组成部分，而这也无疑是最个人式的体验。在对神圣性建构的意义上而言，傣渤在年老时的再出发，是个人在社会中

──────────

① 参见沈海梅《中间地带：西南中国的社会性别、族性与认同》，商务印书馆，2012，第49页。

象征性活着的表达。

总而言之，在傣泐到达"如哩金湾"的过程中，"家"所涵盖的形式不但是充满生命力的傣楼，也是修行过渡的佛寺，更是最终的意义归属。在"欢"的观念指导和运用下，傣泐在与群体的互动和社会秩序的创建中，建立自我，突破自我，"欢"所安放的美好家园之不朽成为傣泐孜孜以求的目标。

参考文献

一、中文著作（按作者姓氏音序排序）

［1］刀永明：《中国傣族史料辑要》，云南民族出版社，1989。

［2］刀承华：《云南德宏傣族婚姻习俗的变迁》，《广西民族研究》2012 年第 2 期。

［3］马世雯：《学校教育与佛寺教育关系的调查与思考》，《民族教育研究》1993 年第 4 期。

［4］马曜：《从命名法看西双版纳和周代封建领主社会等级制度》，《思想战线》1988 年第 4 期。

［5］马曜、缪鸾和：《西双版纳份地制与西周井田制比较研究》，云南人民出版社，2001。

［6］中国人民政治协商会议云南省勐腊县委员会编《勐腊文史资料》（第四辑），2011。

［7］王建民：《中国民族学史（下卷）》，云南教育出版

社，1998。

[8] 方国瑜：《元代云南行省傣族史料编年》，云南人民出版社，1958。

[9] 云南省设计院《云南民居》编写组：《云南民居》，中国建筑工业出版社，1986。

[10] 云南省勐腊县志编纂委员会：《勐腊县志》，云南人民出版社，1994。

[11] 方素梅：《壮族、傣族封建领主制社会的对比研究》，《思想战线》1993年第5期。

[12] 王铭铭：《社会人类学与中国研究》，广西师范大学出版社，2005。

[13] 王筑生：《人类学与西南民族》，云南大学出版社，1998。

[14] 田汝康：《芒市边民的摆》，云南人民出版社，2008。

[15] 艾罕炳：《西双版纳傣族赕文化》，云南人民出版社，2010。

[16]《民族问题五种丛书》云南省编辑委员会编《傣族社会历史调查（西双版纳之一——之十）》，民族出版社，2009。

[17] 西双版纳傣族自治州人民政府编《维先达腊》，西双版纳民族研究所译，云南民族出版社，2007。

[18] 江应樑：《傣族史》，四川民族出版社，1984。

[19] 江应樑：《摆夷的经济文化生活》，云南人民出版社，2009。

[20] 刘强：《西双版纳傣族政治形态研究》，中国社会科学出版社，2011。

[21] 刘岩：《南传佛教与傣族文化》，云南民族出版社，1993。

[22]（明）朱孟震：《西南夷风土记》，商务印书馆，1936。

[23] 西娜、岩香宰：《说煞道佛——西双版纳傣族宗教研究》，

云南人民出版社，2001。

[24] 许烺光：《祖荫下：中国乡村的亲属、人格和社会流动》，王芃、徐隆德译，台北南天书局，2001。

[25] 克洛德·列维-斯特劳斯（Claude Levi-Strauss）：《人类学讲演集》，张毅声、张祖建、杨珊译，中国人民大学出版社，2007。

[26] 朱德普：《泐史研究》，云南人民出版社，1993。

[27] 朱德普：《傣语"祭龙"、"祭竜"之辨析——兼述对树木、森林的崇拜及其衍变》，《云南民族学院学报》1991年第2期。

[28] 朱德普：《傣族原始土地崇拜和古代汉族社神比较》，《中央民族学院学报》（哲学社会科学版）1992年第2期。

[29] 朱德普：《勐腊的勐心和勐神概述》，《云南师范大学哲学社会科学学报》1994年第4期。

[30] 朱德普：《傣语"神"、"衣"等同试释》，《中南民族学院学报》1994年第6期。

[31] 朱德普：《西双版纳勐海勐神祭祀礼仪求证》，《云南师范大学哲学社会科学学报》1995年第1期。

[32] 朱德普：《勐养建勐传说和勐神崇拜考察》，《宗教学研究》1995年第3期。

[33] 朱德普：《临沧地区傣族勐神崇拜及其内涵探析》，《云南师范大学哲学社会科学学报》1996年第2期。

[34] 朱德普：《傣族神灵崇拜浅说》，《中南民族学院学报》（哲学社会科学版）1996年第3期。

[35] 何方：《傣族"魂、鬼、神"观念的起源——兼说壮侗族民族的原始宗教》，《世界宗教研究》1999年第1期。

[36] 杨元庆：《略论傣族三种家庭的并存》，《民族研究》1985

年第 3 期。

［37］张元庆：《傣族的从妻居和抢婚》，《中央民族大学学报》（哲学社会科学版）1986 年第 1 期。

［38］纳日碧力戈：《姓名论》，社会科学文献出版社，1997。

［39］张公瑾：《傣文"维先达罗本生经"中的巴利语借词——以"十愿经"第一节为例》，《民族语文》2003 年第 4 期。

［40］张公瑾：《傣族文化研究》，云南民族出版社，1988。

［41］何平：《关于叭真及其与坤真、坤壮和陶真关系的重新解读》，《世界民族》2010 年第 2 期。

［42］余光弘：《雅美人食物的分类及其社会文化意义》，台北《"中研院"民族学研究所集刊》，1993。

［43］张江华等编《区域文化与地方社会："区域社会与文化类型"国际学术研讨会论文集》，学林出版社，2011。

［44］张光直：《考古学专题六讲》，三联书店，2010。

［45］陆韧：《现代西方学术视野中的中国西南边疆史》，云南大学出版社，2007。

［46］杨希玫：《从名制与亲子联名制的演变关系》，台北《"中研院"历史语言研究所集刊》（外编第 4 种），1961。

［47］杨清媚：《16 世纪车里宣慰使的婚礼——对西南边疆联姻与土司制度的历史人类学考察》，《云南师范大学学报》（哲学社会科学版）2012 年第 2 期。

［48］张岩：《社会组织与亲属制度研究》，《社会学研究》2008 年第 1 期。

［49］李拂一：《泐史（重订本）》，台北复仁书屋，1983。

［50］李拂一：《车里宣慰世系考订稿（重订本）》，台北复仁书

屋，1983。

[51] 杨学政：《云南境内的世界三大宗教——地域宗教比较研究》，云南人民出版社，1993。

[52] 张振伟：《南传上座部佛教地区老人持戒仪式分析》，《西南边疆民族研究》2010 年第 2 期。

[53] 张振伟：《南传佛教寺院经济运行及其对傣族社会的影响——以景真总佛寺为例》，《文化遗产》2011 年第 4 期。

[54] 张积家、杨晨、崔占玲：《傣族亲属词的概念结构》，《华南师范大学学报》（社会科学版）2010 年第 6 期。

[55] 沈海梅：《想象的社区、性的政治与权力对应——曼底傣泐人的信仰女神与男性宗教实践者》，《广西民族大学学报》（哲学社会科学版）2009 年第 1 期。

[56] 沈海梅：《中间地带——西南中国的社会性别、族性与认同》，商务印书馆，2012。

[57] 吴清之：《论云南傣族奘房教育与回族经堂教育的异同》，《中南民族大学学报》（人文社会科学版）2005 年第 6 期。

[58] 金少萍：《西双版纳城子傣族村寨文化变迁的民族志研究》，知识产权出版社，2014。

[59] 周庆生：《傣语亲属称谓变体》，《民族语文》1994 年第 4 期。

[60] 周娅：《中国南传上座部佛教抄本概况研究》，《世界宗教研究》2011 年第 2 期。

[61] 周冠生：《傣族等级社会与等级亲属称谓》，《贵族民族研究》1997 年第 2 期。

[62] 季羡林：《季羡林学术精粹（第二卷）》，王岳川编，山东

友谊出版社，2006。

[63] 征鹏：《勐仑》，成都科技大学出版社，1994。

[64] 郑筱筠：《历史上中国南传上座部佛教的组织制度与社会组织制度之互动——以云南西双版纳傣族地区为例》，《世界宗教研究》2007 年第 4 期。

[65] 郑筱筠：《当代南传佛教寺院经济现状及其管理探析》，《世界宗教文化》2014 年第 1 期。

[66] 林耀华：《金翼：中国家庭制度的社会学研究》，庄孔韶、林宗成译，三联书店，2008。

[67] 祜巴勐：《论傣族诗歌》，岩温扁译，中国民间文艺出版社，1981。

[68] 赵世林：《社会形态演化与傣族佛教文化传承》，《中央民族大学学报》（哲学社会科学版）2002 年第 5 期。

[69] 赵世林、伍琼华：《傣族文化志》，云南民族出版社，1997。

[70] 费孝通：《乡土中国》，北京出版社，2005。

[71] 保明所：《语言接触与傣族亲属称谓的演变》，《怀化学院学报》2011 年第 12 期。

[72] 姚珏：《傣族本生经研究——以西双版纳勐龙为中心》，《世界宗教研究》2006 年第 3 期。

[73] 姚荷生：《水摆夷风土记》，云南人民出版社，2003。

[74] 胡海洪：《西双版纳傣族传统民居更新设计浅析》，《河北工程大学学报》（自然科学版）2007 年第 2 期。

[75] 郭山、吕昭河：《傣族传统文化与生育行为现代化——以西双版纳傣族为例》，《思想战线》2007 年第 6 期。

[76] 郭山、沈海梅：《西双版纳傣族丧葬中的仪式性财富》，《民

族研究》2012年第4期。

[77] 陶云逵：《车里摆夷之生命环》，李文海主编《民国时期社会调查丛编·少数民族卷》，福建教育出版社，2005。

[78] 高立士：《傣族的命名》，《中央民族学院学报》（哲学社会科学版）1980年第1期。

[79] 高立士：《西双版纳傣族的历史与文化》，云南民族出版社，1992。

[80] 高立士：《西双版纳傣楼竹楼文化》，《云南社会科学》1998年第2期。

[81] 高立士：《傣族淳朴的自然生态观》，《思想战线》1998年第2期。

[82] 高芸：《中国云南的傣族民居》，北京大学出版社，2003。

[83] 《佛本生故事选》，郭良鋆、黄宝生译，人民文学出版社，1985。

[84] 高怡萍：《亲属与社会群体的建构》，《广西民族学院学报》（哲学社会科学版）2000年第1期。

[85] 高信杰：《康庄大道：雅美文化中的人与劳动》，《台湾人类学刊》2014年第12期。

[86] 郭家骥：《西双版纳傣族的稻作文化研究》，云南大学出版社，1998。

[87] 阎云翔：《私人生活的变革：一个中国村庄里的爱情、家庭与亲密关系》，龚小夏译，上海书店出版社，2009。

[88] 章立明：《从妻居并非母权制的遗孑——西双版纳傣泐从妻居再研究》，《思想战线》2004年第5期。

[89] 章立明：《结构与行动——西双版纳傣泐家庭婚姻的社会性

别分析》，人民出版社，2011。

［90］曹成章：《傣族村社文化研究》，中央民族大学出版社，2006。

［91］R. M. 基辛：《文化·社会·个人》，甘华鸣、陈芳、甘黎明译，辽宁人民出版社，1988。

［92］麻国庆：《家与中国社会结构》，文物出版社，1999。

［93］龚锐：《圣俗之间：西双版纳傣族赕佛世俗化的人类学研究》，云南人民出版社，2008。

［94］龚锐：《神圣与世俗的交融——西双版纳傣族赕佛消费体系的象征人类学考察》，《思想战线》2003 年第 6 期。

［95］黄惠焜：《从越人到傣人》，云南民族出版社，1992。

［96］彭迪：《傣族婚姻家庭习惯法刍议》，《中南民族学院学报》（哲学社会科学版）1994 年第 5 期。

［97］韩忠太：《缅寺与傣族男性的传统社会化》，《云南民族大学学报》（哲学社会科学版）2007 年第 5 期。

［98］《傣族简史》编写组：《傣族简史》，民族出版社，2009。

［99］福克斯（Robin Fox）：《亲属与婚姻》，石磊译，刘斌雄校订，台北黎明文化事业公司，1979。

［100］谭乐山：《南传上座部佛教与傣族村社经济——对中国西双版纳的比较研究》，云南大学出版社，2005。

［101］（唐）樊绰：《云南志补注》，向达原校，木芹补注，云南人民出版社，1995。

二、英文文献

［1］Bernard, H. Russell: *Research Methods in Anthropology*: *Qualitative and Quantitative Approaches.* Lanham, MD: AltaMira Press. (5th edition), 2011.

[2] Carsten, J. & S. Hugh-Jones, eds. : *About the House: Lévi-Strauss and Beyond.* Cambridge University Press, 1995.

[3] Crane, Julia G. & Angrosino, Michael V. : *Field Projects in Anthropology: a Student Handbook.* Morristown, New Jersey: General Learning Press, 1974.

[4] Durkheim, E. : *The Elementary Forms of the Religious Life,* translated from the French by Joseph Swain, New York: Free Press, 1965, c1915.

[5] Douglas, M. : *Purity and Danger: an Analysis of Concepts of Pollution and Taboo,* London and New York: Routledge, 2002.

[6] Eric, J. A. & McC. N. Robert: Households: Changing Form and Function , *In Current Anthropology,* Vol. 23, No. 5 (Oct. , 1982), PP. 571-575.

[7] Embree, J. F. : Thailand: A loosely Structured Social System, in *American Anthropologist,* 51, 1950.

[8] Errington, S. : Incestous Twins and the House Societies of Insular Southeast Asia, in *Cultural Anthropology,* Vol. 2, No 4, (Nov. , 1987), pp403-444.

[9] Freedman, M. : *Chinese Lineage and Society: Fukien and Kwangtung,* The Althlone, Press of the University of London, 1966.

[10] Giersch, C. P. : " A Motley Throng ": Social Change on Southwest China's Early Modern Frontier, 1700 - 1800, in *The Journal of Asian Studies.* Vol. 60. No. 1, 2001.

［11］Holy, L. : *Anthropological Perspectives on Kinship*, London, Pluto press, 1996.

［12］Hanks, L. M. : Merit and Power in the Thai Social Order, in *American Anthropologist*, 64, 1950.

［13］Joyce, R. & S. Gillespie: *Beyond Kinship: Social and Material Reproduction in House Societies*, Philadelphia: University of Pennsylvania Press, 2000.

［14］Keesing, R. M. : *Kin Groups and Social Structure*, New York, Holt, Rinehart and Winston, 台北: Lung Tien Press, 1977.

［15］Lévi-Strauss, C. : *The Way of the Mask*, (trans. S. Modelski), Seattle: University of Washington Press, 1982.

［16］Lévi-Strauss, C. : *Anthropology and Myth: Lectures* 1951 – 1982, Oxford: Blackwell, 1987.

［17］Leach, E. R. : *Political systems of Highland Burma: a Study of Kachin Social Structure*, Boston: Beacon Press, 1965.

［18］Morgan, L. H. : *House and House Life of the American Aborigines*, Chicago: University of Chicago Press, 1965.

［19］Moreman, M. : *Agricultural Change and Peasant Choice in a Thai Village*, Berkeley: University of California Press, 1968.

［20］Pals, D. L. : *Seven Theories of Religion*, Oxford University Press, 1996.

［21］Pine, F. : Naming the House and Naming the Land: Kinship and Social Groups in Highland Poland, in *The Journal of the Royal Anthropological Institute*, Vol. 2, No. 3, (Sep. , 1996) .

［22］Reddfield, R. : *Peasant Society and Culture: An Anthropological*

Approach to Civilization，The University of Chicago Press，1956.

[23] Schneider，D. M. : *A Critique of the Study of Kinship*，Ann Arbor：The University of Michigan Press，1984.

[24] Turton，A：Architectural and Political Space in Thailand，in *Nature Symbols in Southeast Asian*，G. B .Milner，ed. ，1978，pp. 132. London：SOAS.

[25] Tannenbaum，N：Households and Villages：The Political-Ritual Structures of Tai Communities，in *Ethnology*，Vol. 31，No. 3（Jul. ，1992），pp. 259-275.

[26] Victor T. K. & D. William：*The modern Anthropology of South-east Asia*，London and New York：Routledge，2003.

[27] Waterson，R. : *The Living House*：*An Anthropology of Architecture in Southeast Asia* ，Kuala Lumpur：Oxford University Press，1990.

[28] Webster，S. : Cognatic Descent Group and the Contemporary Maori：A Preliminary Reassessment，in *Journal of the Polnesian Society*，84：2，121-52，1975.

附　录

曼景宗教仪式中的主要器物[①]

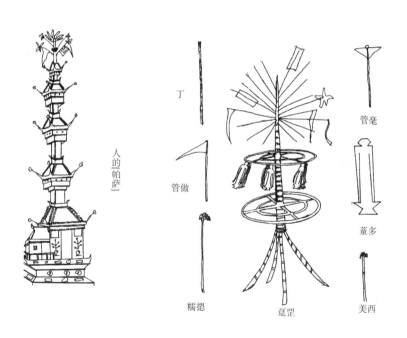

人的「帕萨」

丁

管做

糯揾

莛罡

管毫

董多

美西

①　本图由厦门大学 2012 级博士张超代为绘制，特此感谢！

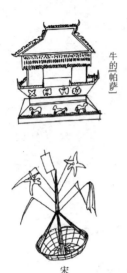

牛的帕萨

宋

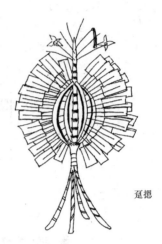

逛摁

后　记

　　与西双版纳的结缘始于 2008 年，当时笔者在云南大学民族研究院硕士班就读。回忆初入西双版纳时所遭遇的"文化休克"，至今仍心有戚戚。此后就读于厦门大学人类学系博士班，有了更多的时间在导师指导下研读东南亚民族志、梳理前人对于西双版纳的研究，以及进行长时间的田野调查。前辈同仁的成果，令人心生敬仰。本书即修改于笔者 2015 年完成的博士学位论文。论文以 2014 年的调查材料为基础，在答辩前后进行了数次修改，在最近一次的修改中，导师余光弘教授做了第三次细致的批注，并欣然为本书作序。

　　在书稿付梓之际，特向诸位师友表达本人最诚挚的谢意。感谢在厦大数年来，恩师余光弘教授的耳提面命，退休回台湾后也不忘谆谆教诲，与师母李莉文一直心心念念学生们的学习和工作；感谢宋平教授不仅通读本书稿，还给予了宝贵的批评和建议；感谢张先清、邓晓华、董建辉、石奕龙诸位教授和杜树海、葛荣玲副教授，以及张志培、冯莎、宋雷鸣诸位博士在论文撰写和书稿修改过程中给予的有益启发与建议。感谢云南大学何明、杨慧、龙晓燕、金少萍、朱凌飞诸位教授和张海超、朱映占副研究员、张海博士，以及云南民族大学沈海梅教授、云南省社会科学院郑晓云、郭家骥、萧霁虹诸位研究员在田野调查和书稿撰写中给予的有力支持和指正。感谢中国社会科学院郑筱筠、曾少聪研究员，中国人民大学赵旭东教授对于本研究给予的鼓励和启发。感谢浙江省社会科学院杨建华研究员、王平副研究员，杭州师范大学赵定东教授对于本书出版评审提出的修改建议。感谢在求学中诸多研究生班同学和学长的陪伴，特别是浙江财经大学卢成仁教授、云南财经大学史艳兰博士，在本研究的调查和撰写中给予的帮助和温暖。需要感谢的人有很多，这样的名单难免挂一漏万，在此向那些没有写在这里但记在心中的师友一并致以诚挚的谢意。

无以为谢的是西双版勐仑镇曼景的全体村民。自 2008 年第一次到曼景调研至今，那里已然是笔者的第二故乡；对于这片柔情与明亮，这片土地上质朴、善良、乐观、向善的人，在此致以深深的祝愿。这本小书如果还有价值，那首先也是曼景全体村民的赐予，感谢寨中耆老及村干部的信任与关照，与村人的这份情谊，无以为谢，不容割舍。深切缅怀义母玉叫医生，并特别感谢义姐咩捧及其家人，像义母一样给予我无微不至的关怀。感谢曼底佛寺与曼景寺的都罕炳都捧二位住持、波章波罕旺，以及总佛寺都三说、都迪两位大佛爷，给予热情和无私的帮助和指点。同样无以为谢，但要恳请原谅自己的是一路来牵挂左右的家人。尤其是小女转眼已经八岁，如果可以，就将这本小书送给她作为过去这些年来身为父亲的歉意和在意。

最后，感谢浙江省社会科学院的出版资助。感谢社会科学文献出版社杨春花、周志宽等老师的辛勤付出，使本书得以增色并顺利出版。受制于笔者个人能力所限，书中错漏失当之处，敬请方家不吝批评指正。

图书在版编目（CIP）数据

傣楼与佛寺：西双版纳曼景傣人的"家"／徐伟兵
著. -- 北京：社会科学文献出版社，2019.10
（中国地方社会科学院学术精品文库. 浙江系列）
ISBN 978-7-5201-5254-9

Ⅰ.①傣… Ⅱ.①徐… Ⅲ.①傣族-信仰-研究-西
双版纳自治州 Ⅳ.①K285.3

中国版本图书馆 CIP 数据核字（2019）第 164036 号

中国地方社会科学院学术精品文库·浙江系列

傣楼与佛寺：西双版纳曼景傣人的"家"

著　　者／徐伟兵

出 版 人／谢寿光
组稿编辑／宋月华　杨春花
责任编辑／周志宽

出　　版／社会科学文献出版社·人文分社（010）59367215
　　　　　地址：北京市北三环中路甲 29 号院华龙大厦　邮编：100029
　　　　　网址：www.ssap.com.cn
发　　行／市场营销中心（010）59367081　59367083
印　　装／三河市尚艺印装有限公司

规　　格／开　本：787mm×1092mm　1/16
　　　　　印　张：15.75　插　页：0.5　字　数：189 千字
版　　次／2019 年 10 月第 1 版　2019 年 10 月第 1 次印刷
书　　号／ISBN 978-7-5201-5254-9
定　　价／98.00 元